Kohlhammer

Anton Kolb
Reinhold Esterbauer
Hans-Walter Ruckenbauer
(Hrsg.)

Cyberethik

Verantwortung in der digital vernetzten Welt

Mit Beiträgen von

Gunter Bauer, Rafael Capurro, Reinhold Esterbauer,
Anton Kolb, Andreas Maron, Hermann Maurer,
Wolf Rauch, Gerhard Reichmann,
Hans-Walter Ruckenbauer, Michael Trimmel

Verlag W. Kohlhammer
Stuttgart Berlin Köln

Die Deutsche Bibliothek – CIP-Einheitsaufnahme

Cyberethik : Verantwortung in der digital vernetzten Welt /
Anton Kolb ... (Hrsg.). Mit Beitr. von Gunter Bauer ... -
Stuttgart ; Berlin ; Köln : Kohlhammer, 1998
ISBN 3-17-015571-7

Gedruckt mit Unterstützung durch das
Bundesministerium für Wissenschaft und Verkehr in Wien
und das
Amt der Steiermärkischen Landesregierung,
Abteilung für Wissenschaft und Forschung, in Graz.

Alle Rechte vorbehalten
© 1998 W. Kohlhammer GmbH
Stuttgart Berlin Köln
Verlagsort: Stuttgart
Umschlag: Data Images,
audiovisuelle Kommunikation GmbH
Gesamtherstellung:
W. Kohlhammer Druckerei GmbH + Co. Stuttgart
Printed in Germany

Inhaltsverzeichnis

Vorwort 9

Anton Kolb
Virtuelle Ontologie und Anthropologie 11
   1. Zur gegenwärtigen Situation 11
   2. Virtuelle Ontologie 13
   3. Virtuelle Anthropologie 25
   4. Was ist zu tun? 34
   5. Schluß 43

Wolf Rauch
Informationsethik. Die Fragestellung aus der Sicht der
Informationswissenschaft 51
   1. Vorbemerkung 51
   2. Informationsgesellschaft 51
   3. Informationsethik 55
   4. Information Assessment 56

Rafael Capurro
Ethik für Informationsanbieter und -nutzer 58
   Einführung 58
   1. Informationsethik als Vorlesung 59
   2. Informationsethik als Wahlpflichtfach 62
   3. HBI-Kongreß und -Workshops zur Informationsethik 63
   4. Internet-Ressourcen zur Informations- und Medienethik 64
   Schluß 71

Hans-Walter Ruckenbauer
Homo ludens auf der Datenautobahn: das Spiel mit
imaginären Wirklichkeiten 73
   1. Von der spielerischen Erschließung eines neuen Leitbilds ... 73
   2. Zur Anthropologie des *homo ludens* 76
   3. Die virtuelle Entfremdung des digitalen Nomaden 81
   4. Mitspielen oder bekämpfen? 87

Michael Trimmel
Homo Informaticus – der Mensch als Subsystem des Computers?
Thesen und empirische Ergebnisse zu psychologischen Auswirkungen der
Mensch-Computer-Interaktion und der Informatisierung der Gesellschaft 96
   1. Mögliche Mechanismen und Beispiele der Auswirkungen der
      Mensch-Computer-Interaktion auf psychologische Strukturen
      des Denkens 97
   2. Kortikale Aktivitäten und Mensch-Computer-Interaktion 105
   3. Mensch-Computer-Interaktion und Fernsehkonsum Jugendlicher –
      Zusammenhänge mit Schulnoten 108
   4. Wozu lernen, im Web ist (fast) alles Wissen verfügbar –
      Wissensmanagement ohne Wissen? 110
   5. Ist der Computer ein Werkzeug des Menschen oder
      der Mensch ein Subsystem des Computers? 110

Reinhold Esterbauer
Gott im Cyberspace? Zu religiösen Aspekten neuer Medien 115
   1. Einleitung 115
   2. Virtueller Raum als Erfahrungsraum für Transzendenz 117
   3. Simulation als Entleiblichung: „being digital" 119
   4. Engel 121
   5. Selbstvergottung 123
   6. Heiliges virtuell 125
   7. Neue Medien und Verkündigung der Kirchen 128

Gerhard Reichmann
Informationsrecht in Österreich 135
   1. Einleitung 135
   2. Begriff und Einteilung des Rechts 136
   3. Datenschutzrecht 138
   4. Strafrecht 142
   5. Urheberrecht 145
   6. Medienrecht 147

Andreas Maron
Globalisierung der Wirtschaft mit Hilfe der Informationstechnologie
und deren gesellschaftliche Auswirkungen 153
   1. Einleitung 153
   2. Ursachen der globalen Transformationen 153
   3. Globalisierung mit Hilfe moderner Kommunikationstechniken 161
   4. Ausblick auf weitere technische Entwicklungen 165
   5. Globalisierung und Multimedia – ein endlicher Prozeß 166
   6. Soziologischer Ausblick 167
   7. Schlußbemerkung 169

Gunter Bauer
Das Internet – Vergangenheit, Gegenwart und Zukunft 171
   1. Die Entstehungsgeschichte des Internets 171
   2. Einige Zahlen zum Wachstum des Internets 174
   3. Organisationen im Zusammenhang mit dem Internet 175
   4. Vorstellung einzelner Internet-Dienstprogramme 177
   5. Statements bekannter Persönlichkeiten zum Internet 180

Hermann Maurer
Große WWW-Systeme. Neue Phänomene, Probleme und Lösungen 182
   Zusammenfassung 182
   1. WWW überschwemmt die Welt 182
   2. Wie wird das chaotische WWW verwaltbar? 184
   3. Einige Behauptungen über WWW – und warum sie nicht stimmen 185

Verzeichnis der Mitarbeiter 188

Vorwort

Wir sind in das Zeitalter neuer Medien, des Computers, des Internets eingetreten. Manche Zeitgenossen sehen darin die größte und folgenschwerste aller bisherigen geistigen Revolutionen, einen Kulturbruch ungeahnten Ausmaßes, einen Paradigmenwechsel oder erwarten dadurch wirtschaftlichen Aufschwung, die Sicherung und den Ausbau von Arbeitsplätzen. Die Meinungen über Chancen und Risiken, über Nutzen und Schaden, über Sinn und Unsinn des digitalen Zeitalters für die Gesellschaft gehen auseinander, scheiden derzeit die Geister in zwei Gruppen, nämlich in Optimisten und Pessimisten.

Optimisten versprechen oder behaupten, daß sie eine neue, heile, bessere Welt schaffen, endlich Humanität, Individualität, Freiheit und Kommunikation realisieren können. Das Internet sei das Netz aller Netze. Mit ihm habe endlich eine gute Zukunft begonnen. Pessimisten hingegen befürchten das Ende der Menschlichkeit, der Leiblichkeit, der Berührbarkeit, der Identität, der Verantwortung, der realen Realität. Die neue „Philosophie des Geistes", die künstliche Intelligenz würden uns in einen Ungeist, in einen neuen Materialismus, einen neuen Mechanismus, einen Funktionalismus und einen Deduktionismus führen. Die Entwicklung sei im Sinne von Verdrängung, Kompensation und Flucht zu verstehen, sei der Anfang vom Ende unserer Zukunft.

Die neuen, weltweit vernetzten Informationstechnologien verbinden sich mit der Globalisierung der Wirtschaft, mit der Manipulation an der Erbinformation und potenzieren auf diese Weise Macht und Ohnmacht des Menschen zugleich. Die Gesellschaft wird voraussichtlich immer stärker in zwei Klassen gespalten, in die Informationsreichen und in die Informationsarmen. Die Reichen werden immer reicher und die Armen werden immer ärmer. Das Zeitalter der Bits und Bytes läßt uns gegenwärtig zwischen Quoten und Geboten, zwischen Masse und Klasse pendeln. Quoten und Masse scheinen zu siegen. Information ist noch keine Kommunikation. Ein zentrales Problem der Zukunft besteht darin, Wirtschaftlichkeit mit Solidarität und Information mit Humanität zu verbinden. WWW sollte nicht nur für World Wide Web, sondern auch für mehr *W*irklichkeit, *W*ert und *W*ahrheit stehen.

Das Philosophische Institut der Karl-Franzens-Universität Graz hat 1997 gemeinsam mit dem Institut für Informationswissenschaft zu dieser aktuellen Problematik ein interdisziplinäres Seminar mit dem Titel „Informationsethik" veranstaltet. In diesem Seminar haben Vertreter aus verschiedenen Universitäten, Fakultäten und Fachrichtungen, aus Theorie und Praxis, konkret der Informationswissenschaft, der Psychologie, der Informatik, der Wirtschaft, der Rechtswissenschaften, der Ethik, der Philosophie und der Theologie referiert (siehe das Verzeichnis der Mitarbeiter am Ende des Bandes) und ihre Beiträge dankenswerterweise in schriftlicher, teilweise erweiterter Form zur Verfügung gestellt, die in diesem Sammelband publiziert werden. Jeder Autor zeichnet für seinen Beitrag verantwortlich.

Ein Großteil wissenschaftlicher und gesellschaftlicher Probleme läßt sich nur mehr – wenn überhaupt – auf interdisziplinärem Weg, in Zusammenarbeit lösen. Diese Einsicht setzt sich erst langsam und mühsam durch, leichter in der Theorie, schwerer in der Praxis. Nur im Miteinander, nicht im Gegeneinander ist ein Fortschritt zu erzielen. In dieser Publikation wird eine bessere Zusammenschau und Integration der Beiträge erreicht, weil die Autoren im Verlauf des Seminars miteinander Diskussionen geführt haben.

Der vorliegende Band bietet einen Überblick über aktuelle einschlägige Problemstellungen und Lösungsvorschläge. Dabei werden insbesondere folgende Themenbereiche behandelt: Stellenwert und zunehmende Gesellschaftsrelevanz der neuen Medien; Verbindung von Theorie und Praxis, von Information und Motivation; Vermittlung zwischen Optimisten und Pessimisten; Verhältnis von realer und virtueller Realität; Reduzierung bzw. Minimierung negativen Materials im Computernetz; der Schutz Minderjähriger und die Würde der menschlichen Person; Stärkung des Verantwortungsbewußtseins, vor allem der Zukunfts- und Fernverantwortung; Formulierung ethischer Leitlinien und deren Anwendung auf die neuen Medien sowie in der Folge auf die Gesellschaft, die Politik, die Wirtschaft und die Kirche. Daher wendet sich der vorliegende Band nicht nur an Fachleute und Studierende, sondern auch an ein breiteres Publikum. Informationsethik und Internet-Ethik sind von besonderer Aktualität und Bedeutung, speziell zur Jahrtausendwende.

Graz, im Jänner 1998   Anton Kolb

Anton Kolb

Virtuelle Ontologie und Anthropologie

1. Zur gegenwärtigen Situation

Die Auffassung über Sinn oder Unsinn, über Nutzen oder Schaden des Computers, des Internets, der virtuellen Realität scheidet gegenwärtig die Menschen in zwei Gruppen, in zwei Klassen, in Optimisten und Pessimisten. Es gibt eine Kluft, die zur Zeit unüberbrückbar erscheint. Die Diskussion geht um Chancen und Gefahren, um Angst und Hoffnung, um Glück und Unglück, um Verstehen und Verweigerung, um Zustimmung und Ablehnung, um Faszination und Frustration, um Begeisterung und Entsetzen, um Träume und Alpträume, um Sein und Schein, um Licht und Finsternis, um Euphorie und Verteufelung, um Apotheose und Apokalypse, um Himmel und Hölle. Die einen finden das Internet nett, die anderen perfid. Wir müssen einen Weg, einen Ausgleich zwischen beiden extremen Positionen suchen und finden. Wer entweder *nur* schwarz oder *nur* weiß malt, hat eher die Chance, gehört oder gelesen zu werden. Darum gibt es zuwenig mittlere, vermittelnde, vernünftige Positionen. Die Benützung und Bewertung des Computers ist übrigens eine Frage des Alters. Die Jugend wächst mit dem Computer auf.

Optimisten: Mit dem Computer kommt das Himmelreich auf Erden. Wir brauchen nicht mehr auf das Paradies im Jenseits zu warten, sondern *schaffen* es selbst schon im Diesseits. Wissenschaft und Forschung machen einen gewaltigen Fortschritt, erreichen ihr Ziel, es gibt ein Leben in Fülle, wir erfüllen unsere Wünsche, es gibt unbegrenzte Möglichkeiten des neuen Mediums. Raum und Zeit werden aufgehoben. Wir sind – wie bisher nur Gott allein – überall gleichzeitig, allgegenwärtig (All-gegenwärtig). Vergangenheit und Zukunft werden präsent (Präsens). Welt und Mensch, die Realitäten können simuliert, die Agenden simultan erledigt werden. Die „Genesis" erreicht endlich ihr Ziel, ein Ziel ohne Ende: Der Mensch wird endgültig zum Ebenbild Gottes, ja er tritt an die Stelle Gottes; der Mensch *erschafft* sich und seine Welt selbst. Gott und die Welt werden überflüssig, werden durch den Menschen, durch den Computer ersetzt. Wir klonen uns selbst. Der Mensch wird nun wirklich perfekt, vollkommen, unersetzlich, unsterblich. Laßt uns dieses Paradies auf Erden *schaffen*!

Pessimisten: Der Computer ist der Anfang vom Ende. Die Apokalypse nimmt ihren Lauf. Die Ekelgrenze ist erreicht. Die Hybris bringt den Menschen zu Fall. Zuerst hat der Mensch die „erste Natur", d. h. die Welt, die außermenschliche Natur, die reale Realität negiert, aufgelöst und zerstört, indem er sie in die Natur des Menschen verlegt, als Natur des Menschen („zweite Natur") verstanden hat. Dann hat er – in ontologischer und logischer Konsequenz und Folge – diese „zweite Natur" negiert, aufgelöst und zerstört. Bewußtsein und Vernunft wurden durch das Unbewußte und die Unvernunft („dritte Natur") ersetzt. Nun will der Mensch mit Hilfe des Computers, der Simulation eine „vierte Natur" *schaffen*, die die ersten beiden Naturen ersetzen soll, die aufgrund der Eliminierung dieser beiden aber gar keine „Natur" mehr sein kann, die die „dritte Natur" wieder in Bewußtsein überführen soll. Diese „vierte Natur" löst nun aber endgültig jede Realität, Natürlichkeit, Kreatürlichkeit und Vernünftigkeit auf. Der Mensch will sich endgültig auf den Thron Gottes, an die Stelle Gottes setzen. Das ist die größte Versuchung und Sehnsucht des Menschen, seine Ursünde, sein Fluch, sein Untergang, sein Ende (vgl. den Genesisbericht); ein Ende ohne Ziel. Damit aber werden Gott, die Welt und der Mensch selbst endgültig *ab-geschafft*. Es kann doch wohl nicht der Sinn und das Ziel des Menschen sein, sich selber überflüssig zu machen, sich auszulöschen. Das ist die Hölle auf Erden, die zur Unaufhörlichkeit verdammte und verdummte Hybris und Sterblichkeit des Menschen. Laßt uns alle warnen! Hände weg von dieser Blasphemie!

Die „Wahrheit" dürfte in der Mitte liegen; und zwar in der Mitte zwischen einem Pfingstwunder, wonach jeder jeden versteht, und der babylonischen Sprachenverwirrung, zwischen einem „heiligen Gral" und einem endgültigen Grab. Es gibt Sinneserkenntnisse und Sinnestäuschungen, Verstandeserkenntnisse und Irrwege des Verstandes. Die Sprache ist ein Mittel der Verständigung und des Mißverständnisses. Auch der Computer ist – wie der Mensch selbst, von dem er stammt – ambivalent. Es gibt eine Janus-Köpfigkeit des Internets. Vielleicht ist der Computer dem „Platz des himmlischen Friedens" in Peking vergleichbar, wo viele ihr Leben verloren haben. Jedenfalls handelt es sich beim Internet um einen Quantensprung in der Entwicklung, um einen Paradigmenwechsel, um eine Revolution, die ihresgleichen in der Geschichte sucht, aber nicht findet. „Multimedia" ist in aller Munde. Wer kann die Folgen des Zusammenschlusses, des Zusammenwirkens von Computertechnik, Gentechnik und Atomtechnik voraussagen? Noch ist nicht erkennbar, nicht offenbar, ob es sich um ein Ziel oder ein Ende, um einen Fortschritt oder um ein Ende ohne Ziel, um einen Rückschritt handelt. Wer mißt mit welchen Kriterien Fortschritt und/oder Rückschritt? Jedenfalls wird mit dem Computer, mit dem Internet das Verhältnis des Menschen zu sich selbst, zum Mitmenschen, zur Welt grundlegend verändert. Die Arbeitswelt und die Lebenswelt, die Arbeits- und Lebensformen werden sich einschneidender verändern, als die meisten Menschen heute erahnen. Es wird zu einer Erosion von Institutionen und Kulturen kommen. Gehen wir alle nicht nur „ans Netz", sondern vielleicht „ins Netz"? Wenn ins Netz, wem? Handelt es sich um das Netz der Netze? Ist das Netz eine Ironie, eine Droge? Zelebrieren wir unser eigenes Requiem? Stimmt es, was H. M. McLuhan sagt: „Das Medium ist die Botschaft"[1]? Ich beschreibe die eher negativen Seiten, weil der größere Teil der Beiträge dieses Bandes die eher positiven darstellt, weil ich auf Dauer mehr Gefahren als Chancen sehe. Die vielen positiven Seiten des Computers für Wissenschaft, Wirtschaft, Beruf und Politik kommen dann besser zur Geltung, wenn die negativen verhindert, minimiert, kontrolliert, allenfalls bestraft werden.

2. Virtuelle Ontologie

2.1 Verhältnis von realer und virtueller Realität

Die Verhältnisbestimmung von realer und virtueller Realität stellt derzeit eines der großen und zentralen Probleme der Philosophie, der Medienphilosophie, der Wissenschaft überhaupt dar. Für viele tritt die virtuelle Realität immer mehr an die Stelle der realen Realität, für nicht wenige ist die virtuelle Realität bereits zur einzigen Realität, zur Kraft, Macht, Chance und Hoffnung der Wissenschaft, der Menschheit und der Zukunft geworden (das lateinische „virtus" bedeutet „Tatkraft", „Mut", „Tüchtigkeit", „Tugend"; also lauter positive Eigenschaften). Das Bewußtsein trete an die Stelle des Seins, es werde also nicht mehr vom Sein abgeleitet. Die Frage nach dem Sein der Welt, nach dem Wesen des Menschen sei falsch gestellt, würde sich nicht wirklich beantworten lassen. Metaphysische Argumente würden nicht zählen. Alles Formalisierbare sei auch algorithmisierbar und dieses wiederum computerisierbar.[2] Das gelte z. B. auch für die Sprache des Menschen. Die Digitalisierbarkeit der Welt, des Menschen, des Bewußtseins, der Sprache schreite unaufhaltsam, erstaunlich und erfreulich voran. Die Künstliche Intelligenz sei gewaltig im Vormarsch begriffen, trete immer mehr an die Stelle der natürlichen Intelligenz. Von Verstehen und Rationalität könne man nur dann sprechen, wenn man das Regelsystem richtig durchlaufe. Man wisse ohnehin nichts vom Inneren des Menschen (vgl. den Behaviorismus). Das Leben sei ein sich ständig ergänzendes Regelsystem. Dieses Bewußtsein wird zunehmend abhängig gesehen oder gemacht vom Gehirn, vom neuronalen Regelsystem. Der Geist, das Bewußtsein, das Denken, das Fühlen und das Sprechen des Menschen entsprächen der Software, das Gehirn der Hardware. Auch die Evolution sei schon simulierbar. Das Thema „Bewußtsein" bzw. „Geist" ist zur Zeit de facto *das* zentrale Thema der Philosophie, der Wissenschaft in den USA.

2.2 Radikaler Konstruktivismus

Als Vertreter des radikalen Konstruktivismus seien die drei Österreicher P. Watzlawick[3], H. von Foerster[4], E. von Glasersfeld[5] und die zwei Chilenen H. Maturana[6] und F. J. Varela[7] genannt. Auf deren Vorläufer oder andere, auch weniger radikale Konstruktivisten wird hier nicht eingegangen.

Im folgenden werden einige Grundgedanken des radikalen Konstruktivismus zusammengefaßt. Wir *finden* die Wirklichkeit, die Welt nicht, sondern wir *erfinden* sie. Das vermeintlich *Ge*fundene ist ein *Er*fundenes. Der Begriff der „Entdeckung" ist durch den Begriff der „Erfindung", der „Konstruktion" zu ersetzen. Jede Wirklichkeit ist im unmittelbaren und buchstäblichen Sinn *nur* die Konstruktion derer, die diese Wirklichkeit zu entdecken und zu erforschen wähnen. Die Welt, die Umwelt, mit all ihren ethischen und ästhetischen Folgen, sind unsere Erfindung. Wir wähnen, meinen, glauben nur, etwas von uns Unabhängiges zu entdecken. Es gibt keine Übereinstimmung von Denken und Sein, von

Original und Reproduktion. Unser Wissen bezieht sich nicht auf ein Sein an sich, außer uns, es geht nicht um eine Ontologie, nicht um die Welt des Seins. Wir wissen *nichts* über die *wahre* Beschaffenheit der Dinge. Unser Denken trifft die Wirklichkeit nicht, sagt sie nicht aus, bildet sie nicht ab. Die wirkliche Welt entzieht sich unseren Sinnen, unserem Verstand. Es gibt keine Sinnes- und Verstandeserkenntnis. Wir erkennen und erforschen die reale Welt überhaupt nicht. Wir halten die Grundannahmen, die Grundvoraussetzungen, mit denen wir an die Wirklichkeit herangehen, für „objektive" Aspekte der Wirklichkeit, was sie nicht sind. Es gibt zahllose Wirklichkeitsauffassungen, Wirklichkeiten, Weltanschauungen, die sehr widersprüchlich sein können. „Wirklich ist, was wir wirklich nennen."[8] Der Konstruktivismus schließt sich folgendem Dilemma, Paradoxon bzw. folgender quasi unwiderlegbarer Logik des Skeptizismus an: Man kann *nie* wissen, ob unser Wissen, unser Erleben mit einer vom Menschen unabhängigen Welt übereinstimmt. Die Feststellung einer Übereinstimmung oder Nicht-Übereinstimmung ist nur bei einem Vergleich zwischen beiden Bereichen möglich. Ein solcher Vergleich ist uns aber unmöglich, weil wir *nur* über das Erleben vom Nicht-Erlebten wissen können.

Die Subjekt-Objekt-Trennung kann und soll auf diese Weise überwunden werden. Es gibt keine dem Subjekt gegenüberstehenden Objekte, keine Trennung von Beobachter und Beobachtetem. Kognitive und soziale Prozesse können von innen erklärt werden. Realität ist ein soziales Produkt. Strukturen, Ordnungen, Kausalität und Sinn brauchen wir – genauso wie das Tier –, sie werden aber von uns konstruiert, erzeugt, geschaffen, sind uns nicht gegeben, nicht vorgegeben. Persönliche, wissenschaftliche und gesellschaftliche Wirklichkeiten werden von uns *geschaffen*, vereinbart. „Autopoiese" bedeutet nach H. Maturana Selbsterzeugung. Es geht um die Ordnung und Organisation von Erfahrungen in der Welt unseres Erlebens. Die Welt, in der wir leben, haben wir uns selbst zu verdanken. Der Begriff der „Wirklichkeit" ist zwar eine bequeme, aber überflüssige Krücke. Wirklichkeit und Illusion sind nicht zu unterscheiden. Wir wissen von der Wirklichkeit bestenfalls *immer* und *nur*, was sie *nicht* ist.

Wir befinden uns in einer künstlich erzeugten Realität. Es geht nicht um die Welt des Seins, sondern *nur* um Vorstellungen und Erlebnisse, um eine Interpretation des erlebenden Subjekts, um eine Anpassung im funktionalen Sinn, *nur* um die Folgen der Art und Weise unserer Suche nach Wirklichkeit. Das Gehirn hat keinen direkten Zugang zur Welt, sondern stellt ein geschlossenes, selbstreferentielles System dar. Wirklichkeit und Handlung sind *nur* das Produkt von Kommunikation und Information. Die Wirklichkeit wird von den einzelnen nicht regellos konstruiert, sondern ist eben die Übereinkunft der Kommunikation. Die Wirklichkeit entsteht durch die Gemeinschaft. Die Organismen sind autonom, regeln sich selbst. Tatsachen können wir nicht erkennen, sondern *nur* festlegen, tun. Tatsache hat mit „facere", „machen", „handeln", „tun" zu tun. Wir erkennen, was wir tun. Diese These geht auf G. Vico zurück, der „verum" und „factum" gleichgesetzt hat. Erkennen reiche soweit wie das Handeln. Es geht also um die Suche nach *passenden* Verhaltensweisen und Denkarten. Man kann nur von „passen" und nicht von „stimmen" sprechen. Ein Schlüssel paßt, stimmt aber nicht (vgl. den Pragmatismus, Utilitarismus, Instrumentalismus und den Begriff der „Bewährung" im Kritischen Rationalismus). Die Sprache, die Medien sind ebenfalls eine Konstruktion, ein autopoietisches System. Mit der Sprache reden wir uns Wirklichkeit ein oder aus. Kommunikation ist eine Interaktion, in der Beobachter Handlungen mittels Sprache koordinieren.

Dem Konstruktivismus geht es nach eigener Aussage um das Überleben in der Welt, um die Vermeidung von Schmerz und Unglück bzw. um die Vermehrung von Freude und Glück, um Heilung, um das, was gesünder macht, was „paßt", nicht aber um das Erkennen von Sein, Wirklichkeit, Wesen und Wahrheit. Was besser paßt, ist gesünder. Toleranz, Verantwortung, Freiheit und Sinn werden als Konsequenzen dieser Auffassung gesehen. Wir sollen die Welt und den Menschen nicht aufklären und nicht ordnen wollen. *Alle* Systeme, die sich mit der Humanisierung der Welt befassen, würden ins Inhumane führen. Wir sollten uns der mystischen Religion, der Mythologie und der Philosophie des Konstruktivismus zur Lösung der Probleme bedienen. *Die virtuelle Realität bestätige den Konstruktivismus.*

2.3 Hyperrealismus

Während die Vertreter des (radikalen) Konstruktivismus die Realität durch Konstruktionen des Menschen ersetzen und die radikalen Vertreter der virtuellen Realität diese analog an die Stelle der realen Realität setzen, gehen die sogenannten Hyperrealisten einen Schritt weiter. Ich nenne als Vertreter derselben den Franzosen J. Baudrillard. Nach ihm sind Sprache und Schrift ursprünglich erfunden worden, um auf Realität zu verweisen. Seit einiger Zeit würden sie die Realität durch die Werbung, die Propaganda, die Vermarktung verbergen. Wir befänden uns heute bereits in einer Hyperrealität, in der die Zeichen der Schrift und der Sprache bereits die Abwesenheit der Realität verbergen würden. Es gehe um eine wachsende Bedeutungsinflation, um elektronische Simulation unserer Lebenswelt, um virtuelle Realität, um die Aufrechterhaltung von Illusionen, um Amüsement. „Da die Anderen als sexueller und sozialer Horizont praktisch verschwunden sind, beschränkt sich der geistige Horizont des Subjekts auf den Umgang mit seinen Bildern und Bildschirmen. Das Ganze des menschlichen Wesens, seine biologische, muskuläre, tierische Körperlichkeit ist in die mechanischen Prothesen übergegangen."[9] „Hyperrealisten sehen im Einsatz von Kommunikationstechnologien eine vollständige Substitution der ursprünglichen Welt und der Gesellschaftsordnung durch eine technisch vermittelte Hyperrealität, einer ‚Gesellschaft des Amüsements' ..."[10]

Der Hyperrealismus läßt an und für sich eine reale bzw. objektive Realität gelten. Der Mensch habe aber die Fähigkeit des Erkennens dieser Realität durch seine eigenen Werkzeuge, durch die Vertechnisierung der Gesellschaft und des Menschen bereits verloren.

2.4 Raum und Zeit

Bei Newton waren Raum und Zeit noch absolut, aufeinander bezogen. Einstein hat Raum und Zeit relativiert, die gegenseitige Beziehung blieb aufrecht. Philosophische Richtungen, vor allem Kant, die Existenz- und die Lebensphilosophie, wie übrigens schon wesentlich früher Augustinus, haben – bei aller sonstigen Verschiedenheit – die Zeit vom Objekt in das Subjekt, in die „Existenz", in die Subjektivität verlegt. Bei Kant sind Raum und Zeit apriorische Anschauungsformen im Rahmen der Sinneserkenntnis.

Im Internet verlieren Raum und Zeit eindeutig an Bedeutung, der Raum noch mehr als die Zeit; sie werden zumindest in ihrem Stellenwert verschoben.[11] Man muß (fast) nirgends mehr hin, um alles zu erledigen, um seinen Beruf auszuüben, seine Geschäfte zu tätigen, Vorträge zu halten. Man denke z. B. an Telebanking, an Teleshopping, an die Arbeit am Computer zu Hause, an Konferenzschaltungen, virtuelle Studios, interaktives Fernsehen. Fristen und Distanzen, Jahres- und Tageszeiten schrumpfen. Man kann zeitlich in die Vergangenheit oder in die Zukunft wandern. Im Internet werden Vergangenheit und Zukunft durch Simulation zu vergegenwärtigen versucht, (fast) alles wird gleich-zeitig, gleich-nah. *Die Grenzen von Raum und Zeit, von nah und fern, von außen und innen, von öffentlich und privat werden verwischt*. Die Fernsten werden die Nächsten, die wirklich Nächsten „entfernt" (im doppelten Sinne des Wortes). D. h., daß es immer weniger „Nächste" im Sinne der Bibel gibt. Die Ferne wird zur Nähe, und die Nähe wird „entfernt". Wir werden unabhängiger von geographischen Bedingungen. Während wir gleichsam raum- und zeitlos alles im Computer haben, alles herbeiholen können, gehen wir *in Wirklichkeit* zu fast allen und zu fast allem auf Distanz. Indem wir Raum und Zeit in einer Maschine, im Computer, in einem *Zeit-Punkt* vereinigen, in der Simulation aufgehen lassen, verlieren wir *in Wirklichkeit* beide. Es kommt zur Zeitverzerrung, zum Zeitverlust. Während wir vermeinen, Zeit zu gewinnen, verlieren wir sie. Dagegen wirkt die auch vertretene Aussage, daß der Computer z. B. für die Kinder immer Zeit habe – zum Unterschied etwa von den Eltern –, wie ein kühler Hauch, wie eine Ausrede. Die Zeit spielt auch insofern eine Rolle, als alles in immer kürzerer Zeit geschehen soll. Tempo ist Trumpf, weil quasi nur so Profit, Erfolg, Leben und Überleben gewährleistet sind (vgl. die Globalisierung!). Auch Wissen veraltet immer rascher. Geschwindigkeit ist Macht und Ohnmacht zugleich. Dennoch ist etwas Absolutes geblieben: Die Geschwindigkeit der Elektronik, der Telekommunikation, der Daten-Autobahnen, der elektromagnetischen Wellen ist die absolute Geschwindigkeit, d. h. die Lichtgeschwindigkeit von ca. 300.000 km/s. Die „Tele-Kommunikation", die „Tele-Präsenz", die „Tele-Existenz" treten an die Stelle der Nah-Kommunikation, der Nah-Existenz.

Der Mensch hatte schon immer Sehnsucht, an immer weiter hinausverschobene Grenzen zu stoßen, ja diese zu überschreiten; die Sehnsucht also nach Grenzenlosigkeit, Zeitlosigkeit, Unsterblichkeit, Ewigkeit. Jetzt scheint dieser Wunsch in Erfüllung gehen zu können, *Wirklichkeit* zu werden. Mit der Simulation wird das All räumlich und zeitlich gegenwärtig, wird der Mensch all-gegenwärtig. Die

Grenzen zwischen Endlichkeit und Unendlichkeit werden nun endlich und wirklich verwischt; von Philosophie, Theologie und Mathematik längst vorbereitet, vorexerziert.[12] Das Internet oder der Cyberspace oder die virtuelle Realität scheinen den Menschen an sein Ziel zu bringen: Wir verlassen den Raum, den Welt-Raum und reisen in den „Himmel"; wir verlassen die Endlichkeit und tauchen in die Unendlichkeit ein; wir verlassen die Zeit und tauchen in die Ewigkeit ein; wir verlassen die Sterblichkeit und tauchen in die Unsterblichkeit ein; das Internet als Paradies auf Erden. Eine israelische Firma hat tatsächlich schon ein „Virtual Jerusalem" eingerichtet. Das Internet gleicht vielleicht einem „Schwarzen Loch", von dem Raum und Zeit verschlungen werden.

Es ist die Zeit, ja der *Zeit-Punkt* gekommen, wo Raum und Zeit auf den Punkt, auf *einen* Punkt gebracht werden. Der Mensch nimmt nun doch einen Archimedischen Punkt ein, er sieht gleichsam „sub specie aeternitatis". Die Zeit geht in den Raum, der Raum in die Zeit über. Zeit und Raum, Vergangenheit und Zukunft gehen in die Gegenwart, die Gegenwart in die Ewigkeit über. Es ist immer *heute*. Ewigkeit ist ewige Gegenwart, „tota simul et perfecta possessio". Der Mensch wird quasi zu Gott: homo creator. Gott ist schon vor langer Zeit Mensch geworden. Nun kann der Mensch gleichsam im Ausgleich und Gegenzug Gott werden. Damit scheinen das Christentum, die Religionen, die Theologie ihr Ziel erreicht zu haben: Der Materialismus scheint endgültig überwunden, der Geist kehrt wieder,[13] das Diesseits geht in das Jenseits ein, Diesseits und Jenseits können simuliert werden,[14] der Mensch ist für immer gerettet, der Glaube ist *begründet*. Es geht nicht mehr um die Menschwerdung Gottes, sondern um die Gottwerdung des Menschen. Der Mensch will „Gott spielen". Natürliche und übernatürliche Wirklichkeit, Mensch und Gott, gehen ineinander über, es entsteht eine Synthese von Natur und Übernatur. Ist das „Internet-Seelsorge", oder muß sie doch anders aussehen? Was muß geschehen, damit das Internet ein Götterbote Hermes, ein Logos, ein Evangelium, eine frohe Botschaft wird?

Der Umstand, daß der Abstand immer geringer wird, schädigt unseren seelischen Zustand. Die Heimatlosigkeit wird das Los des Menschen. Raum und Zeit gehen in Gott nicht seinsmäßig ein. Sonst würde man Materialität, Endlichkeit, Zeitlichkeit, Geschichtlichkeit, Werden und Veränderung in das Wesen Gottes bringen, konstitutiv für Gott sehen; was in letzter Zeit manche behaupten. Gott lebt nicht in Raum und Zeit. Der Mensch lebt in Raum und Zeit, er kann ohne Raum und Zeit nicht leben. Die Aufhebung von Raum und Zeit, der Zukunft, der Ruhe, des Abstandes bedeutet das Ende des Menschen. Wenn wir die Zeit aufheben, negieren wir unsere Zukunft. Wer keine Zukunft, kein Ziel, kein Telos, keinen Sinn hat, gehört der Vergangenheit an, ist tot. Wenn der Mensch kein Ziel hat, wird ihn die Ziellosigkeit verfolgen. An die Stelle des „hic et nunc" tritt das Nirgends und Überall. Wenn wir überall sind, sind wir nirgends – im Gegensatz zu Gott.

2.5 Philosophisch-geisteswissenschaftliche Entwicklungen

Wir müssen versuchen, den gegenständlichen und gegenwärtigen Diskussionsstand in längerfristige, tieferliegende, geistesgeschichtliche Entwicklungen einzuordnen, ohne die wir unsere Geschichte und uns selbst nicht verstehen, unsere Identität nicht vollziehen können. Nur so können wir Entwicklungen als Fehlentwicklungen erkennen und korrigieren, die Probleme lösen und die Zukunft bewältigen, uns geistig orientieren. In der traditionellen Philosophie wurde die längste Zeit das Bewußtsein im Prinzip auf das Sein, auf die Welt, auf die Natur, auf die reale Realität, auf das Objekt (von mir als „erste Natur" bezeichnet) bezogen, davon abgeleitet, damit begründet. Dann wurde die „erste Natur" in den Menschen, in die menschliche Natur, in das Subjekt (von mir als „zweite Natur" bezeichnet) verlegt, als solche verstanden. Der Mensch, das Subjekt, das Bewußtsein sind also immer mehr an die Stelle der Welt, des Objektes, des Seins getreten; sie wurden zur „Natur", zur Realität, zum Sein schlechthin erklärt. Zuerst hat man das Bewußtsein auf das Sein, später das Sein und das Allgemeine, die gemeinsame Natur auf das Bewußtsein zurückgeführt. Man hat dann diese Naturen individualisiert, völlig dynamisiert, mit vielen gefährlichen Folgen, z. B. für die Identität. Man hat nicht begriffen, daß man mit der Abschaffung der „ersten Natur" auch schon die „zweite Natur" abgeschafft hat. In weiterer, fast konsequenter Folge wurden und werden Natur, Bewußtsein, Rationalität, Vernunft durch das Unbewußte, Unterbewußte (vgl. die Tiefenpsychologie), durch die Irrationalität, durch die Unvernunft, durch den Mythos ersetzt (von mir als „dritte Natur" bezeichnet, vgl. die diversen irrationalistischen Strömungen, die Post-Moderne, die Esoterik und New-Age).

Mit dem Computer ziehen wir nunmehr endgültig in das digitale Zeitalter, in die virtuelle Realität, in die Künstliche Intelligenz (von mir als „vierte Natur" bezeichnet) ein. Die erste und zweite Natur werden darin nun endgültig abgeschafft, ersetzt, simuliert. Die „dritte Natur" wird in der „vierten Natur" durch Bewußtsein, durch Geist ersetzt, allerdings mit einem Hang zum Mythischen, Irrationalen, weil man sich diesem Zug der Zeit nicht ganz entziehen kann und will, weil man sich so besser verkaufen und verständlich machen kann, weil die virtuelle Realität schließlich selbst einen Mythos, einen neuen, ja den neuen Mythos darstellt.[15] Das neue Paradigma „Internet" ist gekennzeichnet durch die Simulation der Welt, des Menschen, des Bewußtseins, der Sprache. In diesem Paradigma werden sich zunehmend ein neuer Rationalismus, Mechanismus, Determinismus, eine Vertechnisierung, ja sogar ein neuer Materialismus[16] einstellen und durchsetzen. Die Gefahr ist umso größer, als nicht so sehr der theoretische, sondern vor allem der praktische Materialismus – auch ohne Computerisierung – zunimmt. Dieses neue Paradigma ist auch erkennbar an der teilweisen Antithese zur „dritten Natur", zum Irrationalen und Unbewußten. Antithesen lassen durchaus einen Vergleich mit der These, übergreifende Rationalitätsstandards zu. Dies sei gegen T. S. Kuhn gesagt. Der neue „Geist", das neue „Bewußtsein" werden sich nämlich in elektronischer, digitalisierter Form, d. h. durch den Computer, also durch eine Maschine, durchsetzen. Mir scheint ein neues mechanistisch-materialistisches Zeitalter wieder im

Kommen zu sein. Schon La Mettrie (+1751) schrieb ein Buch mit dem Titel „L'homme machine". Die Vertreter des „Computer-Funktionalismus" sind der Meinung, daß der Computer Gedanken, Gefühle, Verständnis haben könne. *Je mehr der Mensch das Objekt abgeschafft hat, umso mehr ist er selbst zum Objekt geworden.* Maschinen werden zu Prothesen des Menschen, zum Menschenersatz. Man denke an den „Datenauszug" für den Menschen, an die neuen Transplantationsmöglichkeiten und den möglichen Einbau von Stimulatoren in den menschlichen Körper. Begriffe und Bilder der Technik, der Naturwissenschaften, der Medizin durchdringen immer mehr unsere Sprache, unsere Gesellschaft, unser soziales System, unsere Kultur. Kommunikation und Interaktion zwischen Mensch und Maschine nehmen kontinuierlich zu. Man denke z. B. auch an die Abhängigkeit des Menschen vom Handy. Was wäre ein Mensch ohne Handy?! In der „vierten Natur" hat das Maschinenzeitalter sein Ziel erreicht. Die Menschen werden immer mehr zu Maschinen und die Maschinen gleichsam zu Menschen. Ich erinnere an den „Deep Blue", der den Schachweltmeister Kasparow bereits besiegt hat. Der Computer tritt immer öfter an die Stelle des Menschen, die Künstliche Intelligenz immer öfter an die Stelle der natürlichen Intelligenz. Der Mensch wird zu einer informationsverarbeitenden Maschine. Genaugenommen wird der Mensch durch den Computer als informationsverarbeitende Maschine ersetzt, simuliert. Es besteht die Gefahr der Reduktion von Humanität und Bildung auf eine bloß instrumentelle Funktion.

2.6 Herkunft des Internets

Das Internet ist aus der amerikanischen Militärforschung hervorgegangen. An Sicherheitsfunktionen hat man am Anfang nicht gedacht. 1983 wurde das Internet geschaffen. Es wurde weiterentwickelt und z. B. im Golfkrieg im Jahre 1991 von den USA gegen den Irak angewendet. Der reale Krieg wurde damit zu einem virtuellen Krieg. Die Unterschiede zwischen Realität und Simulation werden zunehmend reduziert, werden häufig als schon (fast) weggefallen angesehen. Vor Beginn des genannten Krieges wurde fleißig an den Schirmen simuliert. Zerstörung, Tod, Elend und Leid kamen weder in der Simulation noch im Krieg selbst richtig in den Blick, in den Sinn, in das Bewußtsein (Realitätsfrage), wurden nicht zur Kenntnis genommen, wurden de facto – zumindest zum Teil – auch im nachhinein geleugnet (Wahrheitsfrage). Man sieht, daß die Wahrheit nicht nur – wenngleich sehr wesentlich – mit der Realität, sondern auch mit dem Geltenlassen von Realität zu tun hat. 1983 wurde das World Wide Web (WWW) vom Physiker T. Berners-Lee geschaffen. Vom Faschismus, von Mussolini und Hitler wurden die Autobahnen eingeführt, gebaut. Heute gibt es die Daten-Autobahnen. Wohin werden sie uns führen?

Gibt es die „schöne neue Welt der Virtualität"[17]? Gibt es das „virtuelle Universum", das „globale Ambiente", die „virtuelle Universität", das „virtuelle Klassenzimmer", den „virtuellen Hörsaal"? Was werden sie uns bringen?

2.7 Kritik an der Exklusivität und Überbetonung der Konstruktivität und Virtualität

An der Tatsache, daß es außerhalb und unabhängig vom Menschen, von seinem Bewußtsein eine reale Welt, eine Realität gibt, ist für mich nicht zu zweifeln. Ich trete also für einen erkenntnistheoretischen und ontologischen Realismus ein. Die radikalen Vertreter des Konstruktivismus und der virtuellen Realität verwechseln *daß* und *wie*. Die Frage nach dem *Wie* der Erkenntnis, der wissenschaftlichen Erkenntnis der realen Welt, nach dem Verhältnis von Subjekt und Objekt, von Beobachter und Beobachtetem, von Erzeuger und Erzeugnis, nach dem objektiven und subjektiven Anteil an der Erkenntnis des Menschen ist sicher schwierig, bisher kaum eindeutig zu beantworten. Das *Wie* des Erfassens des *Was* bleibt nach wie vor ein Problem. Aus dieser Tatsache resultiert aber weder ontologisch noch logisch die Leugnung einer realen, objektiven Welt. Richtig und wichtig ist, *daß* wir *etwas* von dieser realen Welt erfassen, wissen, verstehen, auf welche Art und Weise auch immer. Unsere Erkenntnis hängt sicher nicht *nur* davon ab, *was* außerhalb von uns der Fall ist; aber die objektiv bestehende Wirklichkeit ist genauso nicht *nur* die Folge der Art und Weise, mit der wir nach der Wirklichkeit suchen. Es gibt kein Bewußtsein ohne Gegenstandsbewußtsein. Intentionalität hat mit Inhalt zu tun. Unter „Intentionalität" verstehe ich das wesentliche und notwendige Bezogensein unserer geistigen Aktivitäten, unseres Erkennens auf Gegenstände und Ereignisse, also auf Inhalte außerhalb des Bewußtseins, ohne die Reflexibilität dabei auszuschließen. Bei Leugnung der realen Außenwelt, der realen Realität ist das Bewußtsein inhaltslos, gegenstandslos, bedeutungslos, bewußtlos. Man kann nicht bergsteigen ohne Berge, nicht Schi fahren ohne Schier, normalerweise auch nicht ohne Schnee. Man kann nicht schwimmen, ohne in das Wasser zu gehen (Hegel). Amerika gibt es nicht deshalb, weil es entdeckt wurde, sondern weil es schon vorher da war (B. Russell). Weil man sich insbesondere im Verlauf der Neuzeit immer mehr über Objekte, Gegenstände, Inhalte gestritten hat, hat man sich immer mehr auf das Subjekt, das Subjektive, das Bewußtsein, Formales, Methoden, Begriffserklärungen und Sprache zurückgezogen.

Alle, die die reale Realität leugnen oder zumindest behaupten, daß wir von ihr *nichts* wissen oder nur wissen, was sie *nicht* ist, schließen sich gerne dem bereits referierten Argument des Skeptizismus an. Ich möchte diesen Spieß des Skeptizismus umdrehen und sagen: Wenn der Mensch von der realen Welt *nichts* weiß, dann weiß er auch nicht, ob sein Wissen oder Erleben nicht vielleicht doch mit dieser Welt übereinstimmt. Man kann daher *nie* wissen, daß es *keine* Übereinstimmung gibt. Wenn man weiters *nur* weiß, was die Welt *nicht* ist, dann nimmt man jedenfalls ihre Existenz an, was für die Skeptiker und die radikalen Konstruktivisten eigentlich nicht angeht. Sie verfallen selbst zumindest dem gleichen Dilemma, Paradoxon und logischen Widerspruch, die sie den Realisten vorwerfen.

Man kann also zwar behaupten, aber *nicht beweisen*, daß der sogenannte ontologische Realismus falsch sei. Auch ich habe – wie andere Autoren – oftmals darauf hingewiesen, ja nachgewiesen, daß die Methode der Falsifikation Poppers nicht funktionieren kann.[18] Das gilt analog auch für die Vertreter des Konstruktivismus, der bloß virtuellen Realität. Nichtwissen, Nicht-Entsprechen, Falsifikation, Negation setzen ontologisch, erkenntnistheoretisch und logisch Realität, Existenz, Empirie, Verifikation, Position, Wissen, verum bereits voraus. Die Negative Theologie, auf die sich radikale Konstruktivisten manchmal berufen, vertritt die Auffassung, daß wir von Gott *nur* wissen können, was er *nicht* ist. Diese Auffassung setzt aber die Existenz Gottes voraus. Wir müßten also sozusagen vorher schon wissen bzw. annehmen, *daß* es Gott gibt. Damit haben wir ein positives Wissen oder eine positive Annahme.

Von den radikalen Vertretern des Konstruktivismus und analog oft auch der virtuellen Realität ist ständig von einer Realität außerhalb des Bewußtseins die Rede, von der wir quasi nichts wissen oder nichts wissen können. Watzlawick z. B. meint, daß es die Welt zweifellos gebe, was seinen eigenen Thesen oder ähnlichen Aussagen diverser Vertreter der genannten Richtungen widerspricht. Nach Glasersfeld „offenbare" sich die reale Welt nur dort, wo unsere Konstruktionen scheitern. Die Welt muß aber existieren, damit sie sich offenbaren kann und wir daran scheitern können. Man geht weiters ebenfalls ständig davon aus, daß es das Du, die dritte Person, das Wir, die Gemeinschaft, die Kommunikation, die Interaktion, das Fremdpsychische gibt, realisiert aber nicht, daß diese Realitäten der Welt außer mir, außerhalb meiner eigenen, der ersten Person sowie jeder Einzelperson existieren (müssen), also der realen, der objektiven Welt angehören. Man realisiert nicht, daß auch der Computer als solcher der realen Außenwelt angehört, keine bloß virtuelle Realität darstellt. Man vertritt de iure einen radikalen Solipsismus und Virtualismus. Die Beschäftigung mit diversen „Robinsons", auch in den Wirtschaftswissenschaften, wirkt wie eine theoretische Spielerei. Auch die Existenz der eigenen Person, des eigenen Ichs, des eigenen Subjekts, des eigenen Leibes, des eigenen Bewußtseins ist eine „objektive" Existenz, an sich und für mich gegeben. Heinz v. Foerster meint, daß er den Beobachter beobachten wolle. Dabei muß er aber entweder einen realen Beobachter der Außenwelt beobachten oder sich selbst; wenn sich selbst, dann geht das aber nur in Verbindung mit dem eigenen Leib, der bereits wiederum zur Außenwelt gehört. Auch das Bewußtsein, das Mentale sind wirklich und irreduzibel. Außerdem können die Mitmenschen durchaus in der Lage sein, die Freiheit des einzelnen einzuschränken, was die Konstruktivisten aber zugleich mit der Realität der Außenwelt ablehnen, nicht gelten lassen, was durchaus widersprüchlich ist. Nach Watzlawick hindere uns das Suchen am Finden, würde der Versuch, die Welt zu humanisieren, ins Inhumane führen. Als ob Watzlawick und Co. nicht letztlich auch die Welt und den Menschen, die es als Außenwelt quasi nicht gibt, humanisieren und kurieren wollten! So kann man alles umdrehen, so wird alles verkehrt, unrealistisch, demotivierend und sinnlos.

Reize, Erregungszustände, Wahrnehmungen, Signale, Reproduktionen des Gehirns sind von der Außenwelt nicht zur Gänze unabhängig, sondern verweisen auf sie, stammen weitgehend von ihr, wenn sie nicht gegenstands-, orientierungs-, sinnlos und unverständlich sein sollen. Re-Produktionen werden mit Produktionen, Re-Konstruktionen mit Konstrukten gleichgesetzt. Daß es auch eine Subjekt-, Beobachter-, Gehirnabhängigkeit gibt, bedeutet noch lange nicht, daß es *nur* diese

Abhängigkeit gibt. Sonst würde es sich um ein geschlossenes System, einen völligen Solipsismus handeln, würde man das Verstehen nicht verstehen. Das Gehirn, das Bewußtsein, das Subjekt, der Beobachter sind keine geschlossenen, sondern offene Systeme (vgl. die Systemtheorie). Die virtuelle Realität, der radikale Konstruktivismus und die Analytische Philosophie stellen im Prinzip und im Endeffekt geschlossene Systeme dar. Defizite, Mängel, Mißbrauch, Fehlverhalten, Mehrdeutigkeit, Mißverstehen, „Dioptrien" dürfen weder mit der realen noch mit der virtuellen Realität, dürfen auch nicht mit den Konstrukten gleichgesetzt werden, sonst würde man das „Kind mit dem Bad" ausschütten, wie es der radikale Konstruktivismus de facto tut. Schon Descartes hat – wie analog andere Philosophen vor ihm und nach ihm – das Nichtsein als Sein, das Nichtwissen als Wissen und die Gefühle als Denken verstanden wissen wollen. Das läuft entweder auf die Leugnung von Realitäten oder auf einen Rationalismus oder auf einen Reduktionismus hinaus. Die Vertreter des radikalen Konstruktivismus merken offenbar nicht, daß sie ihren eigenen radikalen Konstrukten aufsitzen. Sie haben offenbar nicht nur einen „blinden Fleck" auf der Netzhaut, sondern sind blind für die gesamte reale Realität. Der „Lügengeist" von Descartes freut sich und feiert fröhliche Urständ. Es handelt sich nicht nur um einen erkenntnistheoretischen – wie zur Rechtfertigung oft gesagt wird –, sondern um einen ontologischen Konstruktivismus oder Solipsismus. Beide Seiten lassen sich aber nicht voneinander trennen. Es gibt keine Erkenntnistheorie ohne Ontologie, kein Verstehen ohne Sein, kein Sollen ohne Sein. Um das Bezogensein – es muß sich nicht um Übereinstimmung handeln – eines Großteils unserer Konstrukte auf die Außenwelt zu kennen und anzuerkennen, brauchen wir keinen „Superbeobachter", keinen „Archimedischen Punkt", keinen „Deus ex machina", keine Sicht „sub specie aeternitatis" und keine „Illumination".

Man soll sich nicht einseitig und vordergründig auf den Begriff „Übereinstimmung" fixieren, wo es sich doch primär um Realität, Ursächlichkeit, Beeinflussung, Abhängigkeit und Beziehung handelt. Es geht um den qualitativen Unterschied zwischen Sinnes- und Verstandeserkenntnis, um die Aktivität und Spontaneität des Verstandes, aber eben auch um das originäre und vielfältige Angewiesen- und Verwiesensein des Verstandes auf die Sinne, der Sinne auf die reale Realität. Das Gehirn, der Denkapparat sind ein Produkt der Evolution (vgl. die Evolutionäre Erkenntnistheorie).

Wie soll ich weiters die Simulationen auf die Welt und die Menschen *anwenden*, wenn es diese entweder real oder objektiv gar nicht gibt oder ich von ihnen nichts weiß bzw. *nur* weiß, was sie *nicht* sind? Die *Anwendung* funktioniert nur dann, wenn es etwas gibt, worauf ich z. B. die Simulationen realistisch anwende, wenn ich vom Anwendungsgebiet etwas weiß bzw. kenne. Es gibt also eine ganze Menge von logischen und ontologischen Inkonsequenzen, Widersprüchen, die die radikalen Vertreter des Konstruktivismus und der virtuellen Realität im eigenen Bereich ständig übersehen, übergehen, ignorieren und negieren, die sie den Realisten vorwerfen, die *in Wirklichkeit* aber mit Fug und Recht genau im Gegenteil ihnen selbst vorzuwerfen sind.

Die allgemein anerkannte Abstammungslehre widerspricht der und widerlegt die Leugnung der realen Realität. Die Welt war schon *vor* dem Menschen, *unabhängig* vom Menschen und *außerhalb* seines Bewußtseins da. Die reale Wirklichkeit ist zunächst und vor allem *kein* Produkt, *keine* Konstruktion, *keine* Schöpfung des Menschen. Die meisten Vertreter der Evolutionären Erkenntnistheorie – wie z. B. K. Lorenz und R. Riedl – treten daher auch nachhaltig für einen Realismus ein, den sie als „hypothetischen Realismus" bezeichnen. Auch Popper ist ein Vertreter der Evolutionären Erkenntnistheorie und ein konsequenter Realist.

Es stimmt weder sachlich noch faktisch, daß die Evolutionäre Erkenntnistheorie von den Vertretern des radikalen Konstruktivismus zu Ende gedacht bzw. zu Ende geführt werde, wie z. B. Watzlawick behauptet. Das Erbe ist nicht einfach ein Produkt des Menschen, darf nicht mit der Umwelt verwechselt werden. Es gibt keine Ontogenese ohne Phylogenese. Die Natur hat „Tatsachen" geschaffen, die nicht vom Menschen stammen, die nichts mit dem „facere" des Menschen, nichts mit den von ihm geschaffenen Fakten zu tun haben. Die radikalen Vertreter der Konstruktivität und Virtualität verwechseln Ursache und Wirkung, Kausalität und Finalität, kümmern sich kaum um die Methoden oder die Probleme der Induktion und Deduktion, um das Verhältnis von Experiment und Theorie. Moleküle, Atome, Masse, Teilchen, Welle, Geschwindigkeit sind real, sind auch unabhängig von uns gegeben, was allerdings von der Kopenhagener Deutung der Quantentheorie bestritten wird.

Das Christentum und andere Religionen sehen die Welt als Schöpfung Gottes, keineswegs als Schöpfung des Menschen. Diese Auffassung impliziert die Realität Gottes und der Außenwelt. Für den Glaubenden ist die Welt von Gott, nicht einfach oder *nur* von der Evolution, vom Menschen, von der Kommunikation, von der Kultur geschaffen, ist keine *Erfindung* des Menschen. Nicht nur die Evolution, nicht nur die Natur-Geschichte, sondern die Geschichte überhaupt widersprechen der Leugnung der realen Außenwelt. Die Geschichte ist zwar einerseits ein Produkt der Menschen, für jeweils spätere Generationen aber genauso auch etwas, das ihnen vorgegeben und mitgegeben ist, von dem sie beeinflußt und mitbestimmt werden. Man denke an die vielen Tatsachen der Geschichte, an denen nicht zu rütteln ist. Der Mensch ist also sowohl ein Schöpfer als auch ein Geschöpf der Geschichte, wie schon J. G. von Herder meinte.

Die Ökologie widerspricht in der Sache, in der Substanz den Vertretern des radikalen Konstruktivismus und des radikalen Virtualismus. Genau das Denken dieser Richtungen, schon früher F. Bacon, das sogenannte „Bacon-Programm", also das Modell der Beherrschung der Natur durch den Menschen, die Anthropozentrik haben uns in die ökologische Krise getrieben.[19] Die Natur, die Umwelt, die natürliche Mitwelt haben aber ihr *eigenes* Sein, ihren *eigenen* Stellenwert, ihren *eigenen* Wert. Wir müssen mehr Respekt, mehr Ehrfurcht vor dem haben, was wir *nicht* hervorgebracht, *nicht* geschaffen haben. Dieses *Gegebene* müssen wir *er*-kennen und *an*-erkennen. Die Stabilität, die Konstanz, der Widerstand, die Dauerhaftigkeit, die Beständigkeit der Welt dem Menschen und seinem Erkennen gegenüber sind nur durch den Realismus erklärbar. Man denke z. B. an die Tatsache und die Folgen eines realen Verkehrsunfalles. Die Welt, Österreich, die Steiermark, Graz, Straßen, Bauten, Kunstwerke, Musik sind nicht einfach virtuelle Konstrukte, sondern real gegeben. Mondfahrt, Atomgefahren und reale Krankheiten gibt es auch für die Irrealisten, die Konstruktivisten, die Konventionalisten. Die Leugnung all dessen führt uns auf Dauer in den Nihilismus, Skeptizismus, Relativismus, Konstruktivismus, Virtualismus, Reduktionismus. Es ist nicht möglich, die reale einfach durch die virtuelle Realität zu ersetzen. Die alte, kritisierte, negierte Metaphysik wird in Wirklichkeit durch eine neue Metaphysik zu ersetzen versucht.[20] Die Wahrheit, die alte Wahrheit wird abgelehnt, für die eigenen Aussagen aber wird Wahrheit in Anspruch genommen. Das Alte sei absolut falsch, jede Absolutheit sei abzulehnen, aber die eigene Lehre wird als absolut richtig angesehen. Lauter Widersprüche!

Der radikale Konstruktivismus und viele Vertreter der virtuellen Realität lehnen *generell, pauschal, ausschließlich* die Realität der Außenwelt ab. Es ist ständig von „alle", „nur", „immer", „rein", „nie", „niemals", „nichts" die Rede. Diese Generalisierungen sind falsch, lassen sich nicht beweisen, sind bisher nie bewiesen worden; sie sind genauso falsch wie die Auffassung von S. Freud, daß der Mensch zur Gänze und exklusiv vom Geschlechtstrieb, oder jene von A. Adler, daß er allein vom Machttrieb bestimmt werde. Richtig ist, daß es viele Konstruktivismen, Konstruktionen und Simulationen gibt, mehr als man gemeinhin weiß bzw. annimmt, aber nicht *alles* ist *nur* Konstruktion, nicht *alles* ist *nur* Simulation, nicht *alles* ist simulierbar. Sicher gibt es sehr viele Beeinflussungen, Einschränkungen, Verzerrungen, Umarbeitungen, Verschiebungen, Abänderungen und „Rationalisierungen" des Realen, Objektiven – wie etwa bei Freud im Zusammenhang mit den Neurosen und mit der Traumdeutung –, z. B. durch den Beobachter, durch Vor-Urteile, Ein-Bildungen, Eigeninteressen, „Dioptrien", Wünsche, Erwartungen, Gefühle, Ideologie, (Partei-)Politik, übertriebene bzw. einseitige Machtansprüche, Nationalismus, Genuß von Rauschgift und zuviel Alkohol, psychische und physische Krankheiten. Alle diese Phänomene klammern Realitäten ein oder aus, lassen sie nicht richtig in den Blick kommen, schränken den Blickwinkel ein (wie z. B. nachgewiesenermaßen 0,8 im Vergleich mit 0,5 Promille beim Alkohol). Searle bezeichnet alle Merkmale der Welt, die unabhängig von jedem Beobachter existieren, als „intrinsisch" und unterscheidet sie von jenen, die „beobachter-relativ" sind.[21] Wir dürfen das Erkennen und Erforschen der Welt, der Natur nicht übersehen, nicht übergehen, nicht lassen, nicht aufgeben. Wir dürfen aber dabei nicht *nur* einem Rationalismus oder nicht *nur* einem Irrationalismus, nicht *nur* einem Monismus, nicht *nur* einem Dualismus huldigen.

F. Wallner[22] meint, daß die geistige Avantgarde in den 60er Jahren aus Marxisten bestand, in den 90er Jahren aus Konstruktivisten besteht; kein schmeichelhafter Vergleich für den Konstruktivismus. Außerdem sagte er: „Die logische Analyse ist heute mehr oder minder tot."[23] Der soziale Zwang in der gegenwärtigen Wissenschaft sei Ausdruck des Theologieverständnisses. Ein „Konzept von Natur", das dem Konstruktivismus vorausliegt, die „Natur als erkennbare Norm" sei „ein unglaublich gefährlicher Gedanke".[24] Hier handelt es sich nicht um Analysen, die sich beweisen ließen, sondern wohl eher um Behauptungen. Es dürfte der Wunsch der Vater dieser Gedanken sein, die man ihrerseits als gefährlich und einseitig bezeichnen muß, deren Gegenteil eher zutrifft. Die Analytische Philosophie ist eine Vorläuferin des radikalen Konstruktivismus, beide sind Vorläufer der virtuellen Realität. Alle drei Richtungen haben den gemeinsamen Fehler, daß sie zuwenig auf Inhalte, Gegenstände, gegenwärtige Probleme des Menschen und der Gesellschaft eingehen.[25]

Es gibt viele Zugänge zur Natur und zum Mitmenschen: über das Denken, Erkennen, Verstehen (vgl. die verstehende Psychologie, die Hermeneutik), über Intuition, Empirie, über die Sinne, über Gefühle, über unser Leben, über unser Handeln. Wenn es nur (Sinnes-)Täuschungen gäbe, wüßten wir nicht, daß wir uns täuschen, könnten wir nicht leben, nicht überleben. Man weiß nur, was Sinnestäuschungen, Desinformation, Unwahrheit und Krankheit sind, wenn man weiß, was Sinneserkenntnisse, Informationen, Wahrheit und Gesundheit sind, nicht aber dann, wenn man diese leugnet. Wir müssen den Wissenschaftsbegriff – zumindest in dieser Hinsicht – revidieren, die Hybris, den Absolutheits- oder Totalitätsanspruch der Wissenschaft, die Wissenschaftsgläubigkeit, den Versuch des Religionsersatzes durch Wissenschaft aufgeben, bekämpfen.

Während sich die Wissenschaft, die Philosophie mit ihren Begriffen herumschlagen, begreifen sie oft die Probleme, Sorgen, Gefahren des Menschen, der Gesellschaft nicht oder zuwenig. Ein neues Paradigma ist häufig mit Einseitigkeit und Unvernunft verbunden, verzehrt von der Suche und der Sucht nach dem Neuen, blind für Bewährtes, Bewahrtes, Tradition, geschichtlich Gewachsenes, Übergreifendes, Gemeinsames. Konstruktivismus und Virtualismus haben Vorläufer, Vorbilder und Nachahmer. In der Philosophie(-geschichte), in der Wissenschaft, in der Politik, im persönlichen Leben gab und gibt es immer wieder eine größere oder kleinere Realitätsferne bzw. Realitätsnähe, nicht selten Realitätsleugnungen und Realitätsverweigerungen.

3. Virtuelle Anthropologie

3.1 Neue Ursachen von Neurosen

Die Exklusivität und die Überbetonung der Virtualität und des Konstruktivismus machen den Menschen krank, stören und zerstören sein Wesen, seine Seele, treiben ihn in Unvernunft, Lüge und Neurosen. Wenn es einen radikalen Realitätsverlust gibt, dann ist es jener der Anti-Realisten, denen sogar *jede* reale Realität verlorengeht. Nach S. Freud, anderen Psychoanalytikern, Psychologen und Psychotherapeuten erleidet der Neurotiker einen Realitätsverlust. Nach Freud und A. Schopenhauer (siehe seine Abhandlung über den Begriff „Wahnsinn") sträuben wir uns gegen ein peinliches Stück Wirklichkeit. Watzlawick hat u. a. deshalb einen so großen Erfolg, weil er als Psychotherapeut viele neue Beispiele in dieser Richtung anführen kann. An solchen Thesen ist sicher viel Richtiges, Wichtiges, Interessantes und Neues. Aber der Schluß, der daraus gezogen wird, daß es überhaupt keine reale Welt gebe, daß wir sie nicht erkennen könnten, daß *wir* sie schaffen würden, ist eindeutig falsch. Außerdem besteht nicht nur die Tendenz, sondern die Gefahr, das Pathologische zu generalisieren; ein Vorwurf, der z. B. auch Freud gemacht wurde.

Ich drehe auch hier – wie schon bei den Skeptikern – wiederum den Spieß um. Ist es nicht zunehmend so, daß uns gerade der größere, der totale Realitätsverlust erst zu Neurotikern macht, zumindest zum Teil? – Und nicht primär die Libido oder die Verdrängung libidinöser Triebansprüche wie bei Freud. Der Mensch schafft es offenbar nicht, ohne Schöpfung, ohne Realität, ohne Natur auszukommen. Nachdem der Mensch die anderen Naturen ab-geschafft hat, schafft er sich selbst seine eigenen Naturen, Welten, Vorstellungen, Wünsche und Phantasien. Er wird zunehmend zum Narcissus, der nur noch sein eigenes Spiegelbild sieht und sucht. Was bleibt, ist eine solipsistische Spiegelgalerie. Der Mensch manövriert sich in eine Klaustrophobie. Je mehr er sich aber selbst zum „homo creator" macht, sich klont, je mehr Macht er hat, desto mehr wird er zum Spiegel seiner selbst, zum Neurotiker (vgl. auch A. Adler, der die Neurose vom Machttrieb ableitet). Mängel, Lücken und Defizite werden zu kompensieren versucht. Vieles ist als Ersatzbefriedigung, als Suchtverhalten zu verstehen. Die quasi abgeschafften Realitäten rächen sich. Genauso, wie z. B. die „abgeschaffte" Seele durch psychogene Krankheiten ihre Existenz und ihren Einfluß beweist. Ohne Realität hat der Sinn keinen realen Grund. Ohne reale Welt lebt der einzelne Welt-los, Mitmenschen-los, Sinn-los. Ohne jeden Sinn bleibt den Menschen nur der Un-Sinn, der Wahn-Sinn. Sinn läßt sich nicht simulieren. Für die meisten Menschen hat das Leben ohne Sinne keinen Sinn. Nach V. Frankl erzeugt der Sinnverlust beim Menschen eine „noogene Neurose". Je radikaler der Realitätsverlust ist, umso eher bringt dieser einen Verlust an Sinn, Orientierung und Verantwortung und umso leichter treibt er die Menschen in eine Massenhypnose, Massenpsychose, Massenneurose, Massenhysterie, in einen seelischen Exhibitionismus, in Depressionen. Die Menschen sind seelisch arm geworden. Diese seelische „Armut" ist uns – neben berechtigter Trauer – anläßlich der am 31.8.1997 an den Folgen eines Unfalls verstorbenen Prinzessin Diana durch das Verhalten der Massen, der Medien, der Fotografen („Paparazzi") deutlich vor Augen geführt worden. Nicht wenige Reporter haben schon lange Ethik und Wahrheit außer Kraft gesetzt. Das Abnorme und Private werden zur Norm, zum Geschäft, die Perversionen nehmen zu. Was als Realitätsgewinn erschien, erweist sich als Realitätsverlust. Man kann sich den Aufgaben und Zielen durch Flucht in den Aktionismus, in die Selbstverwirklichung, in die Selbstschöpfung, durch Flucht in die Massen (mit hysterischem Verhalten), in die Vergangenheit, in die Krankheit (A. Adler) entziehen. Zukunft und positive Motivation schwinden.

Realitätsverlust ist Ursache für den „homo creator". Beides zusammen ist Ursache für den Sinn-Verlust. Alle drei zusammen sind Ursachen für Neurosen. Wir leben unter keinen günstigen Vorzeichen, unter keinem guten Stern, in keiner glücklichen Zeit. Man erzeugt – sicher unbewußt und ungewollt – genau jene Krankheiten, die zu heilen man vorgibt, genau jene Probleme, die man lösen will. Wenn das kein circulus vitiosus ist! Sicher: Je neurotischer der Mensch ist, desto größer ist der Realitätsverlust, an dem er leidet. Aber die radikalen Konstruktivisten und radikalen Virtualisten haben *jede* reale Realität verloren. Würden sie de facto, in Wahrheit nach ihren Theorien leben, müßten sie Neurotiker sein, würden sie der Therapie, der Hilfe bedürfen. Das trifft nicht zu. Also haben sie mit ihren Thesen nicht recht. Sie können nur leben und überleben, weil sie in Wahrheit die ontologischen, logischen, erkenntnistheoretischen und vor allem existentiellen Konsequenzen aus ihren Lehren *nicht* ziehen, gar nicht ziehen können. Sie versuchen aber – analog zur Globalisierung in der Wirtschaft – zu rationalisieren, und zwar im doppelten Sinne des Wortes: Die Realität – bei der Globalisierung die Arbeitsplätze – wird „wegrationalisiert", dafür werden rationale Gründe anzugeben versucht. Die gesamtwirtschaftlichen Beschäftigungseffekte der Informationstechnologien sind sicher unsicher. Diese geraten meiner Ansicht nach auf Dauer zu einem weiteren Jobkiller, genauso wie bei der Globalisierung der Wirtschaft.[26] Beide, die völlige Globalisierung und die völlige Virtualisierung, werden uns à la longue in den Abgrund führen, wenn wir nicht möglichst bald umdenken, umlernen, eine Umstellung vornehmen, neue Akzente und Ziele setzen. Der Irrealismus hat genauso wie der philosophische Rationalismus einen Irrationalismus zur Folge, auch wenn er sich – vielleicht gerade deshalb – sehr rational gibt.

3.2 Verlust der Identität

Der Mensch ist und bleibt eingebettet in zwei Realitäten, in die reale und die virtuelle. Er leidet am Wegfall, am Ausfall, am Verlust der ersteren; so ähnlich wie an der Amputation eines Beines. Es besteht die Gefahr, daß eine neue Form der Schizophrenie, eine Persönlichkeitsspaltung entsteht. Der Mensch wird immer mehr ein Zerrissener werden; vielleicht interessanter- und typischerweise gerade durch den Wegfall der außermenschlichen und überindividuellen Realität. Die Schizophrenie ist aufgrund neuer Erkenntnis möglicherweise keine bloß psychogene Krankheit, wird als eine solche aber wohl auch weiterhin gelten. Die Identität ist deshalb ein so aktuelles Thema, weil viele sie für problematisch und illusorisch halten, weil viele sie aufgegeben und verloren, alles überdynamisiert und das Allgemeine und das Gemeinwohl aufgelöst haben, folglich in Differenzen leben. Ohne das Allgemeine, ohne Gemeinwohl, ohne Personalität gibt es keine Identität. Mit dem Computer kann man viele Wirklichkeiten herstellen. Jeder erzeugt, schafft seine *eigene* Wirklichkeit. Es gibt multiple Realitäten, multiple Anthropologien, genaugenommen macht sich jeder die *seine*. Jeder kann im Computer verschiedene Gesichter annehmen, sich maskieren, verschiedene Rollen spielen, Rasse, Geschlecht, Alter, Stimme, Kleidung und Handlungen verändern, viele, neue, falsche, sich verändernde Identitäten annehmen. Männliche und weibliche Identität, Rolle und Figur werden austauschbar, Identitätsspielereien nehmen zu, vor allem im Rahmen von MUDs (Multi User Dungeons)[27]. Man täuscht ein „Ich-Ideal" oder ein „Ideal-Ich" vor. Der Computer, die Computerspiele werden zum Teil zum Partnerersatz. Der „Cybersex" (P. Virilio) tritt immer mehr an die Stelle des realen Sex, der (körperlichen) Nähe, Wärme, Berührbarkeit, macht den Menschen, Mann und Frau als reale Partner einer realen Liebe überflüssig; bis am Ende die Menschen überhaupt überflüssig werden oder sich überflüssig machen, wie jetzt bereits die Zeugung durch die In-vitro-Befruchtung, wie das Klonen von Individuen bedrohlicherweise zeigen. *Die Probleme werden noch größer, wenn sich die Manipulationen an der genetischen Information mit jenen der Informationsgesellschaft verbinden.* Dies alles bedeutet in Wirklichkeit die Auflösung des Subjekts, der Person, des Ichs, des menschlichen Wesens, der Identität, des Geschlechts, erzeugt Anonymität und Distanz. Es gibt viele Gesichter, einen Gesichtsverlust, daher kein Antlitz. Das „Interface" gefährdet Identität, Existenz, Lebensqualität, Würde, Freiheit und Antlitz des Menschen. Wenn der Mensch sich selbst immer wieder neu (er-)schafft, verliert er seine Identität, er gewinnt sie nicht. Es gibt viele Existenzen, aber keine wahre, eigene, eigentliche Existenz. Der Mensch wird zu einem Abziehbild, er wird geklont, wird genetisch identisch. Angesichts dieser Entwicklungen kann P. Lévy nicht überzeugen, der die Auffassung vertritt, daß der Cyberspace eine Chance der gemeinschaftlichen Teilhabe biete, die entstehende kollektive Intelligenz die gewaltigen Probleme lösen helfe.[28] MUDs werden in den seltensten Fällen wirklich helfen, auf Dauer eine Identität zu finden oder aufzubauen.

Das Internet, virtuelle Gemeinschaften erlauben nicht nur viele Rollen und viele Identitäten, sondern forcieren auch die „Computer-Sucht", die „MUD-Sucht" (bereits termini technici), die Computerabhängigkeit, die sich gerade bei sozial Gehemmten und schizoiden Benützern verstärkt zeigen. Auf diese Weise können sie wieder „eine Rolle spielen". „Simulierer" bzw. „Simulanten" kommen zu ihrem Recht. Die Identifikation der Teilnehmer im Internet wird immer schwieriger, oft unmöglich. Es gibt keine Identität ohne Identifikation. Mit dem zunehmenden Wechsel von der Präsenz zur Tele-Präsenz, von der Primärerfahrung zur Sekundärerfahrung, von der Primärkommunikation zur Sekundärkommunikation geht Identität verloren. Für eine wahre Identität brauchen wir aber Realität: Es gibt keine Identität ohne Realität. Mit bloßer Virtualität gewinnt man keine reale Identität. Wir brauchen Kontinuität, Konstanz, Konsistenz, Ganzheit, eine gewisse Treue.[29] Nicht einmal Wissenschaft, Wahrheit, konsequentes Forschen und Denken sind ohne Treue möglich. Ohne Ort, ohne Stand-Ort, ohne Stand-Punkt gibt es keine Identität. Es gibt keine Zukunft ohne Herkunft, wir können aus unserer Geschichte nicht heraus. Es gibt keine Identität ohne Geschichte. Geschichtslos sind wir leblos. Unsere Erde ist zu einem Planeten der Nomaden und Monaden geworden. Je größer die Hast, der Lärm, je rascher das Tempo, je kürzer die Zeit, umso mehr verlieren wir an Identität, an Besonnenheit; umso mehr entfernen wir uns von Gott, der *allein* Ruhe und Ewigkeit ist. Für den Christen ist der Mensch Geschöpf und Ebenbild Gottes, daher gibt es für ihn keine (volle) Identität ohne Transzendenz. Je rasender die Geschwindigkeit ist, die oft keinen Sinn und kein Ziel hat, uns nirgendwo hinbringt, umso mehr entstehen einerseits Nervosität, Aggressivität, pathologisches und neurotisches Verhalten, andererseits das Bedürfnis nach Ausgleich, Kompensation, Ruhe, Einsamkeit und Erholung. Ist alles mobil, so steht alles im Stau. Es gibt eine Lähmung durch Überaktivität. Die absolute Geschwindigkeit wird uns noch den absoluten Zusammenbruch bringen.[30]

In der Ablösung von den Inhalten – gefördert und gefordert insbesondere durch das Internet, durch den zunehmenden Ersatz des Buches durch das Internet, durch den radikalen Konstruktivismus und Virtualismus, durch die Analytische Philosophie, durch die Pathologie der Bilder – sehe ich eine der zentralsten Gefahren für die Identität, für die Kultur, die Philosophie, die Wissenschaft, die Gesellschaft. Ohne Inhalt gibt es keine Identität; genauso, wie es ohne Inhalt, ohne Gehalt kein Verstehen gibt. Was nicht *ist*, kann man nicht *verstehen*. Man kann immer weniger überprüfen, man muß immer mehr glauben. Man glaubt schon fast alles, weil schon fast alles möglich ist. Dabei handelt es sich um keinen religiös-theologischen Glauben. Wer alles weiß, hat – nach Goebbels – vor nichts Angst. Vielleicht trifft die Umkehrung immer mehr zu: Weil wir zu viel wissen, weil wir (fast) alles für möglich halten, gerade deshalb haben wir Angst.

Man hat den Begriff „Substanz" so lange dynamisiert und relativiert, bis man ihn aufgelöst hat. Man hat die Substanz aufgelöst, dafür aber Akzidenzien zur Substanz gemacht. Die Geschwindigkeit, die Dynamisierung, die Oberfläche bzw. die Oberflächlichkeit und Sintflut der Bilder und Töne werden zur „Substanz" der Medien, der Menschen gemacht. Die wahre Substanz, die Wahrheit, der Inhalt, die Realität, die Stabilität, die Kontinuität, der Bestand, die Dauer, die Tiefe werden immer akzidentieller. Die Kommunikation (Relation) ist für den Menschen konstitutiv, macht aber nicht schlechthin seine Substanz aus. Es gibt keine Identität ohne Kommunikation, ohne Einheit, ohne Individualität, ohne Selbstbestimmung, ohne Person.[31] Man hat alles Absolute abzuschaffen versucht, aber es läßt sich offenbar nicht einfach ausmerzen. Die Sätze „Alles ist relativ", „Alles ist im Fluß" (Heraklit von Ephesus) sind absolut. Die Lichtgeschwindigkeit, die elektromagnetischen Wellen des Internets sind absolut. Nicht zufällig werden der Zufall und das Chaos absolut gesetzt. Die biblische Aufforderung „Du sollst Dir kein Gottesbild machen" (Ex 20,4; Dtn 5,8) wird wieder aktuell und verständlich. Es besteht tatsächlich die Gefahr, daß wir Gott, die Substanz, den Inhalt und die Identität verlieren. Der Mensch braucht für sein Denken und Leben Konstanten, Dauerhaftes, Absolutes, die Transzendenz, die Identität.

3.3 Es gibt keine Äquivalenz von Mensch und Computer

Der radikale Konstruktivismus und andere Richtungen behaupten, daß wir zwischen Subjekt und Objekt, zwischen Innen und Außen, zwischen Leib und Seele nicht mehr unterscheiden können, nicht mehr zu unterscheiden brauchen. Dies ist freilich möglich, weil und wenn eine Seite abgeschafft wird. Es ist interessant, daß gerade auch Verteidiger der Künstlichen Intelligenz nicht selten behaupten, daß wir vom Inneren des Menschen kaum etwas wissen, etwa im Sinne des Behaviorismus. Diese Auffassung ist u. a. deshalb erstaunlich, weil ja deren Vertreter die Außenwelt abschaffen, nur den Menschen, sein Bewußtsein gelten lassen. Wenn wir aber das Innere des Menschen nicht kennen, dann kennen wir den Menschen nicht, dann können wir auch nicht sagen, nicht beweisen, daß wir ihn simulieren, höchstens einen, nämlich den äußeren, vielleicht äußerlichen Teil.

Sollte aber vom Inneren des Menschen nur das Bewußtsein simulierbar sein, dann eben nicht das Unbewußte, die Gefühle. Das Unbewußte kann nicht simuliert werden, wenn und weil es nur um das „Bewußtsein" geht. Gerade aber das Unbewußte (vgl. die Tiefenpsychologie) und die Gefühle spielen beim Menschen eine ganz große Rolle.

Es erhebt sich die Frage, ob der Konstruktivismus und der Virtualismus einen Dualismus oder einen Monismus darstellen. Meiner Meinung nach laufen beide ontologisch, logisch und erkenntnistheoretisch letztlich auf einen Monismus hinaus, weil man eben zwischen den beiden genannten bzw. relevanten Bereichen nicht mehr unterscheiden kann; genaugenommen deshalb, weil die eine Seite geleugnet wird. Das eine Mal wird die Außenwelt, zu der auch der menschliche Leib gehört, geleugnet, das andere Mal wiederum behauptet, daß wir von der Innenwelt nichts wissen. Aber so würden wir überhaupt nichts wissen, einem Skeptizismus oder Nihilismus verfallen. Jede wissenschaftliche Methode, Verifikation und Falsifikation würden dadurch außer Kraft gesetzt. Identität, Aussagen, Verständigung, Wahrheit und Wissenschaft wären unmöglich. Entweder ist alles nur individuell oder alles nur Kommunikation. Man kann nicht ohne Widerspruch beide Thesen gleichzeitig vertreten. Wir kommen damit in das schwierige Leib-Seele-Problem. *Wie sollen Leib und Seele, Physisches und Mentales, Materie und Geist, die reale und virtuelle Realität aufeinander einwirken, interagieren, wenn man sie dualistisch trennt oder monistisch gleichsetzt oder eine Seite leugnet?! Ursache und Wirkung, die Kausalzusammenhänge und die Wechselwirkungen werden verwischt, vermischt, verkannt, ignoriert, negiert. Menschliches Handeln und psychogene Krankheiten wären nicht mehr verstehbar.* Man darf folgende zwei Seiten bzw. Aspekte nicht gleichsetzen, was leider sehr häufig geschieht: die Realität einerseits, die nicht von den Naturwissenschaften allein festgestellt werden kann, (natur-)wissenschaftlich anerkannte Ergebnisse in bezug auf Ursachen, Wechselwirkungen und Zusammenhänge andererseits.

Die Gefühle des Menschen lassen sich jedenfalls bis jetzt praktisch noch kaum simulieren. Meiner Meinung nach wird man sie nie völlig simulieren, jedenfalls sicher nicht ersetzen können. Bei den Gefühlen und dem Geschmack handelt es sich um eines der großen derzeitigen Probleme, Versuchsfelder und Defizite im Bereich des Computers. „Tamagotchi", ein elektronisches Ei oder Küken oder Huhn kann und soll Tiere und Kinder, Zuwendungen und Gefühle realer Lebewesen nicht ersetzen. „Tamagotchi" wurde in China in den Schulen bereits verboten, weil die Gefahr besteht, daß Kinder und Jugendliche Schule und familiäre Pflichten vernachlässigen. Die Berührbarkeit nimmt immer weiter ab. D. Goleman diagnostiziert ein emotionales Elend, eine sich verschärfende emotionale Krise, besonders bei den Kindern, eine erschreckende Zunahme von Gewaltverbrechen, Selbstmorden, Drogenmißbrauch und Depressionen, insbesondere in den USA, und plädiert zu Recht für die emotionale Intelligenz, für die Kräfte und Fähigkeiten des menschlichen Herzens, die genauso wichtig seien wie jene des Kopfes.[32] Die emotionale Ebene ist hinsichtlich der Simulierbarkeit am wenigsten erforscht. Wie kann und soll man dann berechtigterweise von einer Human-Äquivalenz des Computers sprechen, wie es z. B. Götschl tut? Als solche Human-

Äquivalente nennt er z. B. Rechnen und Merken. Im Rechnen ist der Computer den Menschen technisch sicher überlegen, nicht nur äquivalent. Ein Computer kann aber die wahre und innere Identität des Menschen nicht erkennen, nicht darstellen, nicht ersetzen. Die digitalisierte und die reale Wirklichkeit sind nicht dasselbe, wenngleich man sie zunehmend miteinander verknüpft, sie immer weniger voneinander trennt, was positive und negative Aspekte aufweist. Es besteht die Gefahr der Verwechslung von realer und virtueller Realität, die Gefahr, die virtuelle als eigentliche und einzige Realität zu sehen. Die virtuelle Welt kann leicht als (einzige) ideale Welt, als Platonische Welt der Ideen angesehen werden. Die einen halten die virtuelle Welt für die beste, die anderen für die schlechteste aller möglichen Welten.

Materie und „Geist", Objekt und Subjekt, Außen und Innen, der öffentliche und private Bereich, die reale und virtuelle Realität, das Beobachtete und der Beobachter, Erzeugnis und Erzeuger, Leib und Seele, das Bewußte und das Unbewußte, die Ratio und die Gefühle, oben und unten (vgl. den Abschnitt 2.4: „Raum und Zeit", die Raumfahrt), nah und fern, Präsenz und Tele-Präsenz, Nah- und Fernexistenz, regional und global, national und international, Vergangenheit und Zukunft, Raum und Zeit, Ortszeit und Weltzeit stehen in Wirklichkeit ständig in Verbindung, in Wechselwirkung, so daß die je eine Seite nicht ohne die je andere Seite existieren, verstanden bzw. begriffen werden kann. Wer nur je eine Seite geltenlassen und kennen will, der kennt die Gesamtheit, die Menschen, auch die Seite, die er gelten läßt, nicht, der kann und darf nicht von Human-Äquivalenten sprechen. Die solipsistische natürliche Intelligenz und die Künstliche Intelligenz bergen die Gefahr eines Spiegelkabinettes, eines Labyrinths, eines Sarges. Diese Welt besteht nur im Kopf und im Computer. Wir müssen zurück auf den Boden der realen Realitäten, der Erde, des Menschen.

Ich möchte noch einige weitere Bereiche nennen, die der Computer nicht ersetzen kann, für die es keine Human-Äquivalente gibt:

- Von den Gefühlen seien z. B. genannt: Liebe, Haß, Angst, Verzweiflung, Sehnsucht, Sorge, Freude, Lust, Unlust, Ehrfurcht, Geborgenheit, emotionale Intelligenz; Vernunft ohne Gefühl ist kraft- und farblos, Gefühl ohne Vernunft ist blind. Intelligenz und Gefühle sind aufeinander angewiesen.[33]
- Zeugung: Es werden *reale* Menschen gezeugt; vgl. konkrete und reale Ehe- und Liebesbeziehungen, die Familie;
- Geburt: Es werden *reale* Kinder geboren – zum Glück;
- Tod: Es werden *reale* Menschen, Mütter, Väter, Kinder, Geliebte, Verwandte begraben, nicht aber unsere Konstruktionen, unsere Simulationen; wenngleich man im Internet mehrere Tode sterben und wieder auferstehen kann;
- Fleisch und Blut, Leben und Erleben, Leib und Seele, Luft und Nahrung, Armut und Hunger, Materie und Geist, unsere fünf Sinne. Geist und Seele sind nicht mit Bewußtsein, nicht mit Künstlicher Intelligenz ident. M. Scheler vertrat die Auffassung, daß der größte Fehler der Metaphysik des Abendlandes darin bestehe, Bewußtsein mit Geist verwechselt zu haben. Die Seele und ihre Unsterblichkeit lassen sich nicht künstlich ersetzen. Die Netzkultur kann die reale, die übrige Kultur nicht ersetzen;[34]

- Leid, Schmerz, Elend, Zerstörung, Schuld, Sinn, Glück, Unglück, Friede, Ruhe, Heimat, Bewertung, Gerechtigkeit, Solidarität, Mitleid, Treue, andere Tugenden, Hoffnungen, Erwartungen, Wünsche, Persönlichkeit, Lebenserfahrung, Verantwortungsbewußtsein, Wertbewußtsein;
- religiöse Dimension: Gott, Dreifaltigkeit, Schöpfung, Erhaltung, Glaube, Gnade, Segen, Versöhnung, Sakramente, Spiritualität, Demut, Heil, Heiligkeit, Auferstehung. Das Internet kann weder die Unsterblichkeit der Seele noch die Auferstehung der Toten vorwegnehmen.

3.4 Freiheit und Verantwortung

Die Vertreter des radikalen Konstruktivismus und des radikalen Virtualismus behaupten, daß der Mensch in einem virtuellen Leben die volle Freiheit, Verantwortung, Toleranz, Sinn, Glück und Kultur erreiche. Das klingt in der Theorie, in der Begründung teilweise recht gut, stimmt aber mit der Realität weitgehend nicht überein. Wenn man diese Auffassung vertritt, kann es in Wirklichkeit keine Unterscheidungsmöglichkeiten mehr zwischen Realität, Fakten, Theorie, Anspruch, Bildung, Freiheit, Sinn, Glück, Toleranz, Verantwortung, Kultur einerseits und Schein, Illusion, Fiktion, Ein-Bildung, Unfreiheit, Unsinn, Unglück, Intoleranz, Verantwortungslosigkeit und Unkultur andererseits geben. Die Schere zwischen beiden Seiten geht tatsächlich immer weiter auseinander. Begründung und Leben im Sinne der erstgenannten Seite werden immer schwieriger. Für das Christentum, die Religionen entsteht Freiheit wesentlich durch Bindung, durch Rück-Bindung (lateinisch: re-ligare, Religion). Wenn *alle* Tabus gebrochen sind, bleibt *nichts* mehr übrig, auch keine Freiheit. Man soll nicht als ganz großen Fortschritt verkünden und verkaufen wollen, was in Zukunft in den konkreten Auswirkungen einen ganz großen Rückschritt bedeuten kann. Man müßte sich viel intensiver mit Kriterien und Normen für Fortschritt, Humanität, das Bild und das Wesen des Menschen, die anderen genannten Werte, mit den Aufgaben und Zielen der Wissenschaften befassen und sich darüber einigen.[35] Empirische Daten sind interessant, genügen aber nicht, weil sie häufig die soeben genannten Aspekte vernachlässigen, größere (geistes-)geschichtliche Zusammenhänge wenig oder gar nicht in den Blick bekommen (können). Faktische Entwicklungen können negative Entwicklungen sein.

Es wird immer wieder gesagt, immer wieder behauptet, daß die Wirklichkeit mit der Gemeinschaft, mit dem Sozialen ident sei (so z. B. von Foerster). Die Praxis beweist weitgehend genau das Gegenteil: Egoismus, Ego-Trip, Solipsisten, die banale Singularität und asoziales Verhalten sind im Zunehmen begriffen, sind Realität. Der von mir immer wieder eingemahnte Gesellschafts- bzw. Praxisbezug darf nicht mit dem zunehmenden Profit-, Nützlichkeits- und Ellbogendenken verwechselt bzw. identifiziert werden. Der Computer stellt de iure ein offenes System dar – vgl. wiederum die Globalisierung –, in der Praxis handelt es sich aber weitgehend um ein geschlossenes System: ein geschlossenes System eines „offenen" Netzes. Die Determinationen, die Manipulationen, die Abhängigkeiten, die Heteronomie, der Streß, die (Sach-)Zwänge, die Marktmechanismen, der Selektionsdruck, der Klubzwang, die zentralistisch-monopolistischen Tendenzen, die Polarisierung, die Heteronomie nehmen zu, und die Selbstbestimmungsmöglichkeiten und die Autonomie nehmen ab. Das Fernsehen, vor allem das Internet entwickeln sich immer mehr zu einem totalitären Medium mit totaler Reizüberflutung. Schon N. Wiener hat von einer Tyrannei der Information gesprochen. Es gibt eine Totalisierung durch (Massen-)Informationen. Pluralismus und Vielfalt werden reduziert. Das Internet wird zu einem Instrument der Steuerung, der Kontrolle, der Machtausübung. Man darf die Macht der – oft selektierten und manipulierten – Information nicht unterschätzen. Wettbewerb, Konzentration (im Medienbereich), Meinungsmonopol, Internet, „Global Players" erzeugen Druck, können die Entfremdung des Menschen verstärken. Es gibt auch eine Unterdrückung durch Langeweile, Chaos und Zufall. Weil die Zwänge, das Ausgeliefertsein, die Machtlosigkeit vieler zunehmen, die Macht sich in den Händen bzw. Fäusten von immer weniger Menschen befindet, wird immer antithetischer, intensiver, exzessiver, einseitiger nach Freiheit gerufen, geschrien. Man denke an die Macht – vielleicht die Ohn-Macht – der Manager. Auch Mode ist Macht, eine Gewalt, ein Muß. Die Globalisierung ist auch schon längst in die Mode eingezogen. Jeder Rezession folgt Repression und Rebellion. Bei der Globalisierung werden diese erschreckende Ausmaße annehmen. Der Inhalt, die Wahrheit, die Aussagen werden immer unwichtiger, die Daten werden immer mehr modifiziert und korrumpiert, nach der Mode, nach Wind und Profit ausgerichtet. Die Scheibe wird zur Matt-Scheibe. Immer weniger Menschen treffen alle Entscheidungen, beherrschen alles. Der Mensch wird immer mehr von seinem Konstrukt und Produkt, dem Computer, gelenkt werden. Wir werden zu Sklaven unserer Erfindungen. Wir sind gefangen im „Netz". P. Virilio spricht von einem „Cyberfaschismus". Früher hieß es: „Wissen ist Macht" (F. Bacon). Heute müßte es heißen: „Internet ist Macht". Die große Mehrheit der Internet-Betreiber und Internet-Benutzer sind Männer; in Österreich ca. 85% . Vielleicht hat auch das mit Macht, mit Spiel(ereien), mit „Gott spielen", mit Sexualität als Ausübung von Macht, die den Männern besonders liegen, zu tun. Die große Freiheit der Virtualität, des Internets wird sich zum Großteil in Rauch und Rausch auflösen. Insofern ist ein Vergleich mit einem Rauschgift angebracht, mit einem „Stoff", der uns dem Untergang näherbringt.

Mit dem Computer produzieren wir den „gläsernen Menschen", einen kalten Menschen, geraten in ein Grab, in ein Gefängnis, einen Käfig, in eine platonische Höhle, in der die Menschen die Schatten für die Wirklichkeit halten, wo Isolation, Einsamkeit, Vereinsamung und Angst zunehmen. Die Angst ist ein Produkt des Solipsismus, des Verlustes an Realität, an Identität und an Solidarität. Eine zu intensive Computertätigkeit vermindert die Wahrnehmung der Umgebung, den Realitätsbezug, soziale Integration, wie empirische Untersuchungen ergeben haben. Übertriebener Medienkonsum führt – wie Pädagogen nachweisen – zu sprachlicher Verarmung. Viele Ressourcen werden in die Erforschung und den Fortschritt der Künstlichen Intelligenz gesteckt. Damit wachsen Einfluß und Macht. Die Machtgelüste des Mannes sind es auch häufig, die zu Unterdrückung und sexueller Ausbeutung vor allem der Kinder führen. Es wächst aber auch die Zwei-Klassen-Gesellschaft, der soziale und kulturelle Bruch zwischen „Informationsarmen" und „Informationsreichen". Das „globale Dorf" ist vorläufig ein Platz für die Reichen. In Zukunft wird vielleicht ca. ein Viertel bis ein Fünftel der Menschheit die wirtschaftlich erforderlichen Arbeitsleistungen erbringen können. Es wird zu einer weiteren Steigerung der Arbeitslosigkeit und zu einem weiteren Zerfall der Familien kommen. Die Interdependenz in der Ökonomie, im Finanzwesen, im Internet, in der Kultur, in der Mode nimmt international zu. Die Globalisierer werden das große Geld gewinnen, dabei aber nicht nur ihre Seele – sofern sie noch eine haben – verlieren, sondern auch die Menschheit, die Welt, die Zukunft verspielen. „Was nützt es einem Menschen, wenn er die ganze Welt gewinnt, dabei aber sein Leben einbüßt?" (Mt 16,26; Mk 8,36; ganz ähnlich Lk 9,25) Wirklichkeit, Wahrheit und Wert, Demokratie, Verantwortung, Solidarität, Nächstenliebe und Kultur nehmen ab, die Hemmschwelle sinkt oder fällt, Kürzel und Kürzungen der Wirklichkeit, Schlagworte, Sensationsberichte, Desintegration, Beziehungsstörungen, Gefühllosigkeit, Polarisierung und auch der Analphabetismus nehmen zu. Heute gibt es weltweit ca. 885 Millionen Analphabeten. Durch den Computer entsteht eine neue Form des Analphabetismus.

Mit dem Cyberspace entsteht weder eine perfekte Demokratie, wie sie der amerikanische Vizepräsident Al Gore schon vor einigen Jahren voraussagte, noch eine Basisdemokratie, sondern weitere Gefahren für die Demokratie, analog zur Globalisierung der Wirtschaft. Wie soll ein eher anarchisch agierendes Internet, das massenhaft Pornographie und Anleitungen zu Terror, zu Kriminalität, Gewaltanwendung, Drogenhandel, Rassismus und (Rechts-)Radikalismus enthält, demokratiefördernd wirken? Nach dem radikalen Modell des Konstruktivismus und Virtualismus kann der Mensch nicht leben, nicht überleben, auch wenn die Thesen trotz ihrer Inkohärenz, Inkompatibilität und Absurdität manchen interessant, neu, schlau, klug und weise erscheinen und deshalb offenbar auch angenommen werden. Solche Theorien entbehren der Plausibilität, widersprechen und widerlegen sich selbst, führen sich selbst ad absurdum, untergraben die Grundlagen unseres Denkens, Erkennens und Lebens. Es „verschwindet die Unterscheidung zwischen wahr und falsch, echt und unecht, gut und böse, wirklich und unwirklich – alles wird möglich und alles Mögliche auch erlebbar"[36]. Da viele alte Computerprogramme mit zweistelligen Jahreszahlen arbeiten, könnte es ohne Nachbesserung, die zeitaufwendig und kostspielig ist, die man in Europa noch zuwenig ernst nimmt, mit dem Jahr 2000 zu einem Datenchaos kommen.

4. Was ist zu tun?

An folgenden Fakten in bezug auf das Internet ist im Prinzip nicht zu zweifeln: Die Zahl der Computer nimmt weltweit enorm zu, sie werden mehr und mehr vernetzt; Zunahme der Pornographie (der Begriff der „Pornographie" müßte übrigens neu definiert werden), der Kriminalität, des Sekten(un)wesens, des Drogenhandels, der Anonymität, der Verantwortungslosigkeit, der Schwierigkeiten hinsichtlich der Feststellbarkeit des geistigen Eigentums; Defizit an informierten, kompetenten und effizienten Personen, an Bestimmungen bzw. (straf-)rechtlichen Maßnahmen auf nationaler, europäischer und internationaler Ebene zur Bekämpfung negativer und gefährlicher Entwicklungen; es handelt sich um keine Marktmechanismen, um keine notwendigen bzw. unausweichlichen Entwicklungen, keine „Naturgesetze" (analog zur Globalisierung der Wirtschaft); Anerkennung der ethischen Relevanz des Internets. Bei der Beantwortung der Frage „Was können oder sollen wir tun?" scheiden sich aber die Geister. Die einen plädieren für völlige Freiheit der Anbieter, der Nutzer, für völlige Informations- bzw. Redefreiheit, die anderen nicht nur für Beschränkungen beim Zugang, sondern auch für Beschränkungen der Anbieter, der Online-Provider. Ich trete mit folgenden Argumenten für die letztgenannte Gruppe ein:

4.1 Das Recht bzw. das Prinzip einer einseitigen Informationsfreiheit genügt nicht. Es geht nicht nur um die Freiheit der Täter, sondern auch um die Freiheit der Opfer. Die Freiheit ist ungeteilt und unteilbar. Die Freiheit der Opfer kommt sehr häufig zu kurz oder bleibt überhaupt auf der Strecke; so z. B. auch insofern in Österreich, als die Rechtsstellung der Täter besser als jene der Opfer ist. Für Täter, kaum aber für Opfer können therapeutische Behandlungen auf Kosten des Staates vorgesehen bzw. angeordnet werden. Den Opfern würden Entschädigungen gebühren, sie werden ihnen aber vorenthalten. Ihnen wird oft noch eine Mitschuld angelastet, auch wenn sie unschuldig sind. Es gibt nicht nur die Freiheit, sondern auch die Gleichheit und die Solidarität. Gerade auch im Zusammenhang mit dem Internet gibt es weltweit katastrophale Folgen von Verbrechen für Leib und Leben, für die physische und die psychische Gesundheit, vor allem für Kinder und Jugendliche. Besonders schlimm ist die Verbindung von Sex und Gewalt, vorwiegend Kinder betreffend. D. Drewes listet erschütterndes Datenmaterial im weltweiten Markt mit immer mehr Tätern und vor allem immer mehr Opfern, insbesondere unter den Kindern, auf. Er weist darauf hin, daß viele Erwachsene schweigen, dies nicht sehen und nicht glauben wollen, vielmehr so tun, als ob es all diese Probleme nicht gäbe, oder sie verdrängen diese. Es gebe Defizite in der Rechtssprechung und in der Aufsicht über Datennetze. Die Gesetzgebung sei angesichts internationaler Verflechtungen der Kriminellen hilflos und machtlos. Drewes sucht nach Auswegen, nach Rezepten, bietet Rat und Hilfe an.[37] Es sollte also viel mehr um den Schutz der Opfer als nur um eine einseitige Freiheit gehen. Zuerst müssen die Bemühungen, die Zahl der Opfer zu verringern, deutlich verstärkt werden, dann ist besonders den Opfern Hilfe anzubieten. Die Folgen einer einseitigen und übertriebenen Freiheit gleichen jenen einer antiautoritären Erziehung. Dem grenzenlosen Verkehr, dem Libertinismus sind Grenzen zu setzen. Bisher ging es zu einseitig um die Rechte. In Zukunft müssen wir viel nachhaltiger die Pflichten betonen und ihnen nachkommen. Freiheit bedeutet nicht Freibrief, sondern Verantwortung.[38]

4.2 Es muß eine Abwägung der Güter geben. In Demokratien ist das Grundrecht der Informationsfreiheit verfassungsmäßig abgesichert. Daher läßt sich (rechtlich) damit viel leichter und besser argumentieren, wie z. B. in den USA, wo am 26.6.1997 das Oberste Gericht entschieden hat, daß die verfassungsmäßig garantierte Redefreiheit auch für das Internet gilt. In diesem Fall wie in anderen Fällen und Ländern kommen die Prinzipien, Rechte und Pflichten aller Menschen in bezug auf Gerechtigkeit, Freiheit, Solidarität, Humanität und Gemeinwohl viel zu kurz bzw. oft ganz unter die brutalen Räder der Geschäftemacher, der Nutznießer, der Gewinnmaximierer und des Profits. Die Computerlobby ist in den USA – und nicht nur dort – sehr mächtig. Der Neoliberalismus im Internet überbietet jenen in der Wirtschaft.[39] *Es müßten z. B. auch die (anderen, allgemeinen) Menschenrechte zumindest den gleichen Rang, die gleichen (Rechts-)Folgen wie die Freiheit haben.* Der überzüchtete und überzogene Freiheitsbegriff im Westen wird uns noch schwer zu schaffen machen, vielleicht sogar zu Fall bringen. Er fördert letztlich – sicher unbewußt und ungewollt – den Totalitarismus im Westen wie in anderen Teilen der Welt. Auch daran ist im Zusammenhang mit der Ankündigung von Präsident Clinton zu denken, in der er den Internetzugang für alle zur Bildungsfrage des 21. Jahrhunderts erklärt hat. Clinton hat nach dem Erkenntnis des Obersten Gerichtes vom 26.6.1997 zusammen mit einschlägigen Firmen dem Mißbrauch den Kampf angesagt, allerdings auf der Basis der Freiwilligkeit. Die Potenzierung des Negativen fördert den Absolutheitsanspruch, den Totalitarismus, die wir alle zusammen nicht wollen.[40] Diktatoren berufen sich oft auf die negativen Auswirkungen der übertriebenen Freiheit, um damit ihren Fundamentalismus oder Totalitarismus zu rechtfertigen, wie es früher z. B. die kommunistischen Ostblockstaaten getan haben. Im Zusammenhang mit dem Internet gibt es viele Scheinaktivitäten und Ersatzbefriedigungen, es dient häufig als „refugium peccatorum". Man soll nicht so tun, als ob durch das Internet auf Dauer nicht mehr Abhängigkeiten als Freiheiten entstünden. Die beiden an sich verschiedenen Konzeptionen, nämlich die (Über-)Betonung der Informationsfreiheit in den USA und der Datenschutz in Europa, differieren de facto viel weniger als es de iure aussieht: Beiderseits wird die Freiheit überzüchtet und überzogen.

4.3 Es müssen national, europäisch und international dringend möglichst objektive ethische Kriterien, Werte, Ideen, Verhaltenskodizes, Kommunikationsmaximen, Leitlinien, Grundsätze, Maßstäbe, Regeln, Normen, Gesetze sowie Zielvorgaben erarbeitet und verwirklicht werden, die über den bisherigen Bestand hinausgehen (der derzeitige Normenbestand und dessen Auslegung, die einzelstaatlichen Rechtsvorschriften reichen nicht aus), die speziell für das Internet gelten, die grundsätzlich eine Unterscheidung zwischen *human, gerecht, solidarisch, ethisch, moralisch, gut* und *positiv* auf der einen sowie *inhuman, ungerecht, unsolidarisch, unethisch, unmoralisch, schlecht* und *negativ* auf der anderen Seite ermöglichen. *Eine neue Informationsethik, eine Internet-Ethik sind das Gebot der Stunde.* Der Hinweis darauf – wie z. B. im genannten Fall in den USA –, daß die Abgrenzung im „Communications Decency Act" zwischen *anständig* und *unanständig*, zwischen *anstößig* und *unanstößig* zu unpräzis, zu diffus, zu gefährlich sei, genügt immer weniger, ist weitgehend als Ausrede, als Alibi, als Scheinaktivität, selbst als gefährlich anzusehen. Es ist sicher schwer zu erreichen, daß sich die ganze Welt darüber einig wird, was gerecht, sozial und moralisch ist. Es sei in diesem Zusammenhang auf die Allgemeinen Menschenrechte hingewiesen. Gesetze für die reale Welt müssen auch für die virtuelle Welt gelten und umgekehrt. Gesetze für die virtuelle Welt müssen auch real vollzogen werden. Auch ein virtueller kann ein realer Mißbrauch sein. Nicht selten werden – wie bei jeder Verdrängung – „Nebenkriegsschauplätze" eröffnet, „Arrangements" getroffen, Aktionen und Agitationen gestartet, um die überfällige Werte- und Kriteriendiskussion nicht durchführen zu müssen, um sich Profit zu sichern. „Dem Wunsch nach Meinungsfreiheit steht die Notwendigkeit staatlicher Regulierung gegenüber. Inhalte von Information und Kommunikation ... zwingen zur internationalen Diskussion über ‚gut' und ‚schlecht'."[41] Wir brauchen dringend ethische Grenzziehungen, Qualitäts- und Abgrenzungskriterien, Maßnahmen, Programme, Pilotprojekte, normative und kulturelle Orientierungen. „Während trotz der Freiheit des Handels Konsumwaren zahlreichen gesetzlichen Regelungen unterliegen, gibt es einen auf Medienwaren bezogenen Konsumentenschutz nicht einmal als gedanklichen Entwurf."[42] Wir bedürfen zusätzlicher (Jugend-)Schutzbestimmungen. Die Telekom hätte die Möglichkeit einzugreifen, vieles zu verhindern, sie hat aber größtenteils oder primär finanzielle Interessen. Hier müßte die Politik tätig werden.

4.4 Es muß auch Kontrolle, Zensur, Überwachung, Bestrafung, Sanktionen für jene geben, die Material mit schädigendem und strafwürdigem Inhalt im Internet anbieten oder nützen. Die diesbezüglichen technischen, ethischen, rechtlichen, politischen und faktischen Möglichkeiten müssen erforscht, verstärkt und angewendet werden. Es gibt eine Eigenverantwortung der Hard- und Software-Hersteller, der Internet-Provider, es sollte eine Selbstkontrolle der Anbieter und eine Konsumentenverantwortung geben. Die User sollen kritisch eingreifen. Zur Kommunikation gehören mindestens zwei, ein Sender und ein Empfänger. Es geht sowohl um die volle (strafrechtliche) Verantwortung und Haftung des Senders als auch um jene des Empfängers. Man soll die Verantwortung nicht auf den Empfänger abwälzen, wie es rechtlich und faktisch noch immer häufig geschieht. Der Zugang des Empfängers, des Nutzers – vor allem zum Schutz von Kindern und Jugendlichen – zu kriminellem Material in den Medien, vor allem im Internet, muß deutlicher als bisher erschwert, unterbunden, am besten – wenn technisch möglich – gesperrt werden; z. B. durch einen „Filter", durch „Firewalls", durch einen diesbezüglichen „Baby-Sitter", durch einen „Chip" gegen Gewalt und gegen Pornographie (der Anti-Gewalt-Chip wurde in Kanada erfunden), durch „PICS" (Platform for Internet Content Selection), durch einen „Porno-Blocker"[43] oder durch andere Screening-Systeme.

Die Sinnhaftigkeit, ja Notwendigkeit solcher Einrichtungen, Chips, der Kennzeichnung kann und soll nicht durch folgende Hinweise in Frage gestellt werden: Sie würden nur der Beruhigung des schlechten Gewissens der Erwachsenen dienen, und Platon sowie Goethe hätten schon ähnliche Schwierigkeiten gehabt;[44] was tun, wenn es in einer Familie Kinder verschiedenen Alters gibt, wenn nur *ein* Land einen Chip einführt?[45] Hinter den Chips stecke nur ein Geschäft, die Chips stünden einer öffentlichen einschlägigen Diskussion im Wege, deren Einführung würde zu noch mehr Gewalt führen.[46] Mit solchen Argumenten kann man alles verhindern, dann braucht man eigentlich nichts mehr zu tun. Als ob man Chips nicht nach dem Alter der Kinder staffeln könnte, wie in den USA ab 1998 geplant, oder nach Farben kennzeichnen, wie in Italien schon zum Teil üblich. Als ob man die Gewaltgrade nicht anzeigen könnte. Eine allfällige, von mir als notwendig erachtete Einführung von Chips in Österreich und anderen betroffenen Ländern kann, soll und wird genau zu öffentlicher Diskussion über das Thema führen. Der Hinweis darauf, daß es Gewalt und Pornographie in der Geschichte schon immer gegeben habe, den man gerade gegenwärtig pausenlos hört, reicht nicht aus. Wir treten leider in ein neues, viel härteres und brutaleres Stadium ein, in dem Kriminalität und aggressives Verhalten qualitativ und quantitativ zunehmen, wie z. B. in letzter Zeit gerade auch in Deutschland, in Frankreich[47], nicht nur in den USA. Die Gewaltfreiheit, ein christliches Prinzip, von dem es nur ganz wenige berechtigte Ausnahmen gibt, muß zu einem zentralen Prinzip allen menschlichen Zusammenlebens werden.

Verdeckte Ermittler sollen eingeschleust, verdeckte operative Maßnahmen sollen erlaubt, Aufsichtsorgane bestellt und mit den nötigen Befugnissen ausgestattet werden. Das notwendige Personal und die neuesten bzw. besten technischen Ressourcen müssen zur Verfügung gestellt werden, damit die Behörden diesbezüglich zumindest die gleichen Chancen wie die Kriminellen haben. Es muß reale Abwehrmöglichkeiten von kriminellen und pornographischen Informationen und Dokumentationen geben. Es geht um ordnungspolitische Vorkehrungen, um Schutzmöglichkeiten durch Kontrollmöglichkeiten. Illegale Inhalte müssen (neuen) strafrechtlichen und anderen Verbotsnormen unterliegen. Das Informationsrecht, speziell das Strafrecht sind zu verschärfen. Online-Dienste sollten gezwungen werden, negative Inhalte Kindern unzugänglich zu machen. Vorhandene Schutztechniken werden meistens nicht benutzt, weil Mißbrauch, Risiken, Spionage und andere Gefahren zuwenig bekannt sind bzw. zuwenig erkannt, oft auch nicht eingestanden werden. Mord, Selbstmord, Pornographie und kriminelle Taten – insbesondere im Internet – führen nicht selten zu Nachahmungstätern, was zu häufig bestritten wird. Es handelt sich z. B. nicht einfach um Verbalerotik, nicht einfach um Kavaliersdelikte, das sind meistens nur Ausreden. Die Täter müssen ihr privates Gesicht, ihr Kavaliersgesicht verlieren, müssen publik gemacht (wobei der Datenschutz zu beachten ist) und zur Wiedergutmachung – zumindest finanziell – herangezogen werden. Die weltweite Vernetzung von Computersystemen wird von Verbrechern, die mit der modernsten Technologie ausgestattet sind, gefördert und genutzt, ermöglicht nahezu perfekte Verbrechen; schafft einen rechtsfreien Raum, in dem nationale Rechtsvorschriften kaum mehr greifen, sicher nicht genügen. Es ist eine große Frage und Unbekannte, ob wir weltweit mit den kriminellen Organisationen und Banden, die eine enorme Gefahr für die Humanität, die Gesellschaft, die Wirtschaft und die Kultur bedeuten, in Zukunft fertig werden.

Sanktionen bzw. Zensur sind nicht primär oder nur eine Frage von Theologie und Kirche, sondern eine der Gerechtigkeit, des ethischen Grundkonsenses, des

Gemeinwohls, der Allgemeinen Menschenrechte, unserer Pflichten. Negative Entwicklungen sollen reduziert (können nicht völlig eliminiert) werden, damit positive besser wirksam werden. Gesetze, Vorschriften, Sanktionen gibt es in vielen Bereichen, warum nicht auch für das Internet? So müßte z. B. auch das Klonen des Menschen weltweit verboten werden. Regeln im Straßenverkehr haben ihren Sinn, auch wenn dadurch nicht alle Unfälle unterbleiben. „Sag offen, was du sagen willst, und zensiere nie." Dieses Gebot beruft sich auf die Redefreiheit als „die am meisten geschätzte und wichtigste Freiheit im Netz"[48]. Ein Verbot der Zensur ist ein Freibrief für alle und alles. Gesetzlosigkeit würde Chaos bedeuten. Es gibt auch Gefahren durch irrationale Einflußnahmen. Gerade diejenigen, die de facto Vor-Zensuren, Vor-Urteile, eine Vor-Auswahl treffen bzw. fällen, treten oft gegen Zensuren ein. Sie wollen keine Kontrolle von außen, wohl aber selbst möglichst alles kontrollieren. Es gibt die Attraktivität der Anonymität, ein hohes Ausmaß des Diebstahls an geistigem und finanziellem Eigentum, die Gefahr eines GAU durch den Datenklau.

Der Markt und das Internet erreichen bereits eine Art „religiöse Dimension", stellen einen Religionsersatz dar, werden von vielen „heiliggesprochen". In Wahrheit aber treiben sie uns in eine Entfremdung, in ein Ghetto, in eine globale Gesetzlosigkeit, sie erliegen in Wirklichkeit und auf Dauer einer suizidalen Dynamik. Es ist erstaunlich und bedauerlich, daß sich die Religionen, Konfessionen und Kirchen noch kaum, zuwenig, und wenn, dann oft einseitig mit diesen Entwicklungen befassen, wohl aber die Sekten. Ich verweise auf die 2. Internationale Christliche Internet-Konferenz (ICIC) vom 10.–12.7.1997 im englischen Lancaster. Im vorbereiteten Resolutionstext der ersten Sitzung vom November 1996 ging es fast ausschließlich um Rechte („The Rights of Communication and Information"), um positive Aspekte, kaum um Pflichten und Gefahren, nicht um Sekten, die im Internet massiv und gefährlich vertreten sind. Im definitiv verabschiedeten Text fordert das ICIC „jeden einzelnen, jede Regierung, Organisation oder Glaubensgemeinschaft auf, elektronische Informations- und Kommunikationstechnologien zu benutzen", „das lebenswichtige Potential" dieser Technologien anzuerkennen; als ob das die primäre Aufgabe des ICIC oder ähnlicher Organisationen wäre. Die kirchliche Seite wird aufgefordert, „Richtlinien herauszugeben und anzunehmen"; eine Aufgabe, die das ICIC wohl selbst in Angriff nehmen sollte. Der Text von Lancaster ist zu optimistisch, zu einseitig, fast ohne Inhalt, ohne Kritikpunkte, ohne ethische Kriterien, ohne Warnung vor Gefahren. „Medien können nur bedingt auch Medien religiösen Glaubens sein. Zwischen der Welt der Medien und der Welt des religiösen Glaubens gibt es nur schmale Brücken. Und die bleiben ungenutzt."[49] Kirchen, Religionen, Konfessionen, aber auch die Theologie haben ihren gegenständlichen pastoralen Auftrag noch viel zuwenig wahrgenommen.[50]

4.5 Folgende Aufgaben sind auf alle Fälle wahrzunehmen, folgende Ziele zu verfolgen (nicht wenige Personen bzw. Autoren lassen nur die in diesem Punkt genannten Aufgaben und Ziele – oder auch nur einen Teil dessen – gelten und negieren jene von Punkt 4.4, die einen falschen Zugang bedeuten würden.[51] Diese

Auffassung würde allerdings jedes Strafrecht überflüssig machen und eine Verschiebung jeder Reform auf den St. Nimmerleinstag bedeuten): Information, Aufklärung und (Aus-)Bildung vom Kleinkind bis zum Erwachsenen, in den Familien, in Kinder- und Jugendorganisationen, in Bildungshäusern, vom Kindergarten über die Pflicht- und Mittelschulen bis hin zu den Hochschulen und Universitäten; effiziente, adäquate und interdisziplinäre Ausbildung der Studierenden – natürlich über das Strafrecht hinaus –, vor allem hinsichtlich der neuesten, auch gefährlichen Entwicklungen; im Bereich der Wissenschaft Erstellung und Durchführung von Studien, Forschungsprojekten, Pilotprojekten, Programmen, Schwerpunktsetzungen, die möglichst interdisziplinär konzipiert, national bzw. sektoral, europäisch und international abgeglichen bzw. koordiniert und deren langfristige gesellschaftliche und kulturelle Auswirkungen nach Tunlichkeit berücksichtigt oder beurteilt werden sollen; Bewertungen technischer und ethischer Natur sind durchzuführen; deren Ergebnisse sind zu publizieren und den Politikern, den Medien, der Gesellschaft zur Nutzung und Anwendung zur Verfügung zu stellen; mehr Öffentlichkeitsarbeit und Beeinflussung der Medien seitens der Universitäten und allgemein (auch auf Universitätsspeichern findet sich nicht selten unter wissenschaftlichen Abhandlungen oder Darstellungen kriminelles Datenmaterial); Gespräche der Eltern, Erzieher und Lehrer mit den Kindern; informationsethisch muß schon vor den (Print-)Medien angesetzt werden; die Medien-, vor allem die Internet-Kompetenz, das ethische Bewußtsein, das Verantwortungsbewußtsein aller soll geschaffen, verstärkt, gefördert werden; Förderung der (Mit-)Verantwortung aller, der eigenverantwortlichen Informationsverarbeitung und der eigenständigen gedanklichen Schlußfolgerungen, der Schlußfolgerungskompetenz, des kreativen Verständnisses, des Erwerbs der notwendigen Kenntnisse für den beruflichen und wissenschaftlichen Umgang mit den neuen Medien;[52] Medien-, Informationskampagne bzw. gezielte Information der breiten Öffentlichkeit, auch jener, die noch keinen Computer, keinen Internetanschluß besitzen; Erstellung von Informations-, Fortbildungs- und Aktionsprogrammen; Ausstellungen; mehr öffentliche Diskussion; mehr Druck durch die Öffentlichkeit, durch die Betroffenen; spezielle, verstärkte verbesserte (Aus-)Bildung, Information und Sensibilisierung der Lehrenden und Lernenden, der Wissenschafter, der Forscher, der Eltern, der Erzieher, der Bezugspersonen, der Kindergärtnerinnen, der Mitarbeiter des Jugendamtes, der Berater, der Sozialarbeiter, der Ärzte, der Anwälte, der Justiz, der Exekutive, der Behörden, der Anbieter, der Nutzer in ethischer, psychischer, rechtlicher, gesellschaftlicher, religiöser (z. B. Sekten) Hinsicht; (bessere) Schulung der Polizei, der betroffenen Beamten in den neuen, relevanten Technologien; bessere und effizientere Kooperation aller Beteiligten, z. B. auch zwischen (praktischen) Ärzten, Krankenhäusern, Jugendämtern, Gerichten, Anwälten, Polizei, (anderen) Beamten, Anbietern und Nutzern; Beachtung des Jugendschutzgesetzes sowie des Datenschutzgesetzes, das z. B. in Österreich in einigen Punkten anzupassen ist, die beide in Europa und global abgestimmt werden sollen; mehr Verhinderung, mehr Prävention; das Schweigen, das Desinteresse, das Wegschauen, die Verantwortungslosigkeit, die gesellschaftliche Akzeptanz des Kindesmißbrauchs, der

Kriminalität, die weit verbreitet sind, müssen durchbrochen werden; Politiker, zuständige Ministerien, Beamte, (Sicherheits-)Behörden kennen die Probleme oft nicht oder leugnen sie, sind vielfach uninteressiert, uninformiert, sind weitgehend inaktiv, kümmern sich nicht um Sicherheit und Sicherung auf dem Datenhighway, verschließen Ohren und Augen vor pornographischen bzw. kriminellen Tatbeständen, was zu Enttäuschung und Entmutigung der Betroffenen führt. Diese Situation muß dringend geändert werden; mehr Fahndungsdruck und -erfolg erzielt erfahrungsgemäß – zumindest vorübergehend – seine Wirkung; Einrichtung von Gruppen, Gremien, Organisationen, die für freiwillige Selbstkontrolle und Hilfe sorgen; Bestellung von kompetenten Medienvertretern, Errichtung von Beschwerdestellen; verstärkte Förderung guter Programme; Verzicht auf brutale Gewalt und Kriminalität in Fernsehen und Internet, freiwillige Selbstbeschränkung der Medien; Verbot besonders „harter" Sendungen; mehr Initiativen zum Schutz der Kinder; die Opfer (nicht nur die Täter), insbesondere Kinder, müssen auf Kosten der Täter und/oder des Staates medizinisch, psychologisch, psychotherapeutisch betreut werden; die seelischen und geistigen Schäden lassen sich oft nur schwer beweisen, sind aber genauso wie die körperlichen und sozialen zu behandeln; allenfalls Gespräch und Versöhnung zwischen Täter und Opfer; unter gewissen Bedingungen soll es erlaubt sein, Namen und Adressen von verurteilten Kinderschändern der Öffentlichkeit mitzuteilen, wie z. B. ab 1.9.1997 in England, wie zum Teil schon in den USA möglich und üblich; Parteienstellung der Opfer; Achtung der Privatsphäre.

4.6 Nur globale Zusammenarbeit kann im Internet nachhaltig und effizient Positives bewirken. Globale Probleme verlangen globale Lösungen. Einzelstaatliche, europäische und globale Maßnahmen sind aufeinander abzustimmen.[53] Daten-Highway und Shareholder-Value sind international. Wir brauchen daher eine internationale und interdisziplinäre Zusammenarbeit (dies ist nicht nur Aufgabe der Informationswissenschaft), eine kompetente und effiziente Zusammenarbeit zwischen Wissenschaft, Medien, Recht, Wirtschaft und Politik, gemeinsames und richtiges Handeln, ein Ethos, (Ethik-)Kommissionen und Konventionen auf nationaler, auf EU- und auf weltweiter Ebene. Wirklich einschlägige Konventionen der UNO und der EU stehen noch aus, sind aber erforderlich. Die Handlungsfähigkeit und die Handlungsmöglichkeit der einzelnen Nationalstaaten nehmen ab, die Aufgaben, Verpflichtungen und die Verantwortung internationaler Organisationen, der länderübergreifenden und internationalen Zusammenarbeit nehmen zu; wie z. B. auch bei der Drogen- bzw. bei der Verbrechensbekämpfung generell. Die EU, die Religionen und Konfessionen, die UNO werden ihren diesbezüglichen Möglichkeiten und Verpflichtungen noch nicht gerecht. Deshalb wird auch der erste Beschäftigungsgipfel der Regierungschefs der EU in Luxemburg im Prinzip für die Zukunft ergebnislos bleiben. Am 21.11.1997 wurde nämlich dort beschlossen, die Bekämpfung der Arbeitslosigkeit jedem Mitgliedsstaat zu überlassen, weil man sich nicht einigen konnte. Man rechtfertigt sich mit dem angeblichen Vorteil nationaler Zuständigkeit. Die Globalisierung der Wirtschaft macht die EU nicht überflüssig, relativiert sie aber einerseits, weil sie eben nur ein

Teil der zunehmenden Weltwirtschaft ist, macht sie andererseits notwendiger, weil sich (Wirtschafts-)Blöcke leichter als Einzelstaaten durchsetzen können. Es gibt kaum Organisationen und Instanzen, die in der Lage sind, weltweit für Ordnung zu sorgen. *Es gibt deshalb für die nähere Zukunft keine rosigen Aussichten und auch relativ wenig Chancen auf Erfolg.* Wir brauchen einen internationalen und interkulturellen Vergleich, eine stabilere Grundlage der Kultur, internationale Normen und Vereinbarungen, die allein natürlich nicht genügen.

Die EU hat sich nach längerer Uneinheitlichkeit und Ineffizienz zu einigen relevanten Aktivitäten aufgerafft. Am 24.10.1997 hat das „Europäische Parlament" eine „Entschließung zum Grünbuch der Kommission über den Jugendschutz und den Schutz der Menschenwürde in den audiovisuellen und den Informationsdiensten (KOM(96)0483-C4-0621/96)" verabschiedet, die nach der üblichen längeren Einleitung 30 Punkte enthält.[54] Das Parlament „fordert die Mitgliedstaaten auf, unter Anwendung eines effizienteren rechtlichen Verfahrens bis zum 31. Dezember 1998 einen Rechtsrahmen auszuarbeiten, der die Mindestnormen bezüglich des illegalen Inhalts in den audiovisuellen und Informationsmedien enthält ..." (Nr. 11). Das Parlament „verweist die Mitgliedstaaten darauf, daß die kollektiven kulturellen und verhaltensspezifischen Auswirkungen der angebotenen Dienste von ihnen zu beachten sind, auch wenn die wirtschaftliche Rentabilität der erforderliche Überlebenstest für den Großteil der neuen Dienste sein wird" (Nr. 29). Bei allem erfreulichen und positiven Bemühen geht es wiederum nur um „Mindestnormen" in den Mitgliedstaaten der EU, bleibt diese ihrer wirtschaftlichen Priorität treu, ist von Universitäten oder Forschung nie die Rede, wird ein einziges Mal von Wissenschaft gesprochen („Verfügbarkeit wissenschaftlicher Informationen", Nr. 19), kommt die Kultur inhaltlich bzw. sachlich fast nicht vor, was für die EU wiederum typisch zu sein scheint.

Folgende Maßnahmen wären – auch im Sinne der genannten Entschließung – zu ergreifen: Annäherung, Angleichung, Anpassung, Abstimmung, Verschränkung, Koordinierung relevanter (Rechts-)Materien auf einzelstaatlicher Ebene und dieser mit jenen auf europäischer und internationaler Ebene, um Kohärenz zu erlangen oder Inkohärenzen zu mindern oder zu beseitigen, um Doppelungen zu vermeiden, um die Effizienz zu steigern, um rechtliche Verfahren zu verbessern, die Zusammenarbeit zu intensivieren, dem grenzüberschreitenden Charakter bzw. der Internationalisierung der Kommunikationsformen Rechnung zu tragen; grenzüberschreitende Ermittlungen, Durchsuchungen und Beschlagnahmungen; Austausch von Daten, Erfahrungen und Informationen.

Verstärkte Maßnahmen gegen die Verbreitung von (Kinder-)Pornographie im Internet haben z. B. 223 Polizeivertreter auf einer internationalen Tagung in der norwegischen Stadt Stavager gefordert: Kinderschändernetze sollten zerschlagen und der Mißbrauch Minderjähriger vor allem in der Dritten Welt sollte eingedämmt werden; in die Ringe der Kinderschänder sollten Polizeibeamte eingeschleust werden; eine UN-Konvention sollte jedes kinderpornographische Material verbieten; die Gesetzgebung zum Schutz der Kinder sei nicht ausreichend; nach Schätzung des UN-Kinderhilfswerkes UNICEF würden weltweit 100 Millionen Kinder nach wie vor zur Prostitution gezwungen. Wir können und sollen aber den Kampf gegen Mißbrauch von Kindern nicht nur der Polizei überlassen.

Das „Inter Action Council", dem 25 Personen, hauptsächlich ehemalige Staatspräsidenten und Regierungschefs, angehören, hat den Vereinten Nationen und der Weltöffentlichkeit „Die Allgemeine Erklärung der Menschenpflichten" zur Diskussion vorgelegt.[55] Es ist zu wünschen, daß diese höchst aktuelle, begrüßenswerte und dringend erforderliche Erklärung der *Pflichten* – und nicht nur der Rechte, der Menschenrechte – diskutiert und von den Vereinten Nationen angenommen und akzeptiert wird.

Es müßten sich weltweit jene Organisationen, Religionen, Konfessionen, Gruppen, Persönlichkeiten, Personen, Menschen guten Willens zusammenschließen, die für Humanität und soziale Gerechtigkeit eintreten, denn nur so wären ihre Ziele eher zu erreichen. Gerade die katholische Kirche könnte als Weltkirche mit ihrer internationalen Organisation und mit dem Papst als moralischer und sozialer Autorität an der Spitze hier eine bedeutende Rolle spielen. Das Jahr 2000 würde sich nicht nur für ein diesbezügliches Papstwort, sondern vor allem für ein solches zukunftsweisendes, aktuelles und effizientes Konzept eignen. Vielleicht läßt sich in diesem Zusammenhang eine Kooperation mit dem „Inter Action Council" hinsichtlich der „Erklärung der Menschenpflichten" und mit der UNO herbeiführen. Eine Zusammenarbeit mit Vertretern des Themas „Weltethos", der „Deklaration des Parlamentes der Weltreligionen" wäre wünschenswert.[56] Auch einzelne regionale Bischofskonferenzen wollen und werden das Jahr 2000 zum Anlaß nehmen, sich zu Wort zu melden.

Den in den Punkten 4.1 bis 4.6 genannten Aufgaben und Zielen muß Priorität eingeräumt, dafür müssen genügend finanzielle Mittel zur Verfügung gestellt werden. Von großer Bedeutung wären *positive* Maßnahmen, wie z. B. die Vermittlung qualitativ hochstehender Inhalte insbesondere an Kinder und Jugendliche, Entfaltung und Nutzung konstruktiver Potentiale, bessere Bildung. Auf jeden Fall sind Effizienzkontrollen durchzuführen.

5. Schluß

Wir müssen begreifen und realisieren, daß die kulturellen, religiösen, ethischen und ästhetischen Aspekte genauso wichtig sind wie die wirtschaftlichen, politischen, wissenschaftlichen, technischen und organisatorischen. Unsere Aufgabe besteht darin, alle diese Dimensionen in eine Einheit zu integrieren, soll die Gesellschaft in Zukunft funktionieren. Ansonsten sickern die Übel, Verdrängungen und Perversionen immer tiefer in das Grundwasser, in die Tiefen der Seele ein und vergiften die Brunnen des Lebens. Wir haben vielleicht an Höhe gewonnen, aber an Tiefe verloren. Wir müssen ideell und finanziell mehr für das Gemeinwohl, die Gemeinschaft, das soziale Milieu, für die Pflege des Dauerhaften, Verbindenden und Verbindlichen tun. Es geht um die Globalisierung der Solidarität. Individualisten und Egoisten negieren das Gemeinsame. Ohne Verbindendes leugnet man viel eher Verbindliches. Es genügt nicht, wenn – wie in letzter Zeit – einige Millionäre aus ihrem Überfluß für diese Zwecke spenden, um ihr Gewissen zu beruhigen. Unser Denken und Handeln muß schon früher, grundsätzlicher und allgemeiner ansetzen. Die Ressourcen sollen nicht nur oder primär in die Weiterentwicklung der Künstlichen Intelligenz, der Simulationsmöglichkeiten gesteckt werden, sondern wesentlich stärker auch in das Gemeinwohl.[57] Die Vertreter der letztgenannten Projekte bzw. Richtungen sollen nicht als schwächer, dümmer und konservativer als die anderen abgestempelt und denunziert werden. In diesem Zusammenhang sei eigens zustimmend auf den Kommunitarismus hingewiesen.

Der Abschied von der „Gutenberg-Galaxis", von der Schriftkultur, vom Papier wird sich meiner Meinung nach – allen Prophezeiungen und Unkenrufen zum Trotz – nicht so rasch, nur teilweise, wenn überhaupt, vollziehen. Sicher wird es Änderungen geben. Ein Projektteam am berühmten „Massachusetts Institute of Technology", ein Zentrum digitaler Medienforschung, arbeitet unter der Leitung des Physikers J. Jacobson seit 1996 an einem „digitalen Papier", an elektronischen Formen von Papier, Buch und Tinte.[58] „Schrift" kann und wird sehr verschieden aussehen. Texte, Darstellungen und Bilder des Computers werden derzeit und werden in nächster Zukunft auf Papier ausgedruckt werden. „Papier" kennt sehr viele Formen und Vorteile: Es ist greifbar, berührbar, leicht handhabbar, preiswert, kulturell zutiefst verwurzelt. Es wird also sicher noch sehr lange kein papierloses Büro, kein papierloses Zeitalter, hoffentlich keine buchlose Kultur geben. Es würde sehr viel an Identität verloren gehen.

Ich komme zum Ende und verweise auf den Anfang: Nach den Optimisten ist alles in Ordnung, wir brauchen gegen negative Entwicklungen nichts zu unternehmen. Viele sind „high" mit dem „Info-Highway". Die Cybernauten würden mit uns ins Paradies segeln. Der Optimismus der An- und Nachbeter des Internets, der Medienmultis hinsichtlich der Künstlichen Intelligenz, die sich mehr als künstlich denn als intelligent erweist, kontrastiert in erschreckendem Maße mit der realen (Zukunfts-)Angst, mit der zunehmenden Beunruhigung und Unsicherheit der gegenwärtigen Gesellschaft, vor allem der Jugend. Viele sehen in den Möglichkeiten des Computers, im Virtuellen und Irrealen eine Flucht vor der Realität oder fliehen selbst in eine heile, in eine neue Welt, weil sie die reale, die alte Welt nicht mehr aushalten, diese als sinnlos, hoffnungslos, schlecht und angsterregend erachten; als ob im Internet die Freiheit grenzenlos wäre. Flucht- und Suchtverhalten, Chaos, Frustration, Langeweile, Eintönigkeit und Angst lassen zwar vieles erklären, helfen aber nicht. Die Flucht in den Computer, die Zukunft, das Neue, die Unvernunft, die Selbstschöpfung, der Aktionismus werden uns nicht retten. Für manche sind der Sättigungsgrad, die Ekelgrenze bereits erreicht, was Politik und Medien betrifft. Dem Zuwachs an Macht des Menschen, über den Menschen (digitale Revolution, Globalisierung, Klonen) stehen die Abnahme von Verantwortung, Ethik, sozialer Gerechtigkeit, der Verlust an Vernunft gegenüber. Die räumliche und zeitliche (Zukunft) Fernverantwortung fehlt. Die Zukunft hat keine Lobby. Es sieht aber auch mit der Nahverantwortung nicht viel besser aus. Der Abstand zwischen Arm und Reich, zwischen dem Wissen der Bevölkerung in den Entwicklungsländern sowie von Unterprivilegierten und dem im Computer verfügbaren Wissen wird immer größer. Die Technik im allgemeinen, die Computertechnik bzw. Informationstechnologie im besonderen entwickeln sich in rasantem Tempo.[59] Die natürliche genetische Entwicklung, die psychische und physische Entwicklung des Menschen schreiten – wenn überhaupt – nur sehr langsam voran. *Die Kluft zwischen all diesen Entwicklungen und die daraus resultierenden Probleme nehmen enorm zu.* Nach den Pessimisten ist alles so schlecht, daß man gar nichts mehr tun kann, nichts mehr zu tun braucht, daß man die Welt und die Menschen passiv und aktiv aufgeben soll. Der große Crash sei unausweichlich, das Zeitalter der Bits und Bytes läute einen Sirenengesang der Irrlichter und Irrtümer ein. Ich plädiere für eine vernünftige Mitte, für *richtige* Werte, für *richtiges* Handeln. De facto bewegen wir uns zwischen Quoten und Geboten. In der Realität setzen sich die Quoten deutlich durch. Information ist noch keine Kommunikation. Information verliert zunehmend an personaler Dimension und an Inhalt. Der Sintflut der Informationen muß der Sinn entgegengesetzt werden. Die Gefahren des Datendiebstahls und des Datenchaos werden noch immer unterschätzt. Mit der Realität sind uns die Kausalität, der Zusammenhang zwischen Ursache und Wirkung, die Verantwortung für die Ursachen und Wirkungen abhanden gekommen. Der Schutz der Minderjährigen, der Jugendschutz, der Schutz der Menschenwürde stehen auf dem Spiel, und damit die Zukunft der Menschheit.

Noch ist nicht alles entschieden.[60] Was das Internet betrifft, ist es höchste Zeit, etwas zu tun. Wir können und sollen eingreifen. Die Philosophie sollte wieder zur „Sophia" werden. Es gibt einen Trend zu solcher Philosophie. Wir tragen Verantwortung. Es geht um die Würde der Person und nicht um den Menschen als Ware. WWW soll nicht nur „World-Wide-Web", sondern mehr *W*irklichkeit, *W*ahrheit und *W*ert bedeuten. Die Wahrhaftigkeit muß wieder zu einem Wert in der menschlichen Gesellschaft werden. „Principiis obsta, sero medicina paratur."[61] Für mich besteht eine Hoffnung auch darin, daß sich ein nicht geringer Teil der Gesellschaft um die hier kritisierten Extrempositionen nicht kümmert, vernünftiger lebt. Man kann leider nicht immer nur positiv denken, sollte aber immer positiv handeln. Wir müssen unsere positiven Fähigkeiten entwickeln. Die Sehnsucht nach einem glücklichen Leben, das Aussteigen aus der Beliebigkeit, das Bedürfnis nach Orientierung und festen Werten motivieren immer mehr Menschen. Der beste Weg ist das Vorleben von Tugenden und Werten,[62] wie es das Christentum lehrt, mit denen wir am besten die von vielen befürchtete Apokalypse der Jahrhundert- bzw. Jahrtausendwende überstehen können. Der Countdown des Jahres 2000 hat schon begonnen.

Anmerkungen

[1] Baltes M. / Böhler F. / Höltschl R. / Reuß J. (Hg.), Medien verstehen. Der McLuhan-Reader, Mannheim 1997, 112.

[2] So z. B. J. Götschl in seinem Vortrag zum Thema „Künstliche Intelligenz und die Folgen" am 11. Juni 1997 in Graz.

[3] Watzlawick P. (Hg.), Die erfundene Wirklichkeit. Wie wissen wir, was wir zu wissen glauben? Beiträge zum Konstruktivismus, München ^{9}1997 (= SP 373). Wie wirklich ist die Wirklichkeit? Wahn – Täuschung – Verstehen, München ^{22}1996. Die Möglichkeit des Andersseins. Zur Technik der therapeutischen Kommunikation, Bern ^{4}1991. Watzlawick P. / Kreuzer F., Die Unsicherheit unserer Wirklichkeit. Ein Gespräch über den Konstruktivismus, München ^{5}1995 (= SP 742). Die Welt als Labyrith. Die Unsicherheit unserer Wirklichkeit. Franz Kreuzer im Gespräch mit Friedrich Dürrenmatt und Paul Watzlawick, Wien 1982.

[4] von Foerster H., Wissen und Gewissen. Versuch einer Brücke, hg. v. S. Schmidt, Frankfurt/M. ^{3}1996 (= stw 876). KybernEthik, Berlin 1993 (= Intern. Merve Diskurs 180). von Foerster H. / von Glasersfeld E. / Hejl P. M. / Schmidt S. J. / Watzlawick P., Einführung in den Konstruktivismus, München ^{3}1997 (= SP 1165).

[5] von Glasersfeld E., Radikaler Konstruktivismus. Ideen, Ergebnisse, Probleme, Frankfurt/M. 1997 (= stw 1326). Wege des Wissens. Konstruktivistische Erkundungen durch das Denken, Heidelberg 1997. Wissen, Sprache und Wirklichkeit. Arbeiten zum radikalen Konstruktivismus, Braunschweig 1992 (= Wissenschaftstheorie, Wissenschaft und Philosophie 24).

[6] Maturana H., Was ist Erkennen? München 1996 (= SP 2289). Biologie der Realität und des Selbstbewußtseins, Frankfurt/M. 1996. Erkennen. Die Organisation und Verkörperung von Wirklichkeit. Ausgewählte Arbeiten zur biologischen Epistemologie, Braunschweig ^{2}1985 (= Wissenschaftstheorie, Wissenschaft und Philosophie 19). Maturana H. / Varda F. J., Der Baum der Erkenntnis. Die biologischen Wurzeln des menschlichen Erkennens, München 1996 (= Goldm. Sachb. 11460).

[7] Varela F. J., Ethisches Können, Frankfurt/M. 1994 (= Ed. Pandora 24). Kognitionswissenschaft – Kognitionstechnik. Eine Skizze aktueller Perspektiven, Frankfurt/M. ^{3}1993 (= stw 882). Weiters seien noch genannt: Schmidt S. (Hg.), Der Diskurs des Radikalen Konstruktivismus. 1., Frankfurt/M. ^{6}1994 (= stw 636). Kognition und Gesellschaft. Der Diskurs des Radikalen Konstruktivismus. 2., Frankfurt/M. ^{3}1994 (= stw 950). Hofstetter R., Die Wirklichkeit als Konstrukt. Bemerkungen zum Radikalen Konstruktivismus, in: Wissenschaftliche Nachrichten, Nr. 105 (September 1997) 3–5.

[8] Titel des Vortrages von P. Watzlawick, den er im Rahmen der „Steirischen Akademie" am 9.10.1984 in Graz gehalten hat.

[9] Baudrillard J., Videowelt und fraktales Subjekt, in: Ars Electronica (Hg.), Philosophien der neuen Technologie, Berlin 1989, 114.

[10] Reingold H., Virtuelle Gemeinschaft. Soziale Beziehungen im Zeitalter des Computers, Bonn 1994, 341.

[11] Siehe das Buch: Großklaus G. (Hg.), Medien-Zeit, Medien-Raum. Zum Wandel der raumzeitlichen Wahrnehmung in der Moderne, Frankfurt/M. 1995 (= stw 1184).

[12] Siehe Häuser H., Das Unendliche in Philosophie, Theologie und Mathematik, in: Mitteilungen der Deutschen Mathematischen Vereinigung, Heft 3 (1997) 35–38.

[13] Vgl. das Buch: Searle J. R., Die Wiederentdeckung des Geistes, München 1996 (= st 2550). Searle möchte bei der Wiederentdeckung des Bewußtseins auch den Geist wiederentdecken.

[14] Siehe das Buch von Tipler F. J., Die Physik der Unsterblichkeit. Moderne Kosmologie, Gott und die Auferstehung der Toten, München 1994.

[15] Ich verweise auf folgende Bücher: Münker S. / Roesler A. (Hg.), Mythos Internet, Frankfurt/M. 1997 (= es 2010). Sternberg W. (Hg.), Mythos Weltmacht. Vom Elend des Neoliberalismus, Berlin 1997 (= AtV 8511). Bühl A., CyberSociety. Mythos und Realität der Informationsgesellschaft, Köln 1996. Wessely C., Mythologische Strukturen in der Unterhaltungsindustrie. Zur

Relevanz mythologisch verschleierter Gewaltmechanismen im kommerziellen Film und Computerrollenspielen, Graz 1996 (= Kath.-Theol. Diss.).

[16] Siehe auch Searle, Die Wiederentdeckung des Geistes. Nach Searle gibt es eine herrschende materialistische Lehre in der gegenwärtigen Philosophie des Geistes.

[17] Virilio P., Interview, in: Die Presse, Bücherpick (Oktober 1986) 6–9.

[18] Kolb A., Universität und Gesellschaft. Inaugurationsrede, in: Kolb A., Wissenschaft – Bildung – Kultur. Für Integration, Ziele, Werte und Verantwortung, Graz 1995, 162–185. Glaube – Wissen – Zukunft, in: Kolb A. (Hg.), Theologie im Dialog. Gesellschaftsrelevanz und Wissenschaftlichkeit der Theologie. Festschrift zum 400-Jahr-Jubiläum der Katholisch-Theologischen Fakultät der Karl-Franzens-Universität Graz. Forschungsergebnisse, Graz 1985, 21–60. In den Vorlesungen behandle ich den Kritischen Rationalismus eingehend.

[19] Vgl. Meyer-Abich K. M., Praktische Naturphilosophie. Erinnerung an einen vergessenen Traum, München 1997.

[20] Heim M., The Metaphysics of Virtual Reality, New York 1993, spricht sich sehr kritisch gegen diese Meinung aus, sie wird aber von vielen geteilt.

[21] Searle, Die Wiederentdeckung des Geistes, 9.

[22] Wallner F., Der Konstruktivismus als Chance für die europäische Kultur (Teil 1), in: Wissenschaftliche Nachrichten, Nr. 105 (September 1997) 6–8.

[23] A. a. O., 7.

[24] A. a. O., 8.

[25] Vgl. Kolb A., Neues Welt- und Menschenbild einer ökologischen Philosophie, in: Kolb A. / Esterbauer R. / Ruckenbauer H.-W. (Hg.), Ökonomie – Ökologie – Ethik. Vom Wissen zum richtigen Handeln, Innsbruck 1997, 9–47.

[26] Siehe Kolb A., a. a. O., insbesondere 17–23.

[27] Siehe den Beitrag von Turkle S., Identität in virtueller Realität. Multi User Dungeons als Identity Workshops, in: Bollmann S. / Heilbach C. (Hg.), Kursbuch Internet. Anschlüsse an Wirtschaft und Politik, Wissenschaft und Kultur, Mannheim 1996, 315–331.

[28] Lévy P., Die kollektive Intelligenz. Für eine Anthropologie des Cyberspace, Mannheim 1997.

[29] Siehe Kolb A., Kulturwissenschaften und Kulturpolitik, in: Kolb A., Wissenschaft – Bildung – Kultur, 18–47. Wertewandel und multikulturelle Gesellschaft. Zum Verhältnis von Kunst und Gesellschaft, a. a. O., 48–68. Geistig-kulturelle Identität. Beispiel Arbeitsgemeinschaft Alpen-Adria, a. a. O., 69–82. Michalski K. (Hg.), Identität im Wandel. Castelgandolfo-Gespräche 1995, Stuttgart 1995.

[30] Virilio P., Fluchtgeschwindigkeit. Essay, München 1993. Rasender Stillstand. Essay, Frankfurt/M. 1997 (= Fischer Wiss. 13414).

[31] Vgl. das Buch von Schmidinger H., Der Mensch als Person. Ein christliches Prinzip in theologischer und philosophischer Sicht, Innsbruck 1994.

[32] Goleman D., Emotionale Intelligenz, München 1996. Insbesondere A. Augustinus und B. Pascal haben die Rolle des Herzen betont.

[33] Siehe Goleman, Emotionale Intelligenz.

[34] Siehe Kroker A. / Weinstein M. A., Datenmüll. Die Theorie der virtuellen Klasse, Wien 1997 (= Passagen XMedia). Nach diesen Autoren „verdunstet menschliches Fleisch in die Virtualität" (Vorwort, 11). Sie kritisieren die kapitalistische Vereinnahmung des Internets, den Kult der globalen Vernetzung, die virtuelle Geschichte, die diesbezügliche Euphorie.

[35] Siehe Kolb A., Grenzen, Gründe, Gefahren und Ziele der Wissenschaften. Ein Vergleich mit der Theologie als Wissenschaft, in: Liebmann M. / Renhart E. / Woschitz K. M. (Hg.), Metamorphosen des Eingedenkens. Gedenkschrift der Kath.-Theol. Fakultät der K.-F.-Universität Graz 1945–1995, Graz 1995, 241–258.

[36] Gottschlich M., aus dem Geleitwort zu: Steurer S., Schöne neue Wirklichkeiten. Die Herausforderung der virtuellen Realität, Wien 1996, 5.

[37] Siehe das interessante und lesenswerte Buch: Drewes D., Kinder im Datennetz. Pornographie und Prostitution in den modernen Medien, Frankfurt/M. 1995. Siehe auch: Besten B., Sexueller Mißbrauch und wie man Kinder davor schützt, München ³1995 (= Beck'sche Reihe 445). Gegenfurtner M. / Bartsch B. (Hg.), Sexueller Mißbrauch von Kindern und Jugendlichen. Hilfe für Kind und Täter, Hohenwarsleben 1994. Smith M., Gewalt und sexueller Mißbrauch in Sekten. Wo es geschieht, wie es geschieht und wie man den Opfern helfen kann, Zürich 1994. Hestermann T., Verbrechensopfer – Leben nach der Tat, Hamburg 1997 (= rororo 60198). de Becker G., The Gift of Fear. Listening to the Intuition That Protects Us from Danger, New York 1997. Amann G. / Wipplinger R. (Hg.), Sexueller Mißbrauch. Überblick zu Forschung, Beratung und Therapie. Ein Handbuch, Tübingen 1997. Graupner H., Sexualität, Jugendschutz und Menschrechte. Über das Recht von Kindern und Jugendlichen auf sexuelle Selbstbestimmung. 2 Bde., Frankfurt/M. 1997.

[38] Siehe Jonas H., Das Prinzip Verantwortung. Versuche einer Ethik für die technologische Zivilisation, Frankfurt/M. ¹²1995 (= st 1085).

[39] Wegen der elektronischen Einkaufsmöglichkeiten von Arzneimitteln waren in Deutschland im Herbst 1997 Pharmaindustrie, Apotheker und Ärzte um die Gesundheit der Bevölkerung besorgt und forderten von der Regierung in Bonn und von der EU Maßnahmen, Kontrollen; als ob es nicht auch eine seelische Gesundheit gäbe, nicht auch andere Maßnahmen notwendig wären. Laut APA-Mitteilung vom 3.10.1997 wollen einschlägige Verwertungsgesellschaften Musikwerke mit Hilfe von „elektronischen Fingerabdrücken" und „digitalen Wasserzeichen" gegen Copyright-Verstöße schützen.

[40] Siehe Kolb A., Aufgaben und Ziele von Philosophie und Theologie. Dialog zwischen einem Philosophen und einem Theologen, in: Schramm A. (Hg.), Philosophie in Österreich 1996. Vorträge des IV. Kongresses der Österreichischen Gesellschaft für Philosophie, Graz, 28. Februar – 2. März 1996, Wien 1996, 412–431. Derselbe Beitrag auch in: Katholisch-Theologische Fakultät der Karl-Franzens-Universität Graz (Hg.), Theologie Interaktiv, Graz 1997 (= CD-ROM).

[41] Mayer-Schönberger V., Das Recht am Info-Highway, Wien 1997, 183.

[42] Rathmayr B., Die Rückkehr der Gewalt. Faszination und Wirkung medialer Gewaltdarstellung, Wiesbaden 1996, 16.

[43] Der Harvard-Wissenschafter J. Ze Wang hat laut APA-Meldung vom 11.9.1997 an diesem Tag bei einem Multimedia-Kongreß in Darmstadt, an dem 120 einschlägige Experten aus aller Welt teilgenommen haben, dieses System vorgestellt, das insbesondere Kindern den Zugriff auf Daten mit obszönen Bildern verwehren kann und soll. Dieser „Blocker" soll weltweit vermarktet, sollte möglichst bald zum Einsatz gebracht werden.

[44] So W. Hußmann, Medienreferent des Bistums Hildesheim und stv. Vors. d. kath. Filmkommission in Deutschland, laut Pressedienst der ÖVP vom 1.7.1997 und laut KATHWEB vom 7.7.1997 bei einer ÖVP-Enquete zum Thema „Gewalt in den Medien" am 1.7.1997 in Wien. Der ÖVP-Parlamentsklub ist dort für einen Anti-Gewalt-Chip eingetreten.

[45] So I. Schödl, Familienvertreterin in der Hörer- und Sehervertretung des ORF, ebd.

[46] So P. Vitouch, empirischer Medienforscher, laut Interview in der „Furche" vom 7.8.1997.

[47] Laut APA-Mitteilung vom 5.11.1997 will die französische Linksregierung unter Premierminister L. Jospin mit einem Aktionsplan gegen die zunehmende Gewalt in den Schulen vorgehen. Laut APA-Meldung vom 26.11.1997 und nach vielfacher Erfahrung geht es auch an österreichischen Schulen immer brutaler zu.

[48] Mandel T. / Van der Leun G., Die zwölf Gebote des Cyberspace. Der kleine Netz-Knigge, Mannheim 1997, 57. Für die Autoren ist dies das erste Gebot.

[49] So lautet die 5. These von M. Gottschlich in seinem Beitrag: Informationsgesellschaft ohne Gott? Möglichkeiten und Grenzen kirchlichen Wirkens in und durch Medien, in: Sekretariat der Österr. Bschofskonferenz (Hg.), Kirche in der Gesellschaft. Wege in das 3. Jahrtausend, St. Pölten 1997, 306–313, 311.

[50] Erfreulicherweise gibt es seit kurzem folgende Broschüre: Kirchenamt der Evangelischen Kirche in Deutschland / Sekretariat der Deutschen Bischofskonferenz (Hg.), Chancen und Risken der Mediengesellschaft. Gemeinsame Erklärung der Deutschen Bischofskonferenz und des Rates der Evangelischen Kirche in Deutschland, Bonn 1997 (= Gemeinsame Texte 10). Siehe auch: Die neue Medien-Herausforderung für uns Christen. Symposium des Deutschen Ordens vom 2.–5. Nov. 1995 in Wien. Die Vorträge des Symposiums, Eigenverlag, Wien 1996. Schönborn C., Vortrag mit dem Titel „Menschenbild in einer digitalisierten Gesellschaft" im Rahmen der Technologiegespräche am 22.8.1996 in Alpbach. Der Vatikan ist auch bereits ans Netz gegangen (http://www.vatikan.va), u. a. mit diversen Dokumenten und mit Bildern aus den herrlichen vatikanischen Museen. Laut APA-Meldung vom 26.11.1997 hat der Vatikan am 25.11.1997 neue CD-ROMs vorgestellt. Rom müßte aber auch kritisch daran interessiert sein, welches negative, unmoralische Material weltweit in den CD-ROMs, im Internet enthalten ist, um dagegen etwas zu unternehmen. Laut KATHWEB vom 23.10.1997 hat „Das (kirchliche) Österreichische Bibliothekswerk" seit kurzem folgende Homepage: http://www.biblio.at. Laut KATHWEB vom 5.12.1997 haben sich am 1.12.1997 25 katholische Einrichtungen in Wien getroffen, um ihr Internet-Engagement zu koordinieren und zu fixieren, was leider nicht besonders gelungen ist.

[51] So z. B. W. Hoffmann am 29.6.1997 in der Diskussion „Zur Sache" in ORF 1 und B. Rathmayr in der gleichnamigen Sendereihe am 11.5.1997. Der Psychiater S. Rudas meinte in der gleichnamigen Sendereihe am 5.10.1997, daß es Gewalt und Aggressivität schon immer gegeben habe, daß nicht zu verstehen sei, warum sie nach ca. 50 Jahren Frieden zunehmen sollten. Diese Argumentation greift meinem Verständnis nach wesentlich zu kurz.

[52] Siehe Riehm U. / Wingert B., Multimedia. Mythen, Chancen und Herausforderungen, Mannheim ²1996.

[53] Kolb A., Zur Wissenschafts-, Forschungs- und Bildungspolitik, in: Kolb, Wissenschaft – Bildung – Kultur, 84–98. Die Klimakonferenz im Dezember 1997 in Kyoto in Japan hat ein relativ dürftiges Ergebnis gezeigt. In der Durchführung wird die ohnehin löchrige Vereinbarung noch weiter ausgehöhlt werden.

[54] Das genannte „Grünbuch" wurde am 16.10.1996 von einer Kommission verabschiedet, am 16.12.1996 vom Ministerat der EU begrüßt, und diese Kommission wurde zugleich beauftragt, Vorschläge für Initiativen zu entwickeln. Auf dieser Basis kam es dann am 24.10.1997 zur „Entschließung". Laut Nr. 30 derselben wird der Präsident des Parlamentes beauftragt, „diese Entschließung der Kommission und dem Rat sowie den Regierungen und den Parlamenten der Mitgliedstaaten zu übermitteln".

[55] So laut „Die Zeit", Nr. 41, vom 3.10.1997. Am gleichen Tag wurde a. a. O. der Text von H. Schmidt, Ehrenvorsitzender des „Inter Action Council" mit dem Titel „Zeit, von den Pflichten zu sprechen!" der Öffentlichkeit bekanntgegeben. Weitgehend unbegründet, zu kritisch und zu negativ sind die Repliken von C. Stelzenmüller („Die Zeit", Nr. 42, vom 10.10.1997) und von T. Kleine-Brockhoff („Die Zeit", Nr. 43, vom 17.10.1997).

[56] Küng H. / Kuschel K.-J. (Hg.), Erklärung zum Weltethos. Die Deklaration des Parlamentes der Weltreligionen, München ²1996 (= SP 1958). Küng H., Projekt Weltethos, München ⁶1996. Ja zum Weltethos. Perspektiven für die Suche nach Orientierung, München ²1996.

[57] In diesem Zusammenhang sei speziell auf folgendes Werk hingewiesen: Berger P. L. (Hg.), Die Grenzen der Gemeinschaft. Konflikt und Vermittlung in pluralistischen Gesellschaften. Ein Bericht der Bertelsmann Stiftung an den Club of Rome, Gütersloh 1997. Im Vorwort bezeichnet W. Weidenfeld „die grundlegende Frage der sozialen Kohäsion in unseren Gesellschaften als die entscheidende Herausforderung" für unsere Zukunft (11). Der soziale Zusammenhalt, das Verantwortungsbewußtsein für die Gemeinschaft müßten gefestigt werden. Weiters: Lütterfelds W. / Mohr T. (Hg.), Eine Welt – Eine Moral? Eine kontroverse Debatte, Darmstadt 1997. Brieskorn N. (Hg.), Globale Solidarität. Die verschiedenen Kulturen und die Eine Welt, Stuttgart 1997 (= Globale Solidarität – Schritte zu einer neuen Weltkultur 1).

[58] Siehe: Die Presse, SPECTRUM vom 24./25.5.1997 von J. Steuerer.

[59] Ich verweise z. B. auf den Medienguru H. M. McLuhan, insbesondere auf folgende zwei Werke: McLuhan H. M., Die Gutenberg-Galaxis. Das Ende des Buchzeitalters, Bonn 1995.

Baltes M. / Böhler F. / Höltschl R. / Reuß J. (Hg.), Medien verstehen. Der McLuhan-Reader, Mannheim 1997.

[60] Im Herbst 1997 entwickelte sich z. B. insbesondere in den USA eine heftige Debatte über den wirtschaftlichen Nutzen von Computern in Unternehmen. Namhafte amerikanische Ökonomen, Wissenschafter vertreten die Auffassung, daß Gewinne mit Hilfe der neuen Informationstechnologie eher mager sind, wenn überhaupt gegeben. Laut „Die Zeit", Nr. 48, vom 21.11.1997 wurden 1996 im Bereich „Cybersex" bzw. „Cyberporno" 50 Millionen Dollar umgesetzt, was einem Zehntel des gesamten Online-Handels entspreche. Im Jahr 2000 könnten es schon 250 Millionen Dollar sein. Ein „Geschäft" scheint also vor allem auf diesem Gebiet möglich zu sein. Laut APA-Meldung vom 14.10.1997 hat Siemens-Direktor U. Scheiblauer auf einer einschlägigen Informationstagung in Wien gemeint, daß die Multimediatechnologie kurzfristig keine großen Gewinne erwarten lasse.

[61] Ovid, Remedia amoris, 91.

[62] Ein empfehlenswertes Buch in diesem Sinne: Comte-Sponville A., Ermutigung zum unzeitgemäßen Leben. Ein kleines Brevier für Tugenden und Werte, Reinbek bei Hamburg 1996.

Wolf Rauch

Informationsethik

Die Fragestellung aus der Sicht der Informationswissenschaft

1. Vorbemerkung

Gegenstand der Informationswissenschaft ist die Behandlung von Informationsproblemen und -prozessen in Wissenschaft, Gesellschaft, Wirtschaft und Verwaltung. Die Informationswissenschaft versucht also, neben der technischen und organisatorischen Lösung von Informationsproblemen auch Fragen nach dem sinnvollen, nützlichen und gesellschaftlich wünschenswerten Einsatz der Informationstechnik zu stellen. Dabei stößt die Informationswissenschaft zunehmend an Grenzen: Grenzen der technischen Machbarkeit, Grenzen der organisatorischen Akzeptanz, Grenzen der Projektrentabilität, aber auch auf Grenzen bei der Frage nach der Rechtmäßigkeit des Einsatzes von Informationstechnologie. Daß die Informationstechnologie den Richtern und Gesetzgebern dabei ständig voraus ist, ist die Regel. Daß sich der Anwender daher oft im gesetzesfreien Raum bewegt, ist er gewohnt. Schwerer wiegt, wenn uns in diesem gesetzesfreien Raum auch die notwendigen Wegweiser der moralischen Werte und gesellschaftlichen Normen fehlen. Hier ist der Informationswissenschaftler ebensowenig Fachmann wie der Informatiker oder der Anwender. Hier ist ein breiter Diskurs aller Betroffenen notwendig, in dem gerade auch Philosophen und Theologen als Fachleute für Fragen der Ethik gefordert sind, sich zu artikulieren.

Eine wichtige Voraussetzung eines sinnvollen Dialogs ist eine gewisse Vertrautheit mit der Sprache und der Denkweise des Kommunikationspartners. Dieser Aufsatz will die zentrale Frage nach der Informationsethik aus der Sicht der Informationswissenschaft aufwerfen: Was ist eigentlich die Informationsgesellschaft? Wozu braucht diese Informationsgesellschaft Informationsethik? Was unterscheidet diese Fragestellung von den bekannten Problemstellungen der Technologiefolgenabschätzung? Ich will deutlich machen, daß die Frage nach der Informationsethik für die Informationswissenschaft keineswegs bloß abstrakte theoretische Hintergrundprobleme aufwirft, sondern von eminenter praktischer Bedeutung ist.

2. Informationsgesellschaft

Die Informationswissenschaft geht davon aus, daß wir heute, am Ende des 20. Jahrhunderts, vor einer weltgeschichtlichen Entwicklung stehen, die für die künftige Gestaltung des menschlichen Zusammenlebens von entscheidender Bedeutung sein wird: Der Wechsel von einer Schriftkultur zu einer Multi-Media-Kultur.

Ein vergleichbarer kultureller Umbruch fand ca. 500 v. Chr. im antiken Griechenland statt. Vor dieser Zeit herrschte im Mittelmeerraum eine Kultur der gesprochenen Sprache vor. „In principio erat verbum", wie es schon bei Johannes heißt. Dann waren nur zwei Generationen erforderlich, also ca. 50 bis 60 Jahre, um von einer überwiegenden Sprechkultur zu einer weiten Verbreitung der Schriftkultur zu gelangen.

Bekanntlich ist die Schrift selbst wesentlich älter:[1] Bereits im 4. Jahrtausend vor Christi Geburt werden die Anfänge einer Bilderschrift angesetzt; um die Mitte des 2. Jahrtausends wurde die Buchstabenschrift eingeführt, um 1000 v. Chr. verbreiteten die Griechen das uns heute geläufige klassische Alphabet. Aber der Gebrauch der Schrift war in diesen Zeiten nur einem kleinen Kreis von Priestern und hohen Beamten vorbehalten. In der Bevölkerung herrschte eine reine Sprechkultur. Eine Sprechkultur, die sich auf das phantastische Gedächtnis des Menschen stützte: Wir können uns heute kaum noch vorstellen, daß einmal ganze Epen Wort für Wort auswendig rezitiert worden sind. Diese enorme Merkfähigkeit ist in uns vermutlich immer noch vorhanden; sie liegt nur mangels Übung brach.

Die Sprechkultur wurde im klassischen Griechenland im 5. und 4. Jahrhundert durch die weite Verbreitung der Schrift verdrängt. Diese erste „Informatisierung der Gesellschaft" verlief durchaus bewußt und in Kenntnis ihrer vielfach auch negativen Konsequenzen. Die „Informatisierung" wurde damals wie heute lebhaft diskutiert und war nicht aufzuhalten.

Wir haben prominente Zeitzeugen, die sehr anschaulich zeigen, daß schon damals der revolutionäre Charakter dieser Entwicklung den Zeitgenossen durchaus bewußt war:

Sokrates (469–399) war noch fest in einer Sprechkultur verankert. Er schrieb (soviel wir wissen) keine Zeile. Sein Schüler Platon (427–347) schreibt schon – allerdings bevorzugt Dialoge; er behält also noch das gesprächsweise Vorgehen seines Lehrers Sokrates bei.

Aristoteles (384–322) schließlich verwendet Schrift und Buch bereits fast so selbstverständlich, wie wir es heute tun. Er hat auch für die Erwerbung seiner eigenen Bücher hohe Summen bezahlt.

Es bedurfte also nur zweier Generationen, um die Grundlagen der Kultur zu verändern. Heute wird es wohl kaum länger dauern.

Die Entwicklung war damals wie heute durchaus von kritischen Kommentaren begleitet. So meint etwa Sokrates im „Phaidros", daß die Schrift dazu führen werde, daß wir das Gedächtnis vernachlässigen und zwar vielerlei wissen würden, aber nicht die wesentlichen Zusammenhänge: „doxosophoi", Scheingebildete, würden wir werden, statt „sophoi", Weise.[2] Platon argumentiert, daß beim geschriebenen Wort die Gefahr der Mißinterpretation noch viel größer sei als beim gesprochenen, weil man als Schreiber weder den späteren Leser noch die konkrete Situation des Lesenden kenne.

Die befürchteten Konsequenzen sind ernst zu nehmen. Die Kritikpunkte, die Sokrates und Platon vorgebracht haben, sind alle eingetroffen. So war vor allem der Verlust des mündlich tradierten Wissens schneller und gründlicher als befürchtet. Nur ein Bruchteil dieses Schatzes der Menschheit wurde durch Aufzeichnung vor der Vergessenheit bewahrt. Es ist eine lebendige, reiche Tradition verlorengegangen, und es wurde unendlich viel Kulturgut zerstört.

An die Stelle der Sprechkultur trat die Schriftkultur, deren wichtigste Errungenschaften das Buch und die Wissenschaft sind. Diese haben eine Welt geschaffen, die vielen heute als Inbegriff kultureller Kommunikation gilt.

In unserem engeren Kulturraum vollzog sich dieser Wechsel von Sprechkultur zu Schriftkultur deutlich später. Noch im ritterlichen Bildungsideal war Lesen und Schreiben nicht enthalten. Der Ritter mußte wortgewandt sein, vor allem im Umgang mit den Damen und bei der Erfüllung politischer Aufträge. Lesen und Schreiben brauchte er nicht zu können. Erst im 13. Jahrhundert vollzog sich auch bei uns unaufhaltsam der Wechsel zur Schriftkultur.

Auch damals wurde, wie eineinhalb Jahrtausende davor bei Platon, der Wechsel des primären Mittels zur Tradierung unserer Kultur von der Sprache zur Schrift durchaus von kritischen Kommentaren begleitet. Der Schriftkultur wird vorgeworfen, daß sie die lebendigen Gedanken töten würde und daß die dürren Worte auf totem Pergament zu dürren Herzen führen müßten – vor allem in der deutschen Sprache (so der Dominikaner Heinrich von Seuse [1300–1366]).

Wie auch immer, aus diesen beiden historisch gut überlieferten Beispielen können wir zusammenfassend vier Schlüsse für die Gegenwart ziehen:
1) Der Wechsel von einer Kommunikationskultur zur nächsten kann sehr schnell vor sich gehen. In ein bis zwei Generationen ist dieser kulturelle Bruch vollzogen.
2) Die Entwicklung verläuft bewußt und wird von kritischen Zeitzeugen durchaus als solche wahrgenommen.
3) Die befürchteten Konsequenzen sind ernst zu nehmen. Die Kritikpunkte, die z. B. schon Platon und Sokrates geäußert haben, sind eingetreten.
4) Die Entwicklung ist keine bloß „technische", sie greift vielmehr entscheidend in sämtliche sozialen, gesellschaftlichen und politischen Bereiche ein.

Der Grund für diese weitreichenden Konsequenzen ist darin zu suchen, daß das soziale System in einer Gesellschaft und das kommunikative System aufs engste miteinander verbunden sind: Die Größe des römischen Weltreichs war nicht so sehr durch die Stärke seiner Legionen ermöglicht und beschränkt als vielmehr durch die Kommunikationsverbindungen, die damals über Boten auf den sprichwörtlich guten römischen Straßen vonstatten gegangen sind. Die Entwicklung des Buches und des Bürgertums in der Neuzeit verliefen nicht zufällig parallel. Demokratien heutiger Ausprägung wären ohne Zeitung, Rundfunk und Fernsehen undenkbar.

Heute stehen wir nun wieder vor einem derartigen Kulturbruch: Die Ablösung der Schriftkultur durch eine Multi-Media-Kultur.

Worin bestehen die entscheidenden Neuerungen der Multi-Media-Kultur gegenüber einer Schriftkultur, wie wir sie bisher kennen?

Ein gravierender Unterschied ist die Entlinearisierung der Kommunikation. Schriftliche Sprache zwingt uns, die einzelnen Zeichen und Wörter und damit die einzelnen Gedanken in eine sequentielle Reihe zu bringen. Rücksprünge sind ebenso schwer zu realisieren wie das Zusammenführen verschiedener Gedanken auf einen Punkt. Zwar ist auch schon die gesprochene Sprache aufgrund des menschlichen Sprechapparates linear angelegt, allerdings ist die gesprochene Sprache in der Regel durch Gestik und Mimik stark unterstützt und kann damit weitere Dimensionen gewinnen. Auch sind in der gesprochenen Sprache der Rückgriff auf vorher Gesagtes, die Wiederholung und Verstärkung üblich. Die Schriftsprache dagegen ist rein linear aufgebaut.

Neue Medien, wie Computernetzwerke, interaktive Datenbankabfragesprachen, mobile Kommunikation etc., ermöglichen es, von einem Gedanken zu einem anderen zu springen, assoziativ Verbindungen aufzurufen und sich damit in einem Text wie in einem vieldimensionalen Netzwerk zu bewegen.

Neben diesem inhaltlichen Unterschied bringen neue Medien auch eine Trennung der Kulturtechniken des Schreibens und des Lesens mit sich. Während in einer Kultur der geschriebenen Sprache Lesen und Schreiben gemeinsam gelehrt und als zwei Seiten ein und desselben Phänomens betrachtet werden, tritt in der modernen Kommunikationstechnik die Lesefähigkeit in den Vordergrund, während die Schreibfähigkeit an Bedeutung verliert.

Als Eingabemedien werden heute zunehmend Zeigefunktionen (z. B. Lichtgriffel), graphische Eingabegeräte (wie die Maus) oder akustische Eingaben (Mikrophon) verwendet. Die klassische alphanumerische Volltastatur kommt nur noch gelegentlich zum Einsatz. Damit wird die Eingabe schneller und setzt beim Benutzer nur noch eingeschränkte Schreibfähigkeiten voraus.

Die Lesefähigkeit wird dagegen zunehmend gefordert. Längst ist der Zeichensatz nicht mehr auf das klassische Alphabet beschränkt. Eine Fülle von allgemein akzeptierten Ikonen bereichert die Schrift ebenso wie neue Zeichen.

Die Orientierungsschilder auf Flughäfen und Bahnhöfen haben die Ebene des alphabetischen Zeichensatzes ebenso längst verlassen wie die Funktionsbezeichnungen auf den Tasten elektronischer Geräte. Interaktive Computerprogramme entwickeln mit viel Phantasie einen neuen Zeichensatz, der auf Metaphern aus vielen Lebensbereichen zurückgreift. Das Verständnis wird als selbstverständlich vorausgesetzt. Je jünger der Anwender ist, desto eher stimmt diese Voraussetzung.

Auf der Ebene der Strukturierung von Gedanken wird zunehmend eine Kultur der gezielten Informationssuche Allgemeingut. Mußte man früher, wenn man eine bestimmte Stelle suchte, mühsam ein Buch von vorne nach hinten durchblättern, so ist es heute auch ohne großen Schulungsaufwand schon selbstverständlich, daß man mit einzelnen Schlagwörtern und deren logischer Verknüpfung in Information-Retrieval-Systemen sucht. Trunkierung (Weglassen von Buchstaben am Anfang und Ende eines Wortes), Boolsche Operatoren (die Verbindung von Begriffen mit „und", „oder" und „nicht") sowie Erweiterung und Einschränkung von Ergebnismengen gehören heute zum selbstverständlichen Verhalten bei einer Informationssuche.

Zu diesen neuen Instrumenten der Informationsgliederung tritt eine nie gekannte Mobilität der Kommunikation hinzu, die durch zellulare Telefonie und Satellitenkommunikation ermöglicht wird. Noch ist ein Ende der Entwicklung nicht in Sicht, weder was die technische Ausgestaltung anlangt noch die Darstellung der vermittelten Inhalte. Es ist allerdings zu vermuten, daß die wesentlichen Bausteine der künftigen Multi-Media-Kultur mit den genannten Beispielen bereits aufgezählt sind.

3. Informationsethik

Da die Informationswissenschaft überzeugt ist, daß wir uns derzeit mitten in der Umstellungsphase von einer Schriftkultur zu einer Multi-Media-Kultur befinden und davon ausgeht, daß dies zu gewaltigen sozialen und politischen Umwälzungen führen wird, ist es notwendig und sinnvoll, daß wir uns darüber Gedanken machen, wie dieses kulturelle Erdbeben kontrolliert werden kann. Und zwar so kontrolliert, daß die daraus resultierende Gesellschaftsstruktur mit unserem bisherigen Wertesystem in Einklang bleibt.

Bei manchen technischen Schlüsselerfindungen wurde das – zumindest in der Theorie – bewältigt. Auch das Automobil hat uns z. B. mit weitreichenden neuen technischen Möglichkeiten konfrontiert, die unsere Lebensweise grundlegend geändert haben: Die Struktur unserer Städte ist ebenso zerfallen wie unser Leben in Freizeit-, Lebens- und Arbeitsbereiche. Das Auto hat die Familienstrukturen beeinflußt, indem es ein entscheidender Auslöser der Kleinfamilie war, von den gravierenden Auswirkungen auf die Umwelt ganz zu schweigen.

Trotz all dieser Änderungen hat sich unser bisheriges Wertesystem im Umgang mit dem Auto gut bewährt: „Du sollst nicht töten" gilt im Straßenverkehr heute ebenso wie zur Zeit der Pferde und Wagen. Wohl mußte man sich Gedanken machen, wie man auf eine Verletzung des Tötungsverbotes im Falle eingeschränkter Zurechnungsfähigkeit (z. B. Trunkenheit am Steuer) reagieren soll, wieweit man über Schulung die Konsequenzen hoher Geschwindigkeit und die Dynamik beschleunigter Massen den Verkehrsteilnehmern näherbringen kann, und es haben sich neue Fragen der langfristigen Auswirkungen einer Technologie (Umweltschutz) gezeigt. Die grundlegenden Werte unserer Kultur konnten dabei aber immer sinnvoll eingesetzt werden.

Das ist im Falle der Informationsgesellschaft anders. Hier stoßen wir auf völlig neue „Wert-Konflikte". So gibt es in unserer Kultur zumindest zwei einander entgegengesetzte Grundpositionen gegenüber der Information, die, jede für sich allein betrachtet, durchaus ihre Berechtigung haben:

In den USA geht man weitgehend von einem Postulat der Informationsfreiheit („Freedom of Information") aus: Information ist grundsätzlich frei und darf nur mit ausdrücklicher Begründung eingeschränkt werden. Information und Kommunikation gehören zu den Freiheitsrechten, die seit der Amerikanischen Unabhängigkeitserklärung und der Französischen Revolution wichtige Bestandteile unseres gesellschaftlichen Grundkonsenses sind. Die Informationsfreiheit steht neben der Freiheit des Strebens nach Glück, der Freiheit, sich an einem beliebigen Ort niederzulassen, der Freiheit der Religionsausübung und gilt als sakrosankt.

Dieses Konzept steht im krassen Widerspruch zum Konzept des Datenschutzes, das in Europa in vielen Staaten in Gesetzesform niedergelegt ist. Datenschutz läßt sich, überspitzt formuliert, so auf den Punkt bringen: „Du sollst nicht begehren deines Nächsten Daten!" Der Datenschutz geht davon aus, daß jede Person ein berechtigtes Interesse an der Vertraulichkeit der sie betreffenden personenbezogenen Daten hat. Jede Übermittlung, Verarbeitung und Speicherung von personenbezogenen Daten bedarf der ausdrücklichen Ermächtigung durch die betroffene Person. Hier werden der Schutz vor Information und ihrer Weitergabe in den Vordergrund gestellt.

Diese beiden Konzepte stoßen nicht nur theoretisch aufeinander, sie sind in zahlreichen praktischen Fällen auch schon zwischen den Rechtssystemen in Konflikt geraten. Wie soll sich die Öffentlichkeit gegenüber pornographischen oder politisch extremistischen Inhalten verhalten? Gegenüber der Verbreitung unrichtiger personenbezogener Daten? Der Verknüpfung von Daten im Zusammenhang mit Verbrechensbekämpfung? Gerade zwischen Europa und den USA sind um diese Fragestellungen heftige Diskussionen ausgebrochen. Aber auch innerhalb der Länder wird die jeweilige Position durchaus in Frage gestellt.

Noch wissen wir nicht, welches Konzept für eine entwickelte Informationsgesellschaft tragfähiger sein wird. Hier ist die Informationswissenschaft auf die professionelle Hilfe der Philosophie und der Theologie angewiesen.

4. Information Assessment

Die Frage der Informationsethik unterscheidet sich für den Informationswissenschaftler deutlich von der klassischen Fragestellung der Technikfolgenabschätzung („Technology Assessment"). Die Technikfolgenabschätzung fragt nach den langfristigen, ungewollten und indirekten Auswirkungen der Technik. Im Bereich der Informationswissenschaft spricht man in diesem Zusammenhang auch von „Information Assessment". Information Assessment konzentriert sich auf die Identifikation, Abschätzung und Quantifizierung der langfristigen indirekten und ungewollten Konsequenzen der Informationstechnologie. Information Assessment geht letztlich davon aus, daß die Antwort auf die Frage, ob die Konsequenzen wünschenswert sind oder nicht, vom allgemeinen Wertekonsens geteilt wird.

Die Frage nach der Informationsethik ist dagegen komplexer: Wir wissen eben nicht, ob bestimmte Konsequenzen der Technik als gut oder schlecht, als wünschenswert oder verwerflich einzuschätzen sind. Das macht die Bewertung der künftigen Entwicklung um einiges schwieriger und unsicherer als bei anderen technischen Neuerungen.

Auch geht Technology Assessment von einer klar gerichteten Ursache-Wirkung-Beziehung aus: Die Technik führt zu Veränderungen in der realen und gesellschaftlichen Umwelt. Deren Konsequenzen sind zu diskutieren. Im Bereich der Informationsethik ist der Zusammenhang rückgekoppelt: Wir müssen uns bewußt sein, daß sowohl von den technischen Entwicklungen Konsequenzen auf die Umwelt ausgehen, als auch, daß der umgekehrte Effekt besteht: Die gesellschaftlichen

Änderungen beeinflussen gerade in der Informationstechnik ihrerseits sehr stark die künftige technische Entwicklung.

Es ist bemerkenswert, daß es kaum einen technischen Bereich gibt, der sich so schlecht prognostizieren läßt wie gerade neue Informations- und Kommunikationstechniken: Der Personal Computer ist ebensowenig vorhergesehen worden wie die rasche Verbreitung des Telefax oder des zellularen Telefons. Technologien, wie Bürofernschreiben oder Bildschirmtext, von denen man sich eine rasche Verbreitung erwartet hat, haben sich hingegen nicht durchgesetzt.

Die Informationswissenschaft erwartet daher einerseits auch bei der Frage nach der Informationsethik nicht, daß die Philosophie „Patentrezepte" liefert, nach denen sich die künftige technische Entwicklung ausrichten wird. Andererseits ist es auch nicht so, daß die Technik mit ihren Entwicklungen die Gesellschaft gleichsam vor sich hertreibt und ihr eine bestimmte Richtung aufzwingt.

Es ist also notwendig, daß im steten Dialog zwischen der technischen Entwicklung, ihren Anwendungen und den philosophischen und sozialwissenschaftlichen Disziplinen ein reger Gedankenaustausch entsteht, ein Meinungsbildungsprozeß, in den auch die Bürger miteinbezogen werden müssen, die als Anwender und Betroffene der Technologie die letztendlich Entscheidenden sein müssen.

Anmerkungen

[1] Vgl. hierzu zum Beispiel: Schmidt W., Vom Buch – Entwicklung und Erfüllung, Berlin 1989, 34.

[2] Platon, Phaidros. Theaitetos, Frankfurt/M. 1991 (= Sämtliche Werke 6; Insel TB 1406), 136f.

Rafael Capurro

Ethik für Informationsanbieter und -nutzer

Einführung

Im Rahmen der im Wintersemester 1995/96 an der *Fachhochschule Stuttgart, Hochschule für Bibliotheks- und Informationswesen (HBI)* durchgeführten Studienreform wurde das Fach „Informationsethik" in Form einer einstündigen Vorlesung in den Pflichtteil der Ausbildung für alle Studiengänge (Öffentliche Bibliotheken, Wissenschaftliche Bibliotheken, Informationsmanagement) aufgenommen. Diese Vorlesung findet im 2. Semester statt. Außerdem besteht die Möglichkeit, Informationsethik sowie Technikfolgenabschätzung und -bewertung im Rahmen eines 8 Semesterwochenstunden umfassenden Wahlpflichtseminars mit Beginn im 3. Semester zu wählen. Die Ausbildung an der HBI umfaßt 7 Semester, einschließlich eines Praktikumssemesters.

Im folgenden werde ich zunächst einen Überblick über die Inhalte der Vorlesung geben. Diese sind zugleich Teil eines europäischen Multimediaprojekts. Im zweiten Teil berichte ich über bisherige Erfahrungen mit Informationsethik als Wahlpflichtfach. Dazu gehören insbesondere zweitägige Kompaktseminare, die vom Förderprogramm für Technik- und Wissenschaftsethik an den Fachhochschulen in Baden-Württemberg finanziert werden. Zusätzlich finden auch von diesem Förderprogramm unterstützte wahlfreie Ethik-Seminare für alle Studierenden statt. Das Förderprogramm ermöglicht uns auch, Workshops zu informationsethischen Themen zu veranstalten, worüber ich im dritten Teil berichten werde.

Im vierten Teil schließlich stelle ich einige Internet-Ressourcen zur Informations- und Medienethik zusammen, die Teil unseres Internet-Angebots „Informationsethik an der HBI" sind.

„Last but not least" möchte ich auf zwei Veröffentlichungen hinweisen. Das gemeinsam mit Klaus Wiegerling und Andreas Brellochs herausgegebene Buch „Informationsethik" (Capurro/Wiegerling/Brellochs 1995) stellt in Form eines Readers eine Zusammenfassung der informationsethischen Diskussion der letzten Jahre dar. Mein Buch „Leben im Informationszeitalter" (Capurro 1995) bildet den größeren Rahmen, in dem ich die hier erörterten Fragen einer Informationsethik eingebettet sehe.

Wesentliche Anregungen zur Gestaltung der Informationsethik als Fachdisziplin bekam ich durch häufige Gespräche mit Stuttgarter Kollegen, insbesondere mit Wolfgang von Keitz, Andreas Brellochs, Klaus Wiegerling und Volker Friedrich. Rainer Kuhlen (Universität Konstanz) gab uns die nötige Unterstützung für die Herausgabe des Readers „Informationsethik". Mit Thomas J. Froehlich (Kent

State University, Ohio, USA) und Bernd Frohmann (University of Western Ontario, Canada) traf ich mich öfters, nicht nur im Cyberspace, um über informationsethische Fragen zu diskutieren. Ich bin Thomas J. Froehlich für seine bahnbrechenden und umfassenden Veröffentlichungen auf diesem Gebiet sehr dankbar. Dazu zähle ich ganz besonders sein „Survey and Analysis of the Major Ethical and Legal Issues Facing Library and Information Services", das er unter Vertrag mit dem „General Information Programme" (GPI) der UNESCO erstellt hat. Die Ansätze von Daniel Bougnoux (Université Stendhal, Grenoble), Norbert Henrichs (Universität Düsseldorf) und Robert Hauptman (St. Cloud State University, USA) haben meine Auffassung von Informationsethik in vielfacher Weise erweitert und bereichert. Zur Institutionalisierung der Fachdiskussion hat besonders Robert Hauptman als Herausgeber des „Journal of Information Ethics" beigetragen.

1. Informationsethik als Vorlesung

Der Begriff „Informationsethik" umfaßt in einem weiteren Sinne ethische Fragen im Medienbereich (journalistische Ethik, Medienethik), in der Informatik (Computerethik) sowie im gesamten gesellschaftlichen Umfeld (Wirtschaft, Politik, Kunst ...), sofern die Gesellschaft, ja die Kultur eines ganzen Zeitalters von den Informationstechnologien geprägt werden. Im engeren hier zu verwendenden Sinn steht „Informationsethik" als Bezeichnung für ethische Fragen im Bereich der Informationsverarbeitung und -vermittlung, insbesondere im Bibliothekswesen sowie im (betrieblichen) Informationsmanagement. Dementsprechend steht der Begriff „Informationsspezialisten" als Bezeichnung für Bibliothekare und Informationsmanager.

Eine einführende Vorlesung zur Informationsethik i. e. S. will künftige Informationsspezialisten für die durch ihre Tätigkeit entstehenden Verantwortlichkeiten und ethischen Probleme sensibilisieren. Sie soll die Möglichkeit bieten, ein kritisches Bewußtsein über das individuelle und institutionelle Handeln zu wecken und zu entfalten. Ethische Reflexion in der Lehre kann jedoch in keinem Fall fertige „Instant-Rezepte" für ethisches Verhalten in der Informationspraxis vermitteln. Die Vorlesung will auch Grundkenntnisse über ethische Theorien und ihre Relevanz für die berufliche Praxis vermitteln.

Die Vorlesung ist in drei Teile gegliedert. Der *erste Teil* gibt einen Überblick über die Ethik als Disziplin. Sie weist zunächst auf die Herkunft der Worte „Ethik" und „Moral" hin und führt in die historische Entwicklung ethischer Theorien ein. Der Schwerpunkt der Ausführungen liegt bei der Erläuterung der systematischen Unterscheidung zwischen Moral, Ethik und Recht. Besonders die Unterscheidung zwischen Moral im Sinne der lebendigen Regeln oder Maximen einer Gruppe, Nation oder Kultur und Ethik als *kritischer Reflexion über Moral* bietet den Angelpunkt für die darauffolgenden informationsethischen Überlegungen. Ferner wird betont, daß die Ethik sich mit kontingenten menschlichen Handlungen befaßt. Das ist der Grund für unterschiedliche Werte und Normen und für die sich daraus ergebende *beratende Natur ethischer Reflexion*.

Der *zweite Teil* der Vorlesung ist der Informationsethik gewidmet. Sie wird ausdrücklich im oben angesprochenen engeren Sinne vorgestellt. Zwei Aspekte von Informationsethik als kritischer Reflexion von Moral werden erläutert, nämlich Informationsethik als deskriptive und als emanzipatorische Theorie. Informationsethik als deskriptive Theorie erforscht die Strukturen und Machtverhältnisse, die das Informationsverhalten in verschiedenen Epochen und Kulturen bestimmen. Als emanzipatorische Theorie befaßt sie sich mit der Kritik moralischen Verhaltens. Informationsethische Reflexion soll Informationsmythen aufdecken und kritisieren sowie verdeckte Widersprüche der herrschenden theoretischen und praktischen Sprachnormierung offenlegen.

Anschließend wird das Gebiet der Informationsethik unter historischen und systematischen Gesichtspunkten behandelt. Die historischen Aspekte betreffen ausschließlich die abendländische Tradition. Freiheit der Rede und Freiheit des gedruckten Wortes (Pressefreiheit) sind zwei Meilensteine dieser Geschichte. Mit dem Aufkommen der elektronischen Information steht die Freiheit des Zugangs im Mittelpunkt. Die systematischen Aspekte bilden den Kern der Vorlesung. Sie sind in zwei Abschnitte gegliedert. Im ersten Abschnitt werden Fragen der Verantwortung auf Mikro-, Meso- und Makroebene behandelt. Grundlage dieser Erörterung sind die Menschenrechte, insbesondere unter den Aspekten der Achtung vor der Menschenwürde (Art. 1), der Vertraulichkeit (Art. 1, 2, 3, 6), der (Chancen-)Gleichheit (Art. 2, 7), des Rechts auf Privatheit (Art. 3, 12), des Rechts auf freie Meinungsäußerung (Art. 19), des Rechts auf Beteiligung am kulturellen Leben (Art. 27) und des Schutzes der materiellen und geistigen Arbeit (Art. 27).

Auf Mikroebene wird die Verantwortung von Informationsspezialisten gegenüber den Nutzern erörtert. Informationsspezialisten haben auch eine ethische Verantwortung bezüglich Loyalität und Vertrauen gegenüber den Institutionen, in denen sie arbeiten (Mesoebene). Umgekehrt gilt aber auch, daß Institutionen wie Bibliotheken und Informationszentren eine sozial-ethische Verantwortung gegenüber den Nutzern haben. In diesem Zusammenhang wird auf die besondere Rolle von Ethik-Kodizes und auf die soziale Verantwortung von Informationsspezialisten auf der Makroebene eingegangen.

Mögliche Konflikte zwischen Ethik, Moral und Recht spielen eine zentrale Rolle auf allen Ebenen. Die Spannung zwischen diesen Ebenen läßt sich weder durch den Vorrang der Moral gegenüber Ethik und Recht (Fundamentalismus) noch durch den Vorrang des Rechts gegenüber Ethik und Moral (Legalismus) noch durch den Vorrang der Ethik gegenüber Recht und Moral (ethischer Rigorismus) aufheben. Einsichtige individuelle und gesellschaftliche Güterabwägung bleiben unerläßlich, ohne daß dem menschlichen Handeln seine eigentümliche Ambiguität und Kontingenz abgenommen werden könnte.

Im zweiten Abschnitt werden systematische Aspekte bei der Produktion, Sammlung und Erschließung sowie bei der Vermittlung von Information behandelt. Die rechtliche Frage des Copyrights bzw. des „droit d'auteur" wird unter ethischen Gesichtspunkten behandelt. In diesem Zusammenhang wird auf mögliche Gründe für den Schutz des geistigen Eigentums sowie auf die Unterschiede zwischen der europäischen und der angelsächsischen Tradition hingewiesen. Wege zur Harmonisierung dieser Traditionen sind die „Berner Konvention", die „Universal Copyright Convention" und die „Copyright-Direktiven der Europäischen Gemeinschaft". Die neuen Technologien, vor allem im Zusammenhang mit der Vereinfachung des Kopierens und Veränderns sowie der Übertragung jenseits nationaler Grenzen durch das Internet stellen neue Herausforderungen bezüglich des Schutzes des geistigen Eigentums dar.

Ethische Fragen bei der Sammlung und Erschließung von Information betreffen vor allem Fragen der Zensur. Diese wird zunächst im neutralen Sinne des willentlichen Ausschlusses von Information aus bestimmten Gründen verstanden. In diesem Sinne steht der Zensurbegriff in naher Verwandschaft zum Begriff der Auswahl, im Sinne des Ausschlusses von Information entsprechend den Zielen einer Bibliothek bzw. eines Informationszentrums. Zensur meint aber den *systematischen* Ausschluß bestimmter Art von Information und kann begründet oder willkürlich sein. Dementsprechend lautet die Kernfrage: Gibt es Grenzen der geistigen Freiheit? Internationale Kampagnen und Stellungnahmen wie das „UNESCO Public Library Manifesto" setzen sich für den Schutz der geistigen Freiheit ein. In diesem Zusammenhang wird darauf hingewiesen, daß Erschließungsmethoden wie Klassifikationssysteme und Thesauri nicht neutral sind, da sie „nolens volens" auf Vorurteilen gründen. Die Frage ist aber, inwiefern diese Vorurteile ethisch unhaltbar sind und als solche erkannt und korrigiert werden. Die Vielfalt der Ressourcen und der Suchmethoden im World Wide Web macht diese Frage zugleich dringlich und ist schwer zu behandeln. Davon zeugen nicht zuletzt die in der Öffentlichkeit verbreiteten Diskussionen um Pornographie und Rechtsradikalismus im Netz.

Die ethischen Aspekte der Informationsverbreitung umfassen ethische Fragen des Zugangs und der Vermittlung, die sich sowohl aus dem Blickpunkt des einzelnen wie aus dem der Gesellschaft behandeln lassen. Hier werden zum Beispiel Fragen des gebührenfreien Zugangs zur Information behandelt. Die Spannung zwischen „free" und „fee" kommt deutlich im erwähnten „UNESCO Public Library Manifesto" zum Ausdruck: „The Public Library shall in principle be free of charge". Die Frage ist, welche Information für wen „im Prinzip" „frei" sein sollte.

Die Freiheit des Zugangs („freedom of access") ist mit dem demokratischen Grundsatz der Chancengleichheit verbunden. Information ist aber keine homogene Ware. Wie läßt sich herausfinden, wer von der Information profitieren kann? Auch die Nutzung der Informationsmedien ist je nach kultureller Tradition unterschiedlich, so daß ethische und kulturelle Fragen nicht voneinander zu trennen sind.

Die Frage der Vermittlung läßt sich sowohl in bezug auf institutionelle Vermittler als auch auf den Endnutzer stellen. Bei Bibliotheken und Informationsstellen gilt der ethische Grundsatz, daß Informationen nicht nach den Maßstäben des Vermittlers filtriert werden sollten. Hier entstehen ethische Konflikte zum Beispiel zwischen der Vertraulichkeit und den Interessen der Institutionen. Vermittler sind verpflichtet, über die Grenzen der Informationsquellen und der Suchmethoden aufzuklären. Schließlich gehören in diesen Zusammenhang Fragen der Nutzerfreundlichkeit von Interfaces und Suchmaschinen sowie die Verantwortung für die Ausbildung und Beratung der Nutzer. Bei all diesen Fragen spielt das Problem der Desinformation eine entscheidende Rolle.

Da die globale Vernetzung die Gesellschaft vor besondere ethische und rechtliche Herausforderungen stellt, werden ethische Aspekte des Internets gesondert behandelt. Hier stellen sich Fragen wie: Wer darf die Information, die über die Netze aus einem anderen Land (einer anderen Kultur) kommt, kontrollieren? Wie können geographisch eingeschränkte Gesetze den Herausforderungen des Cyberspace entgegentreten? Lösungsansätze findet man auf vielen verschiedenen Ebenen: von der Selbstkontrolle oder „Netiquette" über einzelne Sanktionen („flaming", „mail bombs") und Kampagnen wie die „Blue Ribbon Campaign" bis hin zu institutionellen Maßnahmen wie Ethik-Kodizes, Gesetze und technische Einrichtungen („filtering software"). Ein wichtiges Problem einer globalen Informationsordnung betrifft die Frage der Kluft zwischen Informationsreichen und Informationsarmen (Individuen, Gruppen, Staaten).

Alle hier vorgestellten Fragen lassen sich anschaulich anhand von *Fall-Beispielen* erörtern. Eine Fall-Sammlung ist im Aufbau. Bei der Diskussion über solche Fälle, die vor allem im Rahmen des Wahlpflichtfaches stattfindet, lassen sich auch Sinn und Grenzen von Ethik-Kodizes aufzeigen. In der Vorlesung werden auch einige Berufskodizes für Informationsspezialisten gesondert vorgestellt.

Die Besprechung von Einzelfällen soll auch deutlich machen, daß eine Kasuistik im Bereich der Ethik einen anderen Sinn hat als zum Beispiel ein Experiment im Zusammenhang mit der Bestätigung oder Widerlegung eines Naturgesetzes. Der zweite Teil der Vorlesung schließt mit der Frage nach den ethischen Aspekten von Lehre und Forschung im Informationsbereich.

Im *dritten Teil* der Vorlesung wird das Gebiet Informationsethik in Lehre und Forschung vorgestellt. Der Schwerpunkt liegt in der Multimedia-Darstellung des Fachgebiets Informationsethik im Rahmen von MURIEL (**MU**ltimedia Education System for Librarians Introducing **R**emote **I**nteractive Processing of **EL**ectronic Documents). Es handelt sich dabei um ein EU-Projekt zur Ausbildung von Informationsspezialisten in Europa auf der Grundlage von multimedialen und vernetzten Systemen. Angaben zu diesem Projekt (Project 3-3007) findet man unter: http://www.teles.de/de/eu/muriel.html. Teilnehmer sind: Teles AG (Projektkoordinator), The British Library, Consiglio Nazionale delle Richerche (Rom), Eurómedia Formation (Cannes), Hogeschool Maastricht, FH Stuttgart (HBI).

2. Informationsethik als Wahlpflichtfach

Aufgrund des Einführungscharakters der Vorlesung bleiben viele Themen und Fragen offen. Eine Vertiefung findet im Rahmen eines Wahlpflichtfaches von 8 Semesterwochenstunden statt. Die Studierenden können dabei von einem vielfältigen Angebot an Lehrveranstaltungen profitieren, die vor allem durch die Unterstützung des Förderprogramms für Technik- und Wissenschaftsethik an den Fachhochschulen Baden-Württembergs stattfinden.

Die Seminarthemen und -aufgaben sind vielfältig und reichen von der Textauslegung klassischer Autoren (McLuhan, Flusser, Baudrillard, Virilio...) über die Analyse von Ethik-Kodizes bis hin zum Aufbau einer Fall-Sammlung. Manche Seminare sind zugleich theoretisch und praktisch orientiert. So wurde zum Beispiel das Internet-Angebot an Ethik-Ressourcen untersucht und bewertet, und das Ergebnis wurde im Rahmen eines Projekts in Form eines Ethik-Web-Site dargestellt (http://www.uni-stuttgart.de/UNIuser/hbi/zentrein/ethik.htm). Die Inhalte werden in weiteren Seminaren besprochen und erweitert.

Von den Studierenden besonders geschätzt sind die vom Förderprogramm finanzierten Kompaktseminare. In der Abgeschiedenheit einer evangelischen Begegnungsstätte bei Pforzheim läßt sich besonders stimmungsvoll und konzentriert über ethische Fragen nachdenken. Dies schließt meistens eine informationspraktische Tätigkeit ein. So haben Studierende im Rahmen eines Kompaktseminars zum Thema „Der Mensch im Netz" ein Heft der Wochenzeitschrift DIE ZEIT zum Anlaß genommen, die dort erörterten Fragen zusammenzufassen und in Form eines Workshops vorzustellen. Anschließend haben sie die Ergebnisse in HTML-Format dargestellt.

3. HBI-Kongreß und -Workshops zur Informationsethik

Für den 4. und 5.12.1995 hat die HBI einen Kongreß zu dem Thema „Informationsspezialisten zwischen Technik und gesellschaftlicher Verantwortung" (http://www.uni-stuttgart.de/UNIuser/hbi/publikat/hbipubl/guides/inhalt.htm) organisiert. Das Besondere an diesem Kongreß war nicht nur, daß die Frage nach der sozialen Verantwortung der Informationsspezialisten im Mittelpunkt stand, sondern auch, daß diese öffentliche Veranstaltung von Studierenden organisiert und durchgeführt wurde. Der Rektor der HBI, Peter Vodosek, betonte in seinem Eröffnungsvortrag: „Wir sind aufgerufen, nicht nur für die Beschaffung, Aufbereitung und Vermittlung von Informationen fit zu sein, sondern an der Schaffung einer unabdingbar, bitter nötigen Informationskultur tätig mitzuwirken."

Mit Unterstützung des Förderprogramms veranstalteten Wolfgang von Keitz und Rafael Capurro am 19. und 20.11.1996 den I. Internationalen HBI-Workshop über Informationsethik zum Thema „Informationsarmut – Informationsreichtum" (http://machno.hbi-stuttgart.de/Workshop/tagesord.htm). Schwerpunktthemen des Workshops waren: Information als Ware; was sind und wie entstehen Informationsarmut und Informationsreichtum; der internationale Informationsmarkt im Spannungsverhältnis zwischen Informationsangebot und Informationsnachfrage; Informationspolitik als internationale Ordnungspolitik.

Der II. Internationale HBI-Ethik-Workshop fand am 19. und 20.11. 1997 statt und hatte als Thema: „Digitale Bibliotheken. Ethische Fragen einer neuen Informationskultur". Durch die Globalisierung der Informationssysteme stellt sich immer dringender die Frage: Entwickeln wir uns immer schneller in Richtung auf eine einheitliche Informationskultur zu, oder bietet die globale Vernetzung Chancen der Entfaltung differenzierter kultureller Selbstverständnisse? Das gilt insbesondere für die Frage nach der Wechselwirkung verschiedener Medien (Oralität, Schrift, Druck, elektronische Medien), die mit unterschiedlicher Geschwindigkeit und in unterschiedlicher kulturell bedingter Weise in einzelnen Gesellschaften benutzt werden. Es sind aber auch verschiedene Akteure und Interessengruppen, die an dieser Entwicklung beteiligt sind, darunter: Informationsproduzenten und Verlage, Bibliotheken und Informationseinrichtungen, Bildung und Forschung, Wirtschaft, Unterhaltungsindustrie. Welche Bedeutung haben in diesem Spannungsfeld digitale Bibliotheken? Wer betreibt sie und mit welchen Zielen? Wer sind die Nutznießer und wer die Benachteiligten auf nationaler und internationaler Ebene?

4. Internet-Ressourcen zur Informations- und Medienethik

Die folgende Darstellung ist Teil unseres Internet-Angebots „Informationsethik an der HBI" (http://www.uni-stuttgart.de/UNIuser/hbi/zentrein/ethik/eth-main-htm). Sie bringt die Bedeutung der Diskussion über informations- und medienethische Fragen jenseits eines curricularen Angebots deutlich zum Ausdruck.

4.1 Fachgesellschaften und Interessengemeinschaften auf nationaler Ebene

Einige Fachgesellschaften haben zwar Web Sites, ihre Ethik-Kodizes sind aber darauf (noch) nicht zu finden. Die Ethik-Kodizes der ASIS *(American Society for Information Science)*, ALA *(American Library Association)*, GI *(Gesellschaft für Informatik)* und EUSIDIC *(The European Association of Information Services)* sind in unserem Reader „Informationsethik" enthalten.

Die *Deutsche Gesellschaft für Dokumentation e.V.* (DGD) (http://www.darmstadt.gmd.de/DGD/homepage.htm) hat den von der Europäischen Gemeinschaft unterstützten „Code of Practice" von EUSIDIC (http://www.vito.be/eusidic), EIIA (European Information Industry Association) und EIRENE (European Information Researchers Network) übernommen. Artus und Lossow (1994) haben die Fragwürdigkeit des Verfahrens einer „Übernahme" und die Inhalte dieser Verhaltenskodizes kritisiert. Ein wichtiger Einwand richtet sich gegen die Einengung der Betrachtungsweise auf die wirtschaftliche Sichtweise: „Damit wird die Ethik der Informationsvermittlung stillschweigend im Grunde zur ‚Ethik einer bestimmten Art wirtschaftlicher Beziehungen', einer Gestaltung der Geschäftsbeziehungen zwischen Kunde und Informationsvermittler" (329).

Die *Gesellschaft für Informatik* (GI) ist die fach- und berufsständische Organisation der Informatiker und Informatikerinnen Deutschlands. Die GI will mit den „Ethischen Leitlinien" (http://www.gi-ev/uebersicht/ethische_leitlinien.html) bewirken „daß berufsethische Konflikte Gegenstand gemeinsamen Nachdenkens und Handelns werden. (...) Handlungsalternativen und ihre absehbaren Wirkungen fachübergreifend zu thematisieren ist in einer vernetzten Welt eine notwendige

Aufgabe; hiermit sind einzelne zumeist überfordert. Deshalb hält es die GI für unerläßlich, die Zusammenhänge zwischen individueller und kollektiver Verantwortung zu verdeutlichen und dafür Verfahren zu entwickeln." Durch die Leitlinien ermutigt die GI ihre Mitglieder zu Zivilcourage und übernimmt gleichzeitig Vermittlungsfunktionen, wenn Beteiligte in Konfliktsituationen diesen Wunsch an sie herantragen. Interdisziplinäre Diskurse und eine Fall-Sammlung werden in Aussicht gestellt.

Die *American Society for Information Science* (ASIS) bekennt sich in ihren ethischen „Guidelines" zur Vielfalt und Verantwortung in der Informationspraxis und betont: „ASIS urges its members to be ever aware of the social, economic, cultural, and political impacts of their actions or inaction". Die „Guidelines" sind unterteilt in: „Responsibilities to Employers/Clients/Systems Users", „Responsibilities to the Profession" und „Responsibility to Society" (http://www.asis.org/AboutASIS/professional-guidelines.html).

Die *National Federation of Abstracting and Indexing Societies* (NFAIS) ist eine Interessengesellschaft großer amerikanischer Datenbankhersteller, darunter: American Psychological Association, American Institute of Physics, OCLC, BIOSIS, Chemical Abstracts Service, Engineering Information, Elsevier Science und National Library of Medicine. Ihr „Code of Practice Gateways" legt Rechte und Pflichten von Anbietern und Nutzern von Datenbanken fest (http://www.cni.org/doc/infopols/www/NFAIS.html).

Die *Association of Independent Information Professionals* (AIIP) hat den „Code of Ethical Business Practice" verabschiedet, der sich an den ASIS-Code anlehnt (http://www.ais.org/Bulletin/Feb-95/bjorner.html). Zu vergleichen damit wäre der „Code of Ethics" der *Society of Competitive Intelligence* (SCIP) (http://www.scip.org/ethics.html).

Die *American Library Association* (ALA) (http://www.ala.org/index.html) betont in ihrem „Code of Ethics" die Aspekte der Freiheit des Zugangs, der Vertraulichkeit und des Copyrights.

In ihrem „Library Manifesto" stellt *The Library Association* (LA) Großbritanniens die Verantwortung des Staates für die Gewährleistung eines frei zugänglichen bibliothekarischen Netzwerkes als Grundlage einer demokratischen, gebildeten und wettbewerbsfähigen Gesellschaft dar (http://www.la-hq.org.uk/man2.htm). Eine wichtige Forderung dieses „Manifesto" betrifft den freien Zugang zum Internet in Öffentlichen Bibliotheken. Die LA hat außerdem einen umfangreichen „Code of Professional Conduct" veröffentlicht.

Die *Electronic Frontier Foundation* (EFF) wurde 1990 gegründet. Es handelt sich um eine „non-profit civil liberties organization working in the public interest to protect privacy, free expression, and access to public resources and information online, as well as to promote responsibility in new media" (http://www.eff.org). Die EFF agiert u. a. durch elektronische Kampagnen, wie die „Blue Ribbon Campaign" zum Schutz der Redefreiheit im Netz.

Ähnliche Ziele verfolgt die *Electronic Frontier Canada* (EFC) (http://insight.mcmaster.ca:80/org/efc/efc.html).

Center for Democracy and Technology (CDT) „is a non-profit public interest organization based in Washington, DC. CDT's mission is to develop and advocate public policies that advance constitutional civil liberties and democratic values in new computer and communications technologies" (http://www.cdt.org).

Society of Professional Journalists (SPJ), 1909 gegründet, „is the nation's largest and most broad-based journalism organization. SPJ is a not-for-profit organization of 13,500 journalists dedicated to encouraging the free practice of journalism; stimulating high standards of ethical behavior; and perpetuating a free press." Die letzte Version des SPJ „Code of Ethics" wurde 1996 verabschiedet (Vorläufer: 1923, 1973, 1984, 1987) (http://spj.org/ethics/index.htm).

4.2 Organisationen und Interessengemeinschaften auf internationaler Ebene

Die *UNESCO* organisierte vom 10. bis zum 12. März 1997 in Monaco „INFO-ETHICS", den ersten internationalen Kongreß über ethische, rechtliche und gesellschaftliche Aspekte der digitalen Information (http://www.unesco.org/webworld/ethicala/progeng.htm). Hauptthemen dieses Kongresses waren:
a) „Accessing Digital Information, Preserving Digital Information and Records" mit folgenden Schwerpunkten: „1. Universal access to information highways, 2. Copyright, intellectual property rights and fair use, 3. Multilingualism and cultural diversity, 4. Security, privacy and freedom of information".
b) „Preserving Digital Information and Records" mit folgenden Schwerpunkten: „1. Archiving of digital information, 2. Reliability and accountability of information through time, 3. Legal requirements and practices for long-term preservation".
c) „Preparing our societies for the multimedia environment" mit folgenden Schwerpunkten: „1. Digital literacy („mediacy'), 2. ‚Mediacy' partnership: cultural and academic, public and private sectors, 3. Responsibilities in the Global Information Infrastructure".

Die UNESCO hat ein Web Site *ethics at UNESCO*, darunter „Ethics of scientific knowledge and technology" (http://www.unesco.org./ethics/uk/plan). Eine „World Commision on the Ethics of Scientific Knowledge and Technology" mit Teilnahme des „Council of Philosophy and Human Sciences" (ICPHS), des „International Council of Social Sciences" (ICSS), des International Council of Scientific Unions (ICSU) sowie der fünf wissenschaflichen Programme der UNESCO ist im Entstehen.

Hervorzuheben ist auch das „UNESCO Public Library Manifesto" von 1994 (http://www.alia.org.au/~actbran/proact/153/doc1html).

The Union's policies – Information society, telecommunications, das Web Site der EU im Informationsbereich, gibt Auskunft über (ethische) Prinzipien und Pläne der Europäischen Gemeinschaft bei der Gestaltung der Informationsgesellschaft. Die Generaldirektionen XIII (Telekommunikation, Informationsmarkt, Angewandte Forschung) (http://europa.eu.int/en/comm/dg13/dg13.html) und III (Industrie) (http://europa.eu.int/pol/infso/en/info.htm) sind Hauptakteure. Besonders hervorzuheben ist dabei das EG-Programm „info 2000" mit Schwerpunkt auf Multimedia-Inhalten und elektronischem Publizieren (http://www2.echo.lu/ info2000/de/mitteilung.html) und das „Information Society Project" (ISPO) (http://www.ispo.cec.be/Welcome.html).

Im Rahmen des oben erwähnten MURIEL-Projektes, ein Teil der „EC-Telematics-LIBRARIES Programme" (http://www2.echo.lu/libraries/en/projects/ html), wurden die Inhalte über Informationsethik durch die FH Stuttgart (HBI) in multimedialer Form aufbereitet (http://www.teles.de/de/eu.muriel.html).

Die *European Association of Information Services* (EUSIDIC) (http://www. vito.be/eusidic) und *The European Information Researchers Network* (EIRENE) haben 1994 mit Unterstützung der Europäischen Gemeinschaft „Collected Guidelines and Codes of Practice" herausgegeben. Sie umfassen folgende Bereiche: Datenbank und Datenbankproduzenten, Host-Dienste, Telekommunikation, Electronic Mail, Information Brokers, Downloading, Rechungstellung für Online-Dienste, Gateways, CD-ROM, Updating und Korrektur von Datenbanken.

Die *International Federation for Information Processing* (IFIP) ist eine „nongovernmental, non-profit umbrella organization for national societies working in the field of information processing". Gegründet wurde IFIP 1960 mit Unterstützung der UNESCO. In ihrem „Mission Statement" wird auf die Notwendigkeit internationaler Kooperation insbesondere mit Hinblick auf die Bedürfnisse der Entwicklungsländer hingewiesen. Ein weiteres Ziel lautet: „To promote professionalism, incorporating high standards of ethics and conduct, among all IT practitioners". IFIP versteht sich auch als Beratungsforum für Fragen der Auswirkung von Informationstechnologien auf die Gesellschaft (http://www.ifip.or.at/ mission.htm).

International Federation of Library Associations and Institutions (IFLA) (http://www.nlc-bnc.ca/ifla) „is a worldwide, independent organization created to provide librarians around the world with a forum for exchanging ideas, promoting international cooperation, research and development in all fields of library activity. IFLA's objectives are: to represent librarianship in matters of international interest, to promote the continuing education of library personnel, and to develop, maintain and promote guidelines for library service."

Die *Global Information Alliance* (GIA) (http://fid.conicyt.c1:8000/giaopen. htm) ist ein strategischer Verbund von nicht-staatlichen Organisationen und Fachgesellschaften auf dem Informationssektor unter dem Dach der *Fédération International de Documentation* (FID). Ihre Ziele sind: „to strengthen collaboration, strengthen the possibilities to influence policy of national and international agencies, work out joint efforts between information oriented NGOs and associations". In der „Tokyo Resolution", die von 35 Organisationen anläßlich der 47. FID-Konferenz im Oktober 1994 unterzeichnet wurde, wird erklärt, daß „the proper use of information for decision-making at all levels of society will help solve humanity's problems as the world enters an age of greater awareness of the importance of information. To this end, it is critical to ensure continuity in access by documenting and preserving high quality records of the actions of society, through time."

4.3 Informations- und Medienethik an Universitäten und Forschungseinrichtungen

4.3.1 Deutschsprachig:

Fachhochschule Stuttgart, Hochschule für Bibliotheks- und Informationswesen (HBI) (http://www.uni-stuttgart.de/UNIuser/hbi/zentrein/ethik/ethik-main.htm).

Universität Leipzig, Institut für Kommunikations- und Medienwissenschaft (http://www.uni-leipzig.de/~debatin/home): Lehrveranstaltungen zu Informations- und Medienethik (Bernhard Debatin).

Universität Konstanz, Fachbereich Informationswissenschaft (Prof. Dr. Rainer Kuhlen) (http://www.inf-wiss.uni-konstanz.de).

Universität Düsseldorf, Informationswissenschaft (Prof. Dr. Norbert Henrichs) (http://www.phil-fak.uni-duesseldorf.de/infowiss/studinfo/Studienord.html).

Otto-von-Guericke-Universität Magdeburg, Institut für Philosophie (http://www.uni-magdeburg.de/~iphi/seminare/ethik/dates.html) Lehrveranstaltungen sowie Manuskripte zur Informations- und Medienethik (Mike Sandbothe).

Das *Referat für Technik- und Wissenschaftsethik an den Fachhochschulen Baden-Württembergs* (RTWE) (http://www.fh-karlsruhe.de/rtwe/rtwe.html) bietet in seinem Web Site u. a. Diskussionsgruppen sowie ausgewählte Texte zu Technik- und Wissenschaftsethik an.

Das *Netzwerk Medienethik* (http://www.gep.de/medienethik/netzeth1.htm), koordiniert von Prof. Dr. R. Funiok, Institut für Kommunikationsforschung und Medienarbeit (IKM) der Universität München, wurde 1997 gegründet: „Das Netzwerk soll medienethische Forschungsprojekte koordinieren, dazu anregen, die Theorie der Medienethik in journalistische Ausbildung und Arbeit umzusetzen sowie medienethische Gesichtspunkte in aktuelle medienpolitische Diskussionen einzubringen."

Die *Gesellschaft für Medienpädagogik und Kommunikationskultur in der Bundesrepublik Deutschland e. V.* (GMK) (http://www.erzwiss.uni-hamburg.de/Medien/gmk1100.htm) wurde 1984 „als bundesweiter Zusammenschluß von Fachleuten aus den Bereichen Bildung, Kultur und Medien gegründet. Als größter deutscher medienpädagogischer Dach- und Fachverband für Institutionen und Einzelpersonen ist die GMK eine Plattform für Diskussionen, Kooperationen und neue Initiativen." Wichtiges Ziel der GMK ist „die Förderung einer kritischen und praxisbezogenen Medienkompetenz im schulischen und außerschulischen Bereich." Vorsitzender der GMK ist Prof. Dr. Dieter Baacke.

Arbeitsgruppe für Neue Informations- und Kommunikationstechnologien (nikt) am Institut für Publizistik- und Kommunikationswissenschaft der Universität Salzburg (http://komdat.sbg.ac.at).

Interfakultäres Zentrum für Ethik in den Wissenschaften (ZEW), Tübingen (http://www.uni-tuebingen.de/zew/deutsch/intro.html).

Akademie für Technikfolgenabschätzung in Baden-Württemberg (afta) (http://www.afta-bw.de).

Institut für Technikfolgen-Abschätzung der Österreichischen Akademie der Wissenschaften (ITA), Wien (http://www.oeaw.ac.at/~ita/).

4.3.2 Englischsprachig:

De Montfort University, Centre for Computing and Social Responsibility (CCSR) (http://www.ccsr.cms.dmu.ac.uk), Simon Rogerson (Director): organisiert regelmäßig internationale Konferenzen und Tagungen zu ethischen Fragen der Informationstechnologie.

Kent State University, School of Library & Information Science (http://web.slis.kent.edu/home.html): Lehrveranstaltungen zu „Ethical Concerns of Library and Information Professionals".

University of Sheffield, The Department of Information Studies (http://www. shef.ac.uk/uni/academic/I-M/is/courses/om.html): Lehrveranstaltungen zu „Ethics in Managerial Decision Making".

Loughborough University, Department of Information and Library Studies (http://info.lboro.ac.uk/departments/dils/index.html): Lehrveranstaltungen zu „Legal & Professional Issues".

The Institute of Information Scientists (ISI), London (UK) (http://carduus.imi.gla.ac.uk/default.html).

Dartmouth College, The Institute for the Study of Applied and Professional Ethics (http://www.dartmouth.edu/artsci/ethics-inst).

DePaul University, Institute for Business & Professional Ethics (http://www.depaul.edu/ethics). Im Web Site wird u. a. angeboten: ein „Ethics Calendar" und „The On-Line Journal of Ethics".

Computer Ethics Institute (CEI), Washington D. C. (http://snyside.sunnyside.com/dox/cei.html).

Principia Cybernetica Web von F. Heylighen und V. Turchin (http://pespmc1.vub.ac.be/ethics.html).

4.4 Diskussionslisten zu Informations- und Medienethik

Die *UNESCO* bietet seit 1997 ein „Virtual Forum-INFOethics" (VF-INFOethics) (http://www.de3.emb.net/infoethics) unter der Leitung des Instituts für Informationswissenschaft der Universität Konstanz (Prof. Dr. Rainer Kuhlen) an. Folgende Diskussionsgruppen werden angeboten:
   Intellectual property rights
   Information as a public and/or private good
   Public domain in cyberspace
   Privacy, confidentiality, security
   Information-rich and information-poor countries
   Information-rich and information-poor people
   Information competence: the right to read and the right to right information
   Violence, pornography in the media, particular in the Internet
   Freedom of the media
   Ethical control of artificial intelligence
   Truth value of information

World order of information ethics
Virtualization of knowledge products and information and communication processes
Labor and automatization
Central vs. decentralized means of organizing information processes and systems
Utopian aspects of information society
Education, training on information ethics

Die französischsprachige Zeitung *Le Monde diplomatique* (http://www.monde-diplomatique.fr/md/Forum/infoethique/index.en.html) bietet gemeinsam mit der UNESCO ein Diskussionsforum „INFO éthique" sowie folgende Volltext-Beiträge an:

Victor Montviloff (Division of Information and Informatics, UNESCO): „Real or Virtual Acess to Electronic Information?"

Ders.: „Enjeux politiques et sociétaux à l'ère de l'électronique"

Ignacio Ramonet (Le Monde diplomatique): „Changer d'ère"

Philippe Quéau: „La tragédie du bien commun"

Aufsätze mit informationsethischen Inhalten erscheinen regelmäßig in der Zeitschrift *Telepolis. Die Zeitschrift der Netzkultur* (Bollmann Verlag). Der Verlag Heise bietet diese Zeitschrift als *Telepolis Online-Magazin* (Redaktion: Armin Medosch, Florian Rötzer) (http://www.heise.de/tp) an.

Das *International Council on Archives* (ICA) bietet zusammen mit UNESCO eine „Info-Ethics Discussion" (http://www.archives.ca/ica/infoethics/index.html) an.

4.5 Zusammenstellungen von Links zu Informations- und Medienethik

Internet-Ressourcen zur Informationsethik der HBI (http://www.uni-stuttgart.de/UNIuser/hbi/zentrein/ethik/int.ress.htm).

Computer Ethics Resources (http://www.seas.upenn.edu/~mengwong/comp.ethics.html): Zusammenstellung von Meng Wen Wong von der University of Pennsylvania.

Computer Ethics – Cyberethics (http://www.siu.edu/departments/coba/mgmt/iswenet/isethics/index.html), ein Web Site, herausgegeben von David Vance und Arun Rai vom Department of Management der Southern Illinois University. Enthält u. a.:

Bibliographies, Libraries and Videos
Internet-based Resources on Cyberethics, darunter: Organizations and Conferences
Forums
Case Studies and Papers

Arlene Rinaldi von der Florida Atlantic University hat in ihrem Web Site die wichtigsten Links zu *Netiquette* (in mehreren Sprachen) sowie zu ethischen Fragen des Internets zusammengestellt (http://www.edu/~rinaldi/netiquette.html).

Ethics and Ethiquette of Internet Resources (http://www.ciolek.com/WWWVLPages/QltyPages/QltyEtiq.html) wird von T. Matthew Ciolek betreut.

Im Web Site *Ethics on the World Wide Web* von der School of Communications der California State University (http://www5.fullerton.edu/les/ethics_list.html) findet man Links u. a. zu „Codes of Ethics", „Media Ethics", „Movie and TV Ethics", „Computer Ethics" und „Science Ethics".

Umfassend für das Gebiet der Informationsethik einschließlich Medienkultur und Computerethik ist die Zusammenstellung *Ethics and the Internet* (http://www.duke.edu/~wgrobin/ethics/surfmisc.html).

Schließlich sei auf den Web Site *Ethics Resources on the Net* der DePaul University (http://condor.depaul.edu/ethics/ethb1.html) als Quelle für das gesamte Gebiet der Ethik hingewiesen. Das DePaul's Institute for Business & Professional Ethics hat außerdem Ethik-Kodizes in verschiedenen Bereichen von Wirtschaft und Industrie zusammengestellt.

Schluß

Die öffentliche und die akademische Diskussion informationsethischer Themen hat in den letzten Jahren, besonders seit der Ausbreitung des Internets, gewaltig zugenommen. Diese Diskussion begann vor etwa zwanzig Jahren im Zusammenhang mit der Entstehung der ersten weltweiten Online-Dienste. Parallel dazu verliefen die Erörterungen um die sozialen Auswirkungen des Computers (Computerethik) und der Massenmedien, allen voran des Fernsehens. Die Probleme in diesen Bereichen wachsen immer mehr zusammen, so daß curriculare Überschneidungen notwendig sind.

Die Etablierung der Informationsethik in der Ausbildung von Informationsspezialisten befindet sich, verglichen mit der Bedeutung der Probleme, noch in den Anfängen. Die berufsständischen Organisationen haben inzwischen die ersten Schritte gemacht. Diese sollten durch eine Ethik im Sinne eines kritischen Diskurses über Moral begleitet werden. Dafür sind die Kenntnis ethischer Theorien und die gemeinsame Thematisierung informationsethischer Konflikte während der Ausbildung eine notwendige Voraussetzung. Zwar ersetzt dieser Diskurs nicht das Tun des Guten selbst, und Informationsethik kann auch keine fertigen Rezepte für alle Lebenssituationen bereitstellen, aber sie soll das individuelle und institutionelle Handeln für die soziale Komplexität der Informationsarbeit sensibilisieren und die Qualität der Informationsdienstleistungen in der Praxis über das Ökonomische und Rechtliche hinaus mitbestimmen. Ein solches „hinaus" erweist sich immer mehr auch als die Seele eines Unternehmens. So gesehen ist Informationsethik kein Orchideenfach, sondern der eigentliche Kern der Ausbildung von Informationsspezialisten.

Literatur

Artus H. M. / v. Lossow W., Ethik und Information: Brauchen wir einen Verhaltenskodex für Informationsvermittler, in: Nachrichten für Dokumentation 45 (1994) 325–334.

Capurro R. / Wiegerling K. / Brellochs A. (Hg.), Informationsethik, Konstanz 1995.

Capurro R., Leben im Informationszeitalter, Berlin 1995.

> das elektronische verlies
> [...]
> schwerelos
> hingegeben an die phantasie
> [...]
> und immer
> in der klirrenden einsamkeit des äthers
> (marion fugléwicz)[1]

Hans-Walter Ruckenbauer

Homo ludens auf der Datenautobahn: das Spiel mit imaginären Wirklichkeiten

1. Von der spielerischen Erschließung eines neuen Leitbildes

Im Laufe der Geistesgeschichte wurde verschiedentlich der Versuch unternommen, bedeutsame Wesenszüge des Menschen durch eine Beifügung zum Gattungsnamen hervorzuheben: Der *homo sapiens* gliederte sich sozusagen weiter auf in einen *homo politicus* oder *intellectualis* oder *socialis* oder *religiosus* oder *faber* oder *aestheticus* oder worauf immer den Akzent zu setzen angebracht schien. In dieser Reihe ehrenhafter anthropologischer Titel wirkt die Charakterisierung als Spieler etwas disparat.[2] Und jede Rede vom Spiel läuft primär Gefahr, nicht ernstgenommen zu werden. Doch kaum ein anderer Faktor prägt die gegenwärtige Alltagskultur – zumindest in der westlichen Hemisphäre – stärker als ihr spielerisches Element. Durch das Anwachsen sowohl der Arbeitslosigkeit als auch der Freizeit verfügen immer mehr Menschen über immer mehr Zeit zum Spielen. Allerdings ist umgekehrt das Spielen zu einem zentralen Wirtschaftsfaktor geworden. So verzeichnet das Geschäft mit den perfekt inszenierten Freizeitparks anhaltende Wachstumsraten, und professionelle „game-designer" müssen in immer kürzeren Abständen neue Produkte auf den Markt werfen. Dem beruflich (noch) Ausgelasteten bietet sich die Vielfalt erlebnisintensiver Spielwelten als idealer Ausgleich an; für die nur mehr geringfügig beschäftigten Teilnehmer der Erlebniskonsumgesellschaft vermag sie immerhin eine subjektive Sinnerfahrung zu vermitteln.

Träger dieser Entwicklung ist im technischen Sinn die gerade leistungsfähigste Mikroprozessorengeneration, die in Multimedia-Personal-Computern genauso zum Einsatz kommt wie im Spielzeugroboter oder in militärischen Präzisionsgeräten.[3] Nun ist die funktionale Ambivalenz von Werkzeugen keine Novität und ist bereits im Zusammenhang mit anderen Technologien konstatiert und erörtert worden. Und daß Jagdbomber und Gameboy anderen Lebensbereichen zuzuordnen sind, liegt wohl auf der Hand. Aber die Grenzen zwischen Arbeits- und Freizeitbereich brachte erst die auf Benutzerkompatibilität spezialisierte

Computerindustrie zum Verschwinden. Derselbe PC, mit dessen Hilfe eben säumige Kunden ausfindig gemacht und gemahnt wurden, verwandelt sich in Sekundenschnelle in einen Fernsehschirm, ist einen Mausklick weiter „Partner" im neuesten Computerspiel, lädt zur „Plauderei" mit Freunden via E-Mail oder recherchiert den aktuellen Publikationsstand zu einer wissenschaftlichen Fragestellung mittels verschiedener Online-Bibliotheksdienste oder sucht im Internet nach erotischen Animationen – und das geschieht samt und sonders ohne die geringste örtliche Veränderung seitens des Anwenders dieser nützlichen Programme. Für die Person vor dem Bildschirm verbergen sich die komplex strukturierten Abläufe im Netz der Rechner hinter einer funktionellen, einfach zu bedienenden Benutzeroberfläche. Die schwer verständliche Welt des Digitalen präsentiert sich in der Maske möglichst bunter analoger Bildchen. Sie wahren den Schein der Verständlichkeit, Übersichtlichkeit, Vertrautheit, wofür die Computerindustrie den netten Terminus „Benutzerfreundlichkeit" geprägt hat. „Damit ist ja nicht gemeint, daß der ‚User' verstehen soll, was er tut, sondern daß man ihm jede Irritation erspart. Ein benutzerfreundlicher Computer läßt mich vergessen, daß ich es mit einem Rechner zu tun habe; sein Interface-Design schirmt mich ab gegen die posthumane Technologie des Digitalen."[4] Was zwischen Eingabe/Befehl und Resultat sozusagen im Bauch des Computers geschieht, entzieht sich selbst noch einer recht vagen Kenntnis des durchschnittlichen Anwenders: der Computer als „black box", als ein System, das so komplex ist, daß man es anstelle der Erklärung seiner Funktionsweise eher durch Input-Output-Relationen beschreiben kann.

Für den vielerorts gepriesenen ökonomischen Nutzen des Computereinsatzes kann die einfache Bedienbarkeit ja nur förderlich sein. Allerdings darf jener in Aussicht gestellte wirtschaftliche Segen berechtigterweise angezweifelt werden, wie die jüngst in den Vereinigten Staaten aufgeflammte Debatte über das „Produktivitätsparadox" der Informationstechnologie zeigt.[5] (Das nährt natürlich auch die Skepsis gegenüber den Verheißungen eines computerbedingten Arbeitsplatzwunders, die Sonntagsredner allzugern strapazieren, ohne dadurch plausibler zu werden.) Es ist also nur folgerichtig, wenn Norbert Bolz obiges Beschreibungsmodell der „black box" zum Anlaß für die These nimmt, „daß man diese neuen Medien sehr viel besser versteht, wenn man sie nicht als Werkzeug, sondern als Spielzeug begreift". Das spielerische Erproben ebne den Zugang zur „Computer-Kultur", die trotz der expandierenden Herrschaft über die Arbeitswelt letztlich „gar nicht auf den *Homo oeconomicus* und seine *Tools*, sondern auf den *Homo ludens* und seine Kommunikationslust" ziele.[6] Damit allerdings das Bild vom spielenden Menschen als Ikone (englisch: „icon"!) des Computerzeitalters nicht bloß rhetorische Phrase bleibt, bedarf es einer anthropologischen Grundlegung. Im diesbezüglichen Teil meines Beitrages versuche ich, den facettenreichen Spielbegriff aus eben dieser Perspektive auszuloten. Vor diesem Hintergrund problematisiere ich des weiteren einige mir wesentlich erscheinende Entwicklungen der sogenannten neuen Medien und deren Gefahrenpotentiale.

Vorweg noch ein Wort zum Begriff des „information highway": Bald nachdem sich seine Eindeutschung als „Datenautobahn" einen festen Platz im gesellschaftlichen Modevokabular erobert hatte, veröffentlichte die Projektgruppe „Kulturraum Internet am Wissenschaftszentrum Berlin für Sozialforschung" (WZB) zu Jahresende 1994 eine Studie über Sinn und Unsinn dieser binnen weniger Monate populär gewordenen Metapher. Technologische Innovationen, deren Einsatzmöglichkeiten noch weitgehend unbestimmt sind, werfen ja die Frage ihrer Zuordnung zu bestehenden Orientierungsmustern auf. Neue Technologien wecken Hoffnungen, „beflügeln die Phantasie und brauchen doch zugleich einen kollektiven Projektionsrahmen"[7] – sie entwickeln sich leitbildabhängig:[8] Eine mehr oder minder geglückte Analogiebildung wirkt begriffsschöpferisch und weist durch das Feld der Assoziationen zukünftigen Entwicklungen die Richtung. Daß das automobile Leitbild hier durchaus eine beachtliche Liste negativer Konnotationen aufweist – von Monotonie über Stau bis hin zur ökologischen Problematik –, soll den Blick nicht verstellen, wenn es darum geht, die Angemessenheit des Vergleichs zu prüfen. Gemeinsam sind Autobahnen und „information highways" wohl in erster Linie ihr Netzcharakter (ohne entsprechende Anschlüsse sind beide nutzlos) und deren latenter Geschwindigkeitskult. Längst ist jedoch die „Auto-Mobilität" zu einem irreführenden Begriff geworden; denn die ersehnte Freiheit des einzelnen verkommt zur Immobilität, wenn alle fahren[9] – vergleichbar allenfalls dem Datenstau beim „world wide waiting". Aber spätestens bei der Transportweise enden im Grunde die Ähnlichkeiten: Das „Datenpäckchenversandprinzip des Internet" hat wenig gemein mit der konkreten Navigation eines Autofahrers durch ein Straßennetz und ist vielmehr ein „Übertragungsprinzip", das hinter den Kulissen der Benutzerebene abläuft. Die grundlegend andere „Raumwahrnehmung der Benutzer" legte daher eher „[r]äumliche Metaphern als Alternative zur ‚Datenautobahn'" nahe:[10] Die „Netizens" *begeben* sich in den Cyberspace, *bewohnen* ihr digitales Dorf, *agieren* in ihrer virtuellen Welt und rasen nicht wie wildgewordene Trucker über die „information highways". Achim Bühl räumt dem raumorientierten Cyberspace-Begriff den Vorrang ein, weil er in Abgrenzung vom bewegungsorientierten Bild der Datenautobahn ein zentrales Phänomen der Informationsgesellschaft markiert: „die Virtualisierung gesellschaftlicher Verhältnisse, die Doppelung der Realität in die reale Realität und eine virtuelle Realität sowie die sich aus der Doppelstruktur ergebenden sozialen, kulturellen und subjektbezogenen Konsequenzen. Im Unterschied zur euphorisch intendierten Datenautobahn-Metapher erfaßt in Anlehnung an die negativen Szenarien des Cyberpunk-Literaten William Gibson die Cyberspace-Metapher gerade auch die Gefahren der technologischen Entwicklung."[11] – Unbeeindruckt von solchen begrifflichen Spitzfindigkeiten öffnete die erste Bundesdatenautobahn (BDA) in Deutschland am 2. Jänner 1995 ihre Auffahrten. Sie ist das Ergebnis des Zusammenschlusses mehrerer regionaler Datenautobahnen zu einem föderativen Verbund und hat das Ziel, durch bessere Infrastruktur den bundesweiten Zugriff auf Angebote des Netzes zu erleichtern.

Ohne gleich vor der normativen Kraft des Faktischen in die Knie zu sinken, erachte ich die metaphorische Rede von der „Datenautobahn" als plakatives Kürzel für die derzeitigen Entwicklungen im Bereich der elektronischen Medien auch und gerade unter folgendem Aspekt für legitim: Sie reiht das Phänomen hinter wirtschaftlichen Prämissen ein und suggeriert vertraute Verhaltensmuster aus der Geschäftswelt (Infrastruktur, Verfügbarkeit, Mobilität, Konkurrenzdenken, Konsum etc.). Durch die hohe „Selektivität des Autobahn-Bildes" verläuft der Ausbau der Informationstechnik tendenziell unter dem Vorzeichen der Verkehrstechnologie; „Datenkommunikation wird nivelliert zum ‚Informationsverkehr', und der soll fließen, am besten vom Produzenten zum Konsumenten: alles wird Frachtgut".[12] Dieses Szenario der Kommerzialisierung trifft denn doch die derzeit vorherrschende Tendenz des technischen Reduktionismus am Medienmarkt; ein wenigstens unglücklich geprägtes Leitbild als „self-fulfilling prophecy". Die Autoren der Projektgruppe „Kulturraum Internet" kritisieren jedoch zu Recht die Dominanz dieser Transportgut-Sichtweise des Informationssektors, weil sie wie ein „Wahrnehmungsfilter gegenüber Formen der netzartigen Kommunikation [wirke], deren Inbegriff nicht Transfer und Distribution, sondern Dialogizität und Soziabilität sind"[13]. Weil aber letztere weithin Desiderate bleiben, prägt gerade das Leitbild der Datenautobahn die Lebenswelt des *homo ludens* am Rande der Jahrtausendschwelle entscheidend.

2. Zur Anthropologie des *homo ludens*

2.1 Ethologische Spurensuche

Wenn das Spiel eine hervorzuhebende Eignung des Menschen ist, stellt sich sofort die Frage, ob und inwieweit auch bei Tieren sinnvollerweise von Spiel gesprochen werden kann. Rein begrifflich ist die Definition klar: Der Mensch wird ja nicht als *animal ludens* gesehen, sondern das Spielen kommt als Eigenschaft zu seinem Menschsein hinzu und braucht daher nicht auf ihn eingegrenzt zu werden. Darüber herrscht Einigkeit, nur wird das beobachtbare Spiel höherer Tiere, meist Säuger, oft rasch als unausgereiftes Verhalten abgetan. Freilich ist es gar nicht so einfach, einen operablen Begriff des Spiels für Mensch und Tier zu finden. Leichter fällt uns da die übereinstimmende Zuordnung von Spielverhalten – wann Hunde miteinander spielen, ist zumeist evident, und daß Spieltermini wenig geeignet sind, einen Insektenstaat zu beschreiben, ebenso –, weil hier offensichtlich „unsere Gestaltwahrnehmung einen eigenständigen Verhaltenstypus erfaßt"[14].

Der Biologe und Anthropologe Adolf Portmann hat diesbezüglich eine interessante Deutung beigesteuert; er versucht nämlich, schon „das Tierspiel als Phänomen der Zeitgestaltung" zu betrachten. Da Leben in all seinen Formen vom Einzeller aufwärts rhythmische Abläufe zumindest unbewußt gleichsam durch ein internes Chronometer aufzeichnet, gehört der „Umgang mit Zeit", die „Gestaltung von Zeit", letztlich auch die „Sinngebung für leere Uhrenzeit" zentral zu seinem Vollzug.[15] Wesentlich ist Portmann das sich im Spielverlangen äußernde *„Formgeben"*, das ein allem höheren Leben zukommendes Bedürfnis darstellt. An drei Bedingungen sei ihm zufolge die Geburtsstunde des Spiels im Tierreich geknüpft: „Reiche Umweltbeziehung, gegeben durch die gesamte Organisation des Tiers (Körperorgane wie Psyche)" sei die fundamentale Voraussetzung; sodann bedürfe es einer relativen „Freiheit von der unmittelbaren Erhaltungssorge", und schließlich sei ein gewisses Geborgenheitsgefühl, das „Aufgehobensein in der Umwelt, besonders in der Gruppe", von entscheidender Bedeutung.[16] Ein besonders anschauliches Beispiel soll dies verdeutlichen:[17] Ein Zürcher Taubenpaar – als Zivilisationsfolger bot ihnen der städtische Lebensraum Geborgenheit – fand Gefallen daran, von einer Baustelle lange Eisennägel auf ein nahegelegenes Dach zu fliegen und von dort gezielt auf eine Zementtreppe fallen zu lassen. Dabei warteten sie jeweils gespannt auf den Klang des aufschlagenden Nagels, um darauf sogleich einen neuen zu holen. Mit einer ganzen Reihe ähnlicher Beispiele, in denen sich das Phänomen des Tierspiels als erstrebtes und zweckfreies Tun zeigt, tritt Portmann einer Überbewertung der sogenannten „Übungstheorien" entgegen, denen zufolge dem Spiel einzig die Funktion des Trainings späterer Verhaltensweisen (Kampf, Jagd usw.) zukomme. Zieht man allerdings evolutionäre Gesichtspunkte mit in Betracht, konnte sich Spiel nur als Übungsmedium langfristig behaupten, wie der Verhaltensbiologe Bernhard Hassenstein betont. Im Spiel der Tiere sieht Hassenstein allein das zweckmäßige Sammeln von Erfahrung: „Alle zum Erkunden und Spielen gehörenden Verhaltenselemente tragen unmittelbar oder mittelbar dazu bei, daß die Lebewesen *aktiv Information gewinnen* und speichern."[18] Erst der Lerneffekt mache den Spieltrieb zu einer evolutionär stabilen Strategie. Portmanns Bestimmung des Spiels als „lustvolle, von Erhaltungssorge freie, also zweckfreie, aber sinnerfüllte Zeit"[19] wirkt dagegen seltsam anthropomorph oder wie die Beschreibung eines luxuriösen Überschusses der Evolution.

Auch der renommierte Ethologe Irenäus Eibl-Eibesfeldt sieht im Übungswert den entscheidenden Grund für die Entwicklung des Spielverhaltens. Notwendigerweise mußte dazu eine eigene „Spielmotivation" enstehen, „die die verschiedenen Verhaltensweisen der niedrigen Integrationsniveaus, unabhängig von den normalerweise ihnen vorgesetzten Instanzen, zu aktivieren vermag".[20] Beispielsweise kann die Trennung von Kampfspiel und Ernstkampf nur funktionieren, wenn beide auf verschiedener emotionaler Grundlage beruhen. Soziale Hemmungen und Zusatzsignale (z. B. Schwanzwedeln bei Hunden) ermöglichen die Vermischung von Verhaltensweisen und stellen den bloß partiellen Ablauf von Instinktprogrammen sicher. In dieser Fähigkeit zur Abkopplung einer Handlung von ehemals instinktgeleiteten Antrieben ortet Eibl-Eibesfeldt die frühe „Wurzel dessen, was wir subjektiv als Freiheit erleben, nämlich die Fähigkeit, uns emotionell zu distanzieren und in einem so geschaffenen Freiraum zu planen und zu überlegen"[21]. Gesetzt, der Anbeginn von Freiheit liegt tatsächlich im spielerischen Experimentieren mit Verhaltensweisen, dann drängt sich ein Brückenschlag zu Huizingas Kulturtheorie ja förmlich auf: Die aus Spiel geborene Freiheit eröffnet kulturelle Evolution.

2.2 Kulturfaktor Spiel

„Spiel ist älter als Kultur", so beginnt Johan Huizinga seine umfassende Kulturstudie *sub specie ludi*, denn „die Tiere haben nicht auf die Menschen gewartet, daß diese sie erst das Spielen lehrten".²² Bereits 1933 griff der niederländische Historiker in seiner Leidener Rektoratsrede „Über die Grenzen von Spiel und Ernst in der Kultur" das Thema des Spiels unter soziologischem Blickwinkel auf. Davor wurde das Spielverhalten des Menschen, vor allem des Jugendlichen, nur durch die Brille der Psychologie wahrgenommen,²³ und das Forscherinteresse galt dem spielenden Subjekt. Huizinga weitete den Blick für die sozial bedeutsamen Interaktionen zwischen den Teilnehmern an gesellschaftlich strukturierten Spielen und die Bedeutung der je spezifischen Rollenverteilung darin. Sein kulturphilosophisch-anthropologischer Essay „Homo Ludens. Vom Ursprung der Kultur im Spiel" erschien 1938 (dt. 1956) und gilt auch heute noch als „der umfassendste und überzeugendste Versuch [...], das Spiel in seiner Bedeutung für die Entwicklung der Zivilisation zu begreifen, den Spielcharakter aller Kultur herauszuarbeiten"²⁴. Huizinga will zeigen, daß der Mensch gerade auch dort, wo sich seine feinsten und humansten Möglichkeiten entfalten, also dort, wo Kultur entsteht, ein Spieler ist. Eine enorme Fülle an kulturgeschichtlichem, sprachvergleichendem und völkerkundlichem Material aus den frühen Stadien vor allem der griechischen, indischen, chinesischen und germanischen Hochkulturen soll die Kernthese des Buches veranschaulichen: „Kultur in ihren ursprünglichen Phasen wird gespielt. Sie entspringt nicht *aus* Spiel, wie eine lebende Frucht sich von ihrem Mutterleibe löst, sie entfaltet sich *in* Spiel und *als* Spiel."²⁵

Um Spiel als *die* formative Kraft der Kultur auszuweisen, trägt Huizinga vorerst seine formalen Kennzeichen zusammen. Dazu wählt er einen phänomenologischen Zugang und betrachtet „Spiel" als vorgegebene Größe in der Gestalt einer in sich sinnvollen, sozial strukturierten Aktivität erwachsener Menschen. Explizit beschränkt er sich „auf die Spiele sozialer Art", weil sie in gewissem Sinn „höheren Formen des Spiels" entsprechen.²⁶ In diesem Kontext ist das Moment der Freiwilligkeit bedeutsam, damit überhaupt eine Spielatmosphäre entstehen kann. Spiel kann nicht befohlen werden, es sei denn als ein stereotypes Wiedergeben eines Spiels, weshalb es „zunächst und vor allem *ein freies Handeln*"²⁷ ist. Sodann ist es den unmittelbaren Erfordernissen der alltäglichen, gleichsam gewöhnlichen Lebensvollzüge weitgehend enthoben. Seine Verfaßtheit des „Als-ob" läßt es aber nicht nur aus dem Bereich der normalweltlichen Umstände heraustreten, sondern setzt zeitweilig sogar das Bewußtsein des bloßen Spielens außer Kraft. Der fesselnde Charakter mancher Spiele, das Eintauchen in eine Spielwelt machen deutlich, daß die Sphäre des Spiels „*selber außerhalb des Bereichs des direkt materiellen Interesses oder der individuellen Befriedigung von Lebensnotwendigkeiten*" liegt. Das Spielgeschehen wiederum vollzieht sich innerhalb meist klar definierter Grenzen von Raum und Zeit. Mit den Kriterien „*Abgeschlossenheit und Begrenztheit*" hängt die Eigenschaft der „*Wiederholbarkeit*" aufs engste zusammen.²⁸ Und nur dadurch kann es eine feste Gestalt annehmen und zum Kulturgut werden. Die Regeln eines Spiels – mögen sie auch noch so sehr das Konstrukt gesellschaftlicher Konventionen sein – sind unbedingt bindend und dulden keinen Zweifel; wer seine Grenzen übertritt, verdirbt es.²⁹

Spiel ist also mit einem starken Ordnungsbegriff verknüpft; und es wirkt gemeinschaftsstiftend, da es Welt und soziale Beziehungen neu zu strukturieren vermag – in Huizingas prägnanter Kurzformel: „Es schafft Ordnung, ja es ist Ordnung."[30] Zuletzt sorgt das Element des ungewissen Ausgangs, sei es aufgrund eines Zufallsentscheids (Glück) oder durch die Erprobung unterschiedlicher Fähigkeiten der Spielenden, für die notwendige Spannung und Spielmotivation.

Selbstredend blieb Huizingas Spielbegriff nicht unkritisiert. Aus der Diskussion post mortem – Huizinga starb knapp vor Ende des Zweiten Weltkriegs, nachdem er von den Nazis wegen seiner kulturkritischen Äußerungen mehrere Monate in ein KZ verschleppt und nach seiner Entlassung unter Hausarrest gestellt worden war – nenne ich nur drei akzentuierte Stationen: Der französische Soziologe Roger Caillois widmet sein Interesse der Gratwanderung zwischen Regelhaftigkeit und Regellosigkeit im Spiel und betont in einer Art Gegenentwurf zu Huizingas Vorstellung der gesellschaftlichen Ordnungskraft gerade die Ventilfunktion des Spiels. Dem kindlichen Spielverhalten ist der Entwicklungspsychologe Brian Sutton-Smith auf der Spur und stellt ganz auf das dem Spiel zugrundeliegende Wandlungspotential ab, wobei die Förderung der kreativen Fähigkeit, bekannte Elemente zu immer neuen Alternativen zu kombinieren, das eigentlich Entscheidende sei. Die Bedeutung, die Huizinga dem Spielbegriff für eine Theorie der Kultur zumißt, verlagert Donald W. Winnicott, seines Zeichens Psychoanalytiker und Kindertherapeut, auf den Bereich der Psyche. Sein therapeutischer Ansatz versucht, sehr schematisch und verkürzt zusammengefaßt, dem erwachsenen Patienten eine angstfreie Akzeptanz der Realität zu ermöglichen, indem er jenes Weltvertrauen in gewandelter Form wiedererringt, das sich im frühkindlichen Spiel zu entwickeln begonnen hat.[31]

Bei aller Fragwürdigkeit seines Spielbegriffs und manches historischen Befunds aus heutiger Sicht hat Huizinga mit seinem Buch eine breite Reflexion über die Gründe der menschlichen Kulturbefähigung angeregt. Seine heuristische Leistung, dem Spiel einen uneingeschränkten Primat zuzubilligen, führte zu der provokanten Interpretation, „daß der Kultur in ihren ursprünglichen Phasen etwas Spielmäßiges eigen ist, ja daß sie in den Formen und der Stimmung eines Spiels aufgeführt wird. In der Zwei-Einheit von Kultur und Spiel ist das Spiel die primäre, objektiv-wahrnehmbare, konkret bestimmte Tatsache, während Kultur nur die Bezeichnung ist, die unser historisches Urteil dem gegebenen Fall anheftet."[32] Demzufolge müßte beispielsweise der brutale Kampf um Überlebensressourcen im Medium des Spiels zum streng reglementierten Wettstreit gezähmt worden sein. Als Bahnbrecher der Zivilisation erscheint das spielmäßig geregelte Wetteifern in Rückschau oft nicht allzu plausibel. Vielleicht liegt es daran, daß sich das Verhältnis von Spiel und Nichtspiel im Fortgang der kulturellen Evolution deutlich verschiebt. In der archaischen Periode am Beginn des Wachstumsprozesses einer Kultur ist das agonale Prinzip am stärksten ausgeprägt; später überwuchert diesen „Urboden der Kultur allmählich eine Schicht von Ideen, Systemen, Begriffen, Lehren und Normen, Kenntnissen und Sitten, die ihre Berührung mit dem Spiel ganz verloren zu haben scheinen. Die Kultur wird nach und nach ernsthaft und räumt dem Spiel nur noch eine Nebenrolle ein."[33] Längst hat sich dann der fast kindliche Spielsinn des Urzustands in Form von Wissen, Dichtung, Religion, Rechtshandel, Gewaltenverteilung und Staatsleben kristallisiert. An dessen Wurzeln entdeckt Huizinga jeweils ein spielhaft streitbares Ringen um Ehre, Überlegenheit, Ruhm. Als menschliches Konstitutivum ist ihm der Agon eher geweihter Wettkampf denn Krieg und pures Vernichtungsstreben aus Rivalitätsleidenschaft bereits eine Perversion. Nach Huizinga hat das agonale Prinzip Kultur im Sinne eines geregelten und fairen Zusammenlebens der Menschen gestiftet. Der „Homo Ludens" ist geschrieben im Geiste eines humanistischen Menschenbilds und geprägt von der „Überzeugung, daß es von der Mißachtung der Grundregel, im Mitspieler einen Gleichrangigen zu sehen, nur ein kleiner Schritt ist zur Verletzung von Menschenrecht und Menschenwürde"[34].

2.3 Spiel als Seinsmetapher

Als anthropologisches Phänomen, vielleicht sogar als zentrales Agens der kulturellen Entfaltung, gilt das Spiel als gesichert. Ist es aber am Ende nicht nur in der endlichen Welt des Lebendigen beheimatet, so können wir nun weiterfragen, sondern auch im Gesamt des Weltalls? Oder ist die Redeweise von der kosmischen Bedeutung des Spiels nur ein spekulativer Gedanke, eine unerlaubte Metapher, eine poetische Übertragung, ein simpler Anthropomorphismus? Noch dazu in einer Zeit, in der sich der moderne, durch und durch adamitische *homo faber* „für das direkte Verhältnis zur Welt, für das Habenwollen, für den Begriff und gegen das Metaphorische, das anschauende Sein-lassen entschieden"[35] hat. Bei aller berechtigten Opposition gegen eine vorschnelle Abspeisung mit Bildern übersieht der Mensch des aneignenden Zugriffs jedoch allzu leicht, wie Dietmar Kamper monierte, „[d]aß das menschliche Leben zu seiner Wirklichkeit der Metaphorik bedarf"[36]. Umso erstaunlicher, daß die Vorstellung des Weltspiels gerade auf manche Naturwissenschaftler eine offenkundig faszinierende Wirkung ausübt. So sehen der Biochemiker und Nobelpreisträger Manfred Eigen und seine Mitautorin Ruthild Winkler das Weltgeschehen als ein großes Spiel der Elemente Zufall und Naturgesetz. Dabei handelt es sich um ein „Naturphänomen, das von Anbeginn den Lauf der Welt gelenkt hat: die Gestaltung der Materie, ihre Organisation zu lebenden Strukturen wie auch das soziale Verhalten der Menschen"[37]. Daß Spiel hier als universale Seinsmetapher Verwendung findet, liegt wohl auf der Hand. Da uns Welt in ihrer Gesamtheit jedoch niemals in der Art eines isolierten Untersuchungsgegenstandes, also eines Dinges, begegnet und wir immer schon in sie mit hineinverwoben sind, kann das Weltspiel auch kein Phänomen im eigentlichen Sinn sein.[38]

Die Übertragung des Spielbegriffs auf das Weltganze hat allerdings eine lange Tradition in den alten Mythen und den frühen Gedanken der Philosophie. Schon Heraklit vergleicht im Fragment 52 den Weltlauf mit einem spielenden Kind – „αἰὼν παῖς ἐστι παίζων" –[39]: Das Gleichnis des Brettsteine verschiebenden Kindes wird zum Symbol dafür, wie das Ganze des Seienden waltet. Was ja nicht heißen soll, daß quasi ein kosmisches Schachspiel zu beobachten wäre; dieses Spiel hat keinen innerweltlichen Ort, es tritt im Feld der Raum-Zeit-Koordinaten nicht in Erscheinung. „Daß das Weltspiel Heraklits nirgendwo und nirgendwann unter dem *Gegebenen* vorkommt", interpretiert Eugen Fink tiefschürfend dahingehend, „daß es das letztlich *Gebende* ist, die All-Macht, die alles Seiende vollbringt, ihm Ort und Weile verstattet".[40] Die Spielmetapher hinkt freilich auch, solange sie die Vorstellung eines Spielers im Sinne einer personalen Macht assoziiert. Die Struktur des Spiels als Gleichnis für die im Walten der Welt offenbare universelle Individuationskraft ist ein gebrochenes Bild. Und dennoch trägt es „bereits eine eigentümliche Verweisung auf das Weltganze" in sich; das Menschenspiel hat „Repräsentanzfunktion",[41] insofern es auch ein „grundloses Walten [kennt], das alle Gründe in sich schließt, ein zweckloses Schaffen, das alle Zwecke einbegreift"[42]. Ebenso paßte diese Deutung auf einen anderen dunklen Denker: Friedrich Nietzsche, der in vielem Heraklit so Nahe, zielt auf diese Bedeutung, wenn er im berühmten Fragment 38 [12] aus dem Sommer 1885 „seine" dionysische Welt des Willens zur Macht sich als flutendes „Spiel von Kräften und Kraftwellen" spiegeln läßt.[43] Und ein Goethe zugedachtes Lied des Prinzen Vogelfrei mündet in die Strophe: „Welt-Spiel, das herrische, / Mischt Sein und Schein: – / Das Ewig-Närrische / Mischt *uns* – hinein!"[44]

3. Die virtuelle Entfremdung des digitalen Nomaden

3.1 „Extra media nulla salus?"

Mit dieser nicht nur theologisch provokanten Frage betitelte Jósef Niewiadomski einst einen Aufsatz zum Anspruch der Medienkultur.[45] Darin ortet er in der Wirkweise der neuen Medien strukturelle Ähnlichkeiten mit alten heidnischen Glaubenssystemen, die die Menschen ihrer Zeit beheimateten. Heute leistet diese gemeinschaftsstiftende Funktion das „Fernsehen als die erste wirklich weltweite Religion", indem es „bei wechselndem, weil zweitrangigem Inhalt konstante Bilder zur Stützung von Identität liefer[t]".[46] – Gewiß, bei der rituellen abendlichen Zusammenkunft vor den elektronischen Lagerfeuern verdrängt das Gefühl, einem wohlinformierten Weltbürgertum anzugehören, den nackten Informationswert der Meldungen, die ja zum größten Anteil sofort wieder vergessen werden. Es mag daher folgerichtig sein, den „unterhaltungsbezogenen Modus des weitaus überwiegenden Teils unseres alltäglichen Nachrichtenkonsums"[47] herauszustreichen (Stichwort „Infotainment"), da der Informationsrezeption über fünfzehn Minuten Radionachrichten hinaus beim Durchschnittsbürger kaum kompetenzerweiternde Bedeutung zuzuschreiben sein wird. Zweifelsohne ist jedenfalls weder das Fernsehen ein neues Medium im engeren Sinn, noch ist die Erkenntnis neu, daß das Medium selbst die Botschaft sei (vgl. Herbert Marshall McLuhans Diktum).

Das Erfolgsrezept der Massenmedien beruht hingegen aus medientheoretischer Sicht auf einer simplen Strategie: „Sie räumen mit der Unübersichtlichkeit der Welt auf, indem sie emergente Ereignisse einzelnen Personen zurechnen."[48] Ihre Technik haben sie der Welt des Mythos entlehnt: Personifizierungen (beispielsweise Bill Gates als der prometheische Bringer des digitalen Feuers) sollen undurchschaubare Zusammenhänge handhabbar machen; anders formuliert: Komplexität wird auf Personen reduziert. Allabendlich führt ein prominentes Ensemble das vielschichtige Welttheater auf und ordnet das Chaos in Ereignisse und Menschen. Insofern ist der Sektor der Massenmedien mit der an Aktualität unübertroffenen Television an der Spitze – von ihrem Verschnitt lebt letztlich auch die in Millionenauflage erscheinende Regenbogenpresse – längst zum teils liebgewonnenen Bestandteil teils unverzichtbaren Regulator unseres Alltagslebens geworden. Der starke Ordnungscharakter des Fernsehens leistet konkrete Lebenshilfe in der Bewältigung von Komplexität.

Neben dieser Dimension der Vertrautheit birgt die Mediengesellschaft jedoch auch die Gefahr eines nicht unerheblichen Wirklichkeitsverlustes in sich. Damit begegnet uns bereits im Bereich der alten Medien, wozu das Fernsehen ja mittlerweile zählt, ein Phänomen, das überlicherweise erst im Zuge der Perfektionierung der Technologie der Virtual Reality Erwähnung findet. Mit dem exponentiellen Anwachsen der verfügbaren Informationsmenge weit über die Grenze der Überschaubarkeit hinaus kann die Beheimatungstendenz des audiovisuellen Mediums Fernsehen letztlich nicht Schritt halten. Trotz der Komplexitätsreduktion durch gewohnte Aufmachung und Personifizierung kommt es zu einem psychischen und sozialen Orientierungsschwund. Diesen Vorgang hat Reginald Földy durchaus sachgerecht als „De-Realisation" beschrieben: Angesichts der Reizüberflutung brechen die personalen Filtermechanismen – „eine Art *psychologisches Immunsystem*" – zusammen, und der konkrete Bezug zum individuellen Erfahrungsraum geht fortschreitend verloren.[49] „Diese ‚Entwicklichung' ist einer autonomen psychosozialen Weltorientierung gegenläufig und verstärkt die Fremdmeinungsabhängigkeit sowie die Außensteuerung der Menschen durch ‚Stellvertretererlebnisse'."[50] Die Überforderung durch die vor allem visuelle Informationsschwemme stört das „Gleichgewicht zwischen Altem und Neuem, zwischen Erfahrung und Neuerkenntnis, zwischen Löschung und Neuspeicherung"[51], zwischen positiven und negativen Inhalten, zwischen Sehen und den übrigen Sinneswahrnehmungen (wegen der Dominanz der Bilder), zwischen Realität und Fiktion. Letzteres in erster Linie deshalb, weil der eigentümlich manische Zwang zur Beschaffung vermarktbaren Materials in den gegenwartszentrierten Bildmedien konsequent in die Manipulation des Rezipienten durch zurechtgemachte Nachrichten führt, in die Inszenierung von „Pseudo-Ereignissen" zwecks Gewinnung des „Rohstoffes", aus dem quotenträchtige Sendungen sind. Nur vor diesem Hintergrund wird verständlich, daß Jean Baudrillard am leidvollen Tatbestand des Golfkrieges ernsthaft Zweifel anmelden konnte.[52] Hinzu kommt, daß sich auf seiten des Publikums ein schier unstillbares Bedürfnis nach neuen Reizen, nach noch spektakuläreren Aufmachern und Enthüllungen entwickelt hat. Der Wettkampf um Einschaltquoten erzeugt, was ihn anstachelt und was Földy als einen „*habituellen Voyeurismus*" charakterisiert hat: die „krankhafte Gier nach Spektakel um jeden Preis".[53] – Es mutet paradox an: Im Sog der „De-Realisation" geraten die Schaulustigen in immer größere Abhängigkeit von den Simulationen der Medienwirklichkeit. Nur das medial Präsente zählt, hat Wert, existiert – die Schreckensvision einer „kollektive[n] Informationsgefangenschaft"[54], in der die medialen Zuträger tatsächlich zu „Heilsbringern" werden.

3.2. Cyber-Küken, Computerrollenspiele und Real-Life-Option

„Tamagotchi" heißt das digitale Haustier im Plastik-Ei, das – kaum daß es in Japan geschlüpft war – weltweit rund 20 Millionen Pflegeeltern (überwiegend, aber nicht ausschließlich Kinder) seinem Rhythmus unterworfen hat. Kritikern gilt dieses erste elektronische Spielzeug, das Zuwendung in Form des „Knöpfchendrückens" piepsend einfordert, bloß als Vorhut eines multimedialen Großangriffs auf die Seelen junger Menschen. Virtuelle Wesen werden die Kinderzimmer erobern, befürchten die einen, während andere im „Tamagotchi" nur ein harmloses Utensil zum Training des Verantwortungsbewußtseins der nächsten Generation sehen. Allerdings entwickeln weder Stofftier oder Puppe noch irgendein anderer lebloser Bewohner von Kinderherzen einen derart unerbittlichen Besitzanspruch auf die kindliche Psyche wie das virtuelle Huhn im handlichen Format. Der beherrschenden Präsenz seiner Bedürfnisse (Gefüttertwerden, Streicheleinheiten, Ausmisten des Pixelkots, ...) entzieht sich niemand ungestraft: Bei mangelnder Pflege degeneriert das „Babytchi" zum kranken, lästigen, mißgebildeten „Kuchipatchi" oder stirbt überhaupt frühzeitig – ein Totenkopf erscheint am kleinen, herzig umrahmten Display. Zum Glück haben umsichtige „game-designer" nicht auf die Reset-Taste vergessen. So kann der Bediener-Mensch zugleich auch Schöpfer-Gott spielen, ohne seine Phantasie zu strapazieren; das erledigt besser die Maschine. Weil beim Spielen mit Tamagotchis gerade das charakteristische „Als-ob" der Spielsituation außer Kraft gesetzt und „der Unterschied zwischen Halluzination und Realität verwischt" wird, sieht der Psychoanalytiker Peter Kastner darin einen „Angriff auf die Lebensrealität".[55] Überdies bietet es existenzielle Grunderfahrungen wie Geburt, Sorge, Tod in einer Ultralight-Version bar jedes menschlichen Antlitzes. Im wirklichen Leben läßt sich nämlich Beziehung nicht durch Funktionalität ersetzen oder „auf brutal vereinfachte, per Knopfdruck zu bedienende Symbole"[56] reduzieren.

Das „Tamagotchi" mag hier gleichsam als ein Paradebeispiel aus jüngster Zeit für die so genial einfache wie perfide Eroberungsstrategie der kommerziellen Virtual-Reality-Produkte gelten. Aber nicht nur in den Kinderzimmern nimmt die Kluft zwischen virtueller und realer Welt zu. Eine Vielzahl von Anwendungsgebieten hebt die Technik der computergenerierten Wirklichkeitssimulationen von allen bislang gebräuchlichen Technologien ab. Nicht zuletzt ermöglicht die Verknüpfung mit prä-virtuellen Bereichen alltäglicher Art (vgl. Teleshopping und Telebanking) eine nahezu unbegrenzte Einsetzbarkeit. Auf dem naturwissenschaftlichen Sektor öffnen sich im wahrsten Sinn des Wortes neue Dimensionen der Machbarkeit, und Experten prognostizieren revolutionierende Entwicklungen (z. B. „Mechanical Engineering" für industrielle Konstruktionstechniken; „Architectural Engineering" für die Städteplanung; und das Schlagwort „Telemedizin" für eine Fülle an Projekten von der vernetzten Diagnose bis hin zu präzisen neurochirurgischen Operationsweisen).[57] Reichlich Gründe also für Euphorie? – Ja, aber nur, wenn neben den sich zweifelsfrei abzeichnenden Segnungen auch die Risken mit im Blick bleiben und nicht in blauäugiger Fortschrittsgläubigkeit bagatellisiert werden. Zu beachten ist außerdem, daß der breite Einsatz der

Virtual-Reality-Technologie in den Bereichen der Freizeitgestaltung, des Erlebniskonsums und der Unterhaltung in unserer Gesellschaft eine nicht zu unterschätzende kulturgestaltende Wirkung ausübt.

Bezeichnenderweise ist der Terminus der „Virtual Reality" (= VR) auch erst durch die Computerspieleindustrie richtig populär geworden. Die sonderbare Bedeutungsverschmelzung von Faktizität und Potentialität in dieser Begriffsschöpfung impliziert bereits die Verwässerung eines intersubjektiv gültigen Wirklichkeitsverständnisses klassisch naturwissenschaftlicher Provenienz. Wirklichkeit wird zum spielerisch beliebigen Konstrukt. Häufig wird in diesem Zusammenhang darauf verwiesen, wie ungenau, uneinheitlich und subjektiv geformt doch auch unsere sinnliche Wirklichkeitswahrnehmung sei. Verflüchtigt sich folglich jede bewußtseinsunabhängige Realität im herkömmlichen Sinn? – Wohl kaum. Den Gegnern eines zumindest hypothetischen Realismus mit seinem Postulat einer objektiven Außenwelt, über deren Beschaffenheit eine intersubjektive Verständigung prinzipiell erzielt werden kann, ist erkenntnistheoretisch nicht zu helfen.[58] Freilich ist unser sensorischer Eindruck der „harten" physikalischen Realität individuell mitbestimmt und hinsichtlich seiner Schattierungen und emotionalen Einfärbung auch subjektabhängig, jedoch liegt diese Unschärfe eher im Detail der Wahrnehmungsstruktur als in der vermeintlichen Konstruktivität.

Kein Mensch besitzt ein Sinnesorgan für Radioaktivität, aber jeder sieht – abgesehen von pathologischen Störungen wie der Farbenblindheit – rot als rot, bloß über die Kriterien des „Tizianrots" ließe sich streiten. Um die Realitätsdoppelung im Zuge der Virtualisierung allgemein verständlich auf den Punkt zu bringen, schlägt Christian Wessely eine explikative Unterscheidung vor, derzufolge man es auf der Ebene „der *virtuellen* Realität mit einem Eindruck von Realität zu tun [hat], der für eine Person durch gezielte Stimulation ihrer Sinne entsteht, mit der sie umgebenden *physikalischen* Realität aber nicht identisch ist"[59]. Wobei es hier allein um die mechanisch-sensorische Dimension geht und psychische Interferenzen ausgespart bleiben.

Die „Metapher von der Virtuellen Realität" erfaßt jedenfalls die Entwicklung der „Computervirtualisation" in der ihr eigenen Ambivalenz, weil sie zwei Aspekte besonders hervorhebt: „Zum einen die Tatsache, daß etwas wirklich da ist, das wir erkunden können, weil es auf unsere Sinne wirkt und durch unsere Handlungen verändert werden kann, und zum anderen die Feststellung, daß ein Teil dieser Wirkungen auf einer Täuschung oder einer idealisierten Annahme beruht."[60] Aus rein technischer Sicht handelt es sich dabei um eine bewegte, mehr oder minder lebensnahe, dreidimensionale Computergraphik mit unterstützender Stimulierung anderer Sinne, etwa durch Ton oder taktile Effektoren. Drei Elemente charakterisieren diese künstliche, konstruierte Welt: „Sie ist inkludierend, interaktiv, und alle Abläufe erfolgen in Echtzeit."[61] Man wird also quasi Bestandteil jener Welt, muß sich aber nicht bloß auf die Beobachterrolle beschränken, sondern vermag selbst zum Akteur zu werden, dessen Handlungen ohne wesentliche zeitliche Verzögerung Änderungen bewirken. Eine noch exakter differenzierte Aufstellung der Eigenschaften einer computergenerierten virtuellen Entwicklungsumgebung gibt Achim Bühl: Der Anwender – hier scheint die maskuline

Form angebracht, weil sie die Männerdominanz jener Technologie widerspiegelt – taucht gleichsam in einen mehrdimensionalen Raum hinter dem Bildschirm ein („Immersion" und „Multidimensionalität"); mehrere Sinne werden zugleich stimuliert („Multisensorik"), und seine „Bewegungen [...] korrelieren ohne Zeitverzögerung mit dem perspektivischen Bild" („Echtzeit"), das sich ihnen angleicht („Adäquanz"). Er kann unmittelbar gestaltend eingreifen („Interaktion"), sich in alle Richtungen fortbewegen („Begehbarkeit") und mit anderen Anwendern interagieren („Multiuser-Effekt"). Schließlich ist der virtuelle Erlebnisraum möglichst wirklichkeitsnahe gestaltet („Realitätseffekt").[62]

Die meist in Kontrastierung zum passiven Berieselungsmedium Fernsehen vielgepriesene Interaktivität ist aber nicht unbedingt schon ein Anreiz für Kreativität. So liegt ein wichtiges Differenzierungskriterium zwischen elektronisch und herkömmlich – sei es durch tagträumerische Ausflüge der Phantasie oder durch die Lektüre eines fesselnden Romans – induzierter Virtualität nach wie vor im Maß der erforderlichen Eigenleistung: „Während in der Computersimulation ein fertiges, multisensorales Bild einer Umgebung entsteht, ohne daß man selbst etwas dazu beitragen muß (notabene: man kann, muß aber nicht), ist die Internalisierung zum Beispiel der abstrakten schwarzen Zeichen auf dem weißen Papier eine ungeheure Leistung, die mit hohem persönlichen Aufwand verbunden ist."[63] Phantasie und – weniger hochtrabend gesprochen – kreative und gestaltende Fähigkeiten bleiben ja gerade bei den gängigen Computerrollenspielen der AD&D-Klasse (= Advanced Dungeon & Dragons), die längst als etablierter Bestandteil in der Lebenswelt Jugendlicher betrachtet werden müssen, stark unterfordert. Zwar erlauben sie einen aktiven Mitvollzug des zumeist brutalen Kampfgeschehens, doch sowohl Handlungsstrang (stereotype Bewährungsproben der Ausmerzung böser Mächte) als auch Handlungsziel (Rettung des Guten, Befreiung der Prinzessin etc.)[64] sind eher streng determiniert. Natürlich wurden auch solche Spielprogramme entwickelt, die in der Lage sind, den Hauptvorwürfen der Aggressionsverstärkung und des Kreativitätsverlustes glaubhaft Paroli zu bieten. Computerspiel ist eben nicht gleich Computerspiel, was Produzenten und Händler genauso wissen: Gewaltspiele mit besonders gelungenen VR-Effekten verkaufen sich übermäßig gut, während pädagogisch ausgereiftere Produkte wegen ihres marginalen Marktanteils kaum Profit verheißen.

Beachtung kann dieserorts nur die Art und Weise finden, wie die AD&D-Computerspiele den Benutzer in das komplexe Gefüge einer virtuellen Umgebung integrieren. Sie sind nämlich daraufhin angelegt, die Trennung zwischen Benutzer und Computer verschwindend klein zu halten. Der Spieler steuert also nicht als Außenstehender eine Figur am Bildschirm, vielmehr wird sein Bewußtsein, daß diese Figur von ihm verschieden ist, konsequent unterwandert. Durch die Fokussierung der Aufmerksamkeit auf die computerproduzierte virtuelle Abenteuerwelt „verschmelzen der Spieler und seine von ihm erschaffene Spiel-Identität. Sie werden eins. Die in dem Spiel geschehenen Dinge passieren ihm, dem Spieler selbst, und nicht nur seiner Phantasiefigur."[65] Er nimmt den Handlungsverlauf ausschließlich aus dem Blickwinkel seines virtuell agierenden Zweit-Ichs wahr, das er erschaffen hat, das ihn repräsentiert, ja das er mit verschiedenen Eigenschaften ausgestattet hat (sogenannte „Identitätsanpassung"); er selbst ist der Held des Spiels. Kaum verwunderlich also, daß der abrupte Wechsel zurück in die Alltagswelt oft als Schock erlebt wird. Denn genausowenig – so resümiert Roger Harrison umfangreiche Studien zur potentiellen Suchtgefahr der „Multi User Dungeons" –, „wie in der realen Welt gemachte Erfahrungen und gelebte Gefühle einfach weggewischt werden können, können Emotionen, die der Spieler in der virtuellen Realität gelebt und empfunden hat, ohne jede Folge sein"[66].

Was zunächst wie eine harmlose Ingredienz eines Spielprogramms aussieht, wird zum Prinzip im Cyberspace: die freie Wahl der Identität. Über dem Zugang zur Welt der vernetzten elektronischen Medien steht die fluoreszierende Verheißung, den Jahrtausende währenden Zwang, lebenslang an ein und dieselbe Identität gekettet zu sein, mit einem Schlag und endgültig zu beseitigen – eine Welt unendlich vieler „zweiter Chancen" und beliebiger Masken. Magisch zieht das Netz Menschen mit Persönlichkeitsproblemen an, an ihrer unmittelbaren Lebensrealität gescheiterte „*Bruchteilexistenzen*, die zwar über keine aktiv erworbene und lebenspraktisch beglaubigte, wohl aber über eine – vermehrbare – Vielzahl von passiven elektronischen Netzidentitäten verfügen"[67]. Das Systemprinzip „Anonymität", das zahlreiche kommunikative Anwendungsbereiche des Internet beherrscht, fördert bei seiner Massierung und gleichzeitigen Unterwerfung unter die Mechanismen eines privatwirtschaftlichen Marktes eher soziale Entfremdung und Vereinzelung denn gelungene Individuation im Lebenskontext konkreter Verbindlichkeiten. Der Politikwissenschaftler und Geschäftsführer der Gesellschaft für Kommunikations- und Technologieforschung KOMTECH Jörg Becker sieht in der mangelnden Transparenz der Kommunikation sogar ein nicht geringes Zerstörungspotential für die offene und demokratische Gesellschaft: „Um menschlich zu sein, braucht Kommunikation die Sichtbarkeit von Geschlecht, Alter und Ethnizität, und es ist essentieller Bestandteil von Humanität, daß ein sozialer Kontext die Qualität von Kommunikation verändert. Anonyme Kommunikation (wo der Mann als Frau, der Thai als Schweizer und das Kind als Senior auftauchen können) ist demgegenüber frei von sozialem Kontext; sie ist entfremdeter als entfremdet, eher Kultur zerstörend (weil Differenzen mißachtend) als interkulturell vermittelnd."[68]

Ebenso unbeeindruckt von der Online-Hysterie technikgläubiger Intellektueller und durch präzise sozialwissenschaftliche Analysen legt Bernd Guggenberger die enorme Gefährdung jener, wie er sie nennt, „digitalen Neunomaden" dar: Indem sie „auf bemerkenswerte Weise physische ‚Seßhaftigkeit' und Immobilität mit extremen Formen kultureller und identitätspsychologischer Beweglichkeit" verbinden, entfremden sich deren soziale Erfahrungsräume von ihren physischen Gegebenheiten sowie ihrer körperlichen Vermittlung.[69] Diese Art der De-Realisation ist vor allem eine De-Sozialisation. Mit dem Verlust der Örtlichkeit einer Existenz büßt sie auch ihre soziale Dimension ein, zu der ja unabdingbar Nähe gehört. „Der Nächste verschwindet zugunsten des abwesenden Fernsten. Das Soziale aber ist aus lauter *Nächsten* gefügt, sie, nicht die virtuellen Fernstweltwesen verbürgen seinen Zusammenhalt. Das Soziale zerfällt, wenn der Kontakt mit der physisch wahrnehmbaren Welt abreißt; die neuen Formen der Fernverbindungen markieren das Ende der *Berührbarkeit*, die an der Wiege alles Sozialen steht."[70] Für die Entwicklung gesunder Persönlichkeiten muß die soziale Erfahrungsbilanz das hautnahe Gegenüber wirklicher anderer enthalten. In den anonymen, alltagsfernen Nicht-Orten des Cyberspace hingegen drohen pathologische Identitätsentfaltungen zuwenig oder überhaupt nicht zurechtgerückt zu werden, weil schlicht und einfach der „Reibebaum" empirischer Realität in jedweder Form fehlt. „Mit der festen Ortsbindung verflüchtigen die Netze auch den Sinn- und Deutungszwang der realen *Einweltwelt*. Im *Cybernirwana* koexistieren fluide Realitäten mit multiplen Persönlichkeiten und einem stets unausschöpfbaren Plural von Wahrheiten. Die elektronische Heimatlosigkeit ebnet jene Pflichten ein, die uns heißen, kohärent zu denken und zu handeln."[71]

Die große Attraktivität der Virtualität verleitet deren selbsternannte Hofberichterstatter zu beachtenswerten Kapriolen. So erwägt Norbert Bolz allen Ernstes, die Wirklichkeit um ihrer Rettung willen „zu einer Wirklichkeitsmöglichkeit unter anderen [zu] depotenzieren – gleichsam zur Real-Life-Option im Menü der virtuellen Realitäten"[72]. Nur liegt diesem Vorschlag ein ziemlich abstruser Gedankengang zugrunde, demzufolge sich die Formulierung des Wünschenswerten allein in der Beschreibung des technisch machbaren Status quo ohne einen Hauch von kritischer Reflexion auf dessen (möglicherweise pathologische) Konsequenzen und damit Sinnhaftigkeit erschöpft. Eben weil virtuelle Welten zu Refugien der Gegenwartsflüchter zu werden drohen, bedarf es einer distinkten Unterscheidung zwischen illusionären Projektionen und der einen Hauptwelt, die mit Recht „Wirklichkeit" heißt und ist. Für wen der Ausstieg aus der digitalen Bildschirmexistenz zur schmerzlichen Rückkehr in eine lästige Nebenwelt wird – gerade gut genug, die allernötigsten leiblichen Bedürfnisse zu befriedigen –, dem werden über kurz oder lang seine sinnliche Zugangsfähigkeit zur Welt und die Bodenhaftung eines sozialfähigen Wesens schwinden.

4. Mitspielen oder bekämpfen?

Wir sind Zeitgenossen eines globalen Umbruchs, der sich – ungeachtet der nahen Jahrtausendwende – schon heute vollzieht: der Wandel von der Raum- zur Zeitordnung, ausgelöst durch die Leistungsfähigkeit digitaler Technologien der Distanzschrumpfung. Bernd Guggenberger bringt das Szenario auf den Punkt: „Wir nehmen Abschied von den handgreiflichen Realitäten des Raumes und tauchen ein in die Metarealität der medialen Äquidistanzen [...]; virtuelle Zeit-Surfer allesamt auf einem Ozean planetarischer Gleich-Zeit."[73] Und gesellschaftskritische Autoren wie Arthur Kroker und Michael A. Weinstein liefern gleich die passende klassenkämpferische Verschwörungstheorie mit. Eine durch und durch kapitalistisch motivierte „virtuelle Klasse" mache sich stark für „Technotopia", ihre Heilsvision einer der Körperlichkeit entpflichteten Zukunft; die Analyse des wachsenden „Cyber-Autoritarismus" bringe allerdings ihr wahres Gesicht zutage: „zwanghalber fixiert auf digitale Technologie als Quelle der Erlösung von der

Realität einer einsamen Kultur und von der radikalen sozialen Trennung vom Alltagsleben, und fest entschlossen, aus der öffentlichen Debatte jegliche Perspektive auszuschließen, die nicht in vorderster Reihe für die bald vollständig verwirklichte technologische Gesellschaft applaudiert".[74]

Stellt sich überhaupt, müssen wir uns angesichts der offensichtlichen Unausweichlichkeit und Unverfügbarkeit der Umwälzungen fragen, noch die Alternative zwischen Mitgetriebenwerden und Dagegenstemmen? Ganz zu schweigen von der Freiwilligkeit allfälligen Mitspielens? Oder ist vielmehr der Bekämpfer-Gestus eher ein unausweichliches Requisit der Medienkritik, das den jeweils jüngsten Sproß medialer Innovationen zurechtzustutzen versucht? Eli M. Noam hat ja dieses Reaktionsmuster bei jeder medialen Neuerung seit der Erfindung des Buchdrucks gefunden und mahnt daher Gelassenheit ein.[75] Das mag in Teilbereichen vernünftig sein, doch darf es nicht zur Verharmlosung eindeutiger Warnsignale verleiten. Ein Beispiel aus den Tagesmeldungen, stellvertretend für viele ähnlich gelagerte: Mit der Feststellung, daß sich innerhalb eines Jahres in den Vereinigten Staaten die Zahl jener Internet-Seiten verdoppelt habe, in denen offen zum Haß auf Angehörige bestimmter Rassen oder Religionen aufgerufen wird, beklagte der Direktor der „Anti Defamation League", Abraham Foxman, das rasante Anwachsen rassistischer Inhalte im World Wide Web.[76] Wenn Menschen in dieser Weise die Verbreitungsmöglichkeiten des Netzes nutzen, liegt einem der Ruf nach staatlichem Eingreifen buchstäblich auf der Zunge. Doch selbst wenn die Motive noch so lauter sind – Verhinderung eines extremistischen Mißbrauchs oder der schrankenlosen Verbreitung von Photos zerstückelter Leichen und geschändeter Kinder – und nicht bloß als Vorwand für anderweitige Kontrollwünsche herhalten müssen, scheitert jede Form der Zensur höchstwahrscheinlich an der anarchischen Struktur des globalen Mediums. Das Netz interpretiert eine solche Barriere nämlich als Störung, die es zu umgehen gilt, und entzieht sich konsequent rechtsstaatlichen Interventionen. „Die internationale Weite des Netzes, seine staatenüberspringende Grenzenlosigkeit, die flüchtige Digitaltechnik, seine chaotische Struktur mit Millionen von zwischengeschalteten Maschinen und seine Transportgeschwindigkeit sprechen jedem rechtlichen Zugriff Hohn."[77] Die allgemeine Ohnmacht kann nicht einmal ein gutgemeinter Appell an obligate Verhaltenskodizes und Selbstverpflichtungserklärungen betroffener Branchen halbwegs kaschieren. Die im Internet gleichsam institutionalisierte und strukturell ermöglichte Freiheit von jeder Ordnung, von Rechtsverbindlichkeit und von der Einhaltung menschenwürdiger Mindeststandards führt eigentlich zwingend in die Marginalisierung dieses Mediums in seiner heutigen Form. Folgt man Hanno Kühnerts Überlegungen, erscheint es plausibel, daß erst eine „Abspaltung vom Internet" echte Überlebenschancen haben wird, und zwar dann, wenn sich „die Interessenten einer seriösen, gesetzmäßigen weltweiten Netzeinrichtung [...] zusammentun, die positiven Erfahrungen des Internet beherzigen und ein Netz mit hohen Abwehrtechniken – digitalen Stacheldrahtzäunen – installieren".[78]

Also doch gelassen die Beine überkreuzen und tatenlos dem Zerfall des Netzes entgegendämmern? – Abgesehen davon, daß solchen Prognosen gewöhnlich ein hoher Grad an Unschärfe innewohnt, wäre selbst im Falle ihres Zutreffens nichts gewonnen. Das Internet ist schließlich nur eine Konkretion des Phänomens „Cyberspace"; einer Auseinandersetzung mit den Folgen der ihm zugrundeliegenden digitalen Technologien können wir durch bloßes Abwarten nicht entgehen. Außerdem beginnt die Flucht in eine virtuelle Ersatzwelt und die Entfremdung von der realen Lebenserfahrung immer am eigenen (Multimedia-) PC, ob mit oder ohne Zugang zu „Multi-User-Dungeons". Der Bildschirm bietet zwar nur „[a]rmselige Nachahmungen", quasi ein „Leben durch eine elektronische Verlängerung des Nervensystems, die die meisten Gefühle abstumpft und einige wenige intensiviert".[79] Und dennoch bedarf es oft nicht einmal besonders raffinierter computergenerierter Simulationen der physikalischen Realität, wie die Erörterung der VR gezeigt hat, um beim Menschen die Grenzen zwischen Sein und Schein zu verschieben. Der Rückzug in die schaumgebremste Virtualität, die keine wirklichen Frustrationen, stattdessen aber eine falsche Gemütlichkeit kennt, hat zumindest die Tendenz, in einer psychedelischen Gegenwelt zu enden. Eine narzißtische Isolierung im Nirgendwo des Cyberspace, wo scheinbare Wirklichkeiten echte Gefühle produzieren, ist geeignet, „Handlungsunfähigkeit und Wirklichkeitsverluste" auszulösen, die „in absehbarer Zukunft durchaus zu psychotischen Erkrankungen führen" könnten.[80]

Unsere Kinder wachsen heute in einer Multimediawelt „zwischen Pampers und Internet" heran, die sie sich nicht ausgesucht haben, von der sie heftig umworben werden, die niemand auf Dauer von ihnen fernhalten kann und mit der umzugehen sie lernen müssen.[81] Wollen wir Erwachsene sie nicht gänzlich schutzlos vor der virtuellen Springflut ihrem Schicksal überantworten, sind wir gefordert, als Mitspieler unsere gestalterischen Potentiale einzubringen. Ein maschinenstürmendes Gehabe ist mit Sicherheit verfehlt, da sich einerseits der Prozeß der Digitalisierung in den hochindustrialisierten Ländern augenscheinlich nicht umkehren läßt und er andererseits auch beträchtliche Vorteile mit sich gebracht hat. Um allerdings den gefährlichen Schlaglöchern auf der Datenautobahn rechtzeitig auszuweichen, braucht es eine fundierte Befassung mit den angesprochenen Phänomenen. Ebenso baut allein Kenntnis verkappte Berührungsängste ab und vermittelt eine ausgewogene, unvoreingenommene Einschätzung. Daher wird die Befähigung zur Bewältigung der Existenz unter den Bedingungen von Multimedia im weitesten Sinn auf lange Sicht nicht durch eine Intensivierung staatlicher Aufsicht garantiert, sondern letztlich „in einer erhöhten (Medien)Kompetenz der Menschen liegen"[82].

Freilich ist ein wachsames Auge darauf zu werfen, daß nicht „trotz aller neu hinzugewonnenen Informations- und Kommunikationskompetenzen [gerade] die elementaren Kompetenzen zur Gestaltung des Lebens und Zusammenlebens abhanden"[83] kommen. Wenn virtuelles Erleben zum Surrogat des realen Schicksals wird, ist das Sozialgefüge in Gefahr. Und im selben Maß, wie die Qualität virtueller Kommunikation unter Datenschrott und Informationsmüll begraben wird, nehmen die „Innenweltverschmutzung"[84] unserer Psyche und daraus resultierende unterschiedliche Somatisierungen zu. Wir müssen erst ein unbeirrbares Mißtrauen gegenüber allem, mit dem uns die Informationsgesellschaft – nicht allein via Internet – tagaus und tagein überschwemmt, lernen und wären wohl gut beraten, unseren Kindern diese Skepsis des Selbstschutzes einzuimpfen.[85] Vielleicht ließe sich auch manches abfedern, wenn Eltern mehr Zeit erübrigten, ihre Kinder den Wert personaler Kommunikation erleben zu lassen, ihnen konkrete Erfahrungsräume des unvertretbaren Hier und Jetzt zu erschließen oder schlicht mit ihnen zu spielen. Schließen möchte ich mit einer These Hanne Tügels, die sie im Hinblick auf die Gameboy-Generation formuliert hat: „Wer sich einreden läßt, daß ein Abenteuerspielplatz in die Hosentasche paßt, dessen Vorstellung von Abenteuer, Spiel und Platz gerät aus dem Gleichgewicht."[86]

Literaturverzeichnis

Becker J., Im Netz der Vernetzung, in: Die Presse, Spectrum (6./7./8.12.1997) VIII.

Bolz N., Die Sinngesellschaft, Düsseldorf 1997.

Bühl A., CyberSociety. Mythos und Realität der Informationsgesellschaft, Köln 1996.

Ders., Cyberspace und Virtual Reality. Sozialwissenschaftlicher Forschungsbedarf, in: http://staff-www.uni-marburg.de/~buehlach/foru195.htm.

Buytendijk F. J., Wesen und Sinn des Spiels. Das Spielen der Menschen und der Tiere als Erscheinungsform der Lebenstriebe, Berlin 1934.

Caillois R., Die Spiele und die Menschen. Maske und Rausch, Frankfurt/M. 1982.

Canzler W. / Helmers S. / Hoffmann U., Die Datenautobahn – Sinn und Unsinn einer populären Metapher, in: http://duplox.wz-berlin.de/docs/caheho/.

Diels H., Die Fragmente der Vorsokratiker. Griechisch und deutsch. Hg. von W. Kranz. 1., Berlin ^{10}1961.

Dierkes M. / Hoffmann U. / Marz L., Leitbild und Technik. Zur Entstehung und Steuerung technischer Innovationen, Berlin 1992.

Eibl-Eibesfeldt I., Die Biologie des menschlichen Verhaltens. Grundriß der Humanethologie, München ^{3}1995.

Eigen M. / Winkler R., Das Spiel. Naturgesetze steuern den Zufall, München ^{9}1990 (= Serie Piper 410).

Fink E., Spiel als Weltsymbol, Stuttgart 1960.

Földy R., Bad News World. Die mediale Minus-Impfung, in: Földy R. / Ringel E., Machen uns die Medien krank? Depression durch Überinformation, München 1993, 145–243.

Fuglewicz M., das elektronische verlies, in: Fuglewicz M. (Hg.): Das Internet-Lesebuch. Hintergründe. Trends. Perspektiven, Wien 1996, 9.

Guggenberger B., Das digitale Nirwana, Hamburg 1997.

Harrison R., Multi User Dungeons. Versuch einer Definition und Standortbestimmung, in: Bollmann S. / Heibach C. (Hg.), Kursbuch Internet. Anschlüsse an Wirtschaft und Politik, Wissenschaft und Kultur, Mannheim 1996, 299–314.

Hassenstein B., Das Spielen der Tiere, in: Kurzrock R. (Hg.), Das Spiel, Berlin 1983 (= Forschung und Information 34), 19–26.

Huizinga J., Homo Ludens. Vom Ursprung der Kultur im Spiel, Reinbek 1994 (= rowohlts enzyklopädie 435).

Kamper D., Das Spiel als Metapher, in: Merkur 29 (1975) 821–831.

Kroker A. / Weinstein M. A., Datenmüll. Die Theorie der virtuellen Klasse, Wien 1997 (= Passagen XMedia).

Kühnert H., Wenn das Internet sich nicht ändert, wird es zerfallen, in: Merkur 51 (1997) 959–966.

Lohmeyer M., Wohin und warum?, in: Die Presse, Spectrum (5./6.7.1997) If.

Lübbe H., Information als Unterhaltung, in: Hermanni F. / Steenblock V. (Hg.), Philosophische Orientierung. Festschrift zum 65. Geburtstag von Willi Oelmüller, München 1995, 103–109.

Maass J., Ethik und Multimedia. Neue Technologien – alte und neue ethische Fragen, in: Ethica 4 (1996) 265–287.

Malone M. S., Der Mikroprozessor. Eine ungewöhnliche Biographie, Berlin 1996.

Nietzsche F., Nachgelassene Fragmente 1884–1885. Hg. von G. Colli und M. Montinari, München 1988 (= Kritische Studienausgabe 11; dtv 2231).

Ders., Morgenröte. Idyllen aus Messina. Die fröhliche Wissenschaft. Hg. von G. Colli und M. Montinari, München 1988 (= Kritische Studienausgabe 3; dtv 2223).

Niewiadomski J., Extra media nulla salus? Zum Anspruch der Medienkultur, in: Theologisch-praktische Quartalschrift 143 (1995) 227–233.

Noam E. M., Visionen des Medienzeitalters: Die Zähmung des Informationsmonsters, in: Alfred Herrhausen Gesellschaft für internationalen Dialog (Hg.), Multimedia. Eine revolutionäre Herausforderung, Stuttgart 1995, 35–62.

Portmann A., Das Spiel als gestaltete Zeit, in: Merkur 29 (1975) 832–843.

Sherman B. / Judkins P., Virtual Reality. Cyberspace – Computer kreieren synthetische Welten, München 1995 (= Knaur TB 77147).

Siegele L., Der Computer als Zeitdieb, in: Die Zeit Nr. 42 (10.10.1997).

Stoll C., Die Wüste Internet. Geisterfahrten auf der Datenautobahn, Frankfurt/M. 1996.

Strube R., „Homo ludens": Das Spiel als Kulturfaktor, in: Weiland R. (Hg.), Philosophische Anthropologie der Moderne, Weinheim 1995, 184–194.

Sutton-Smith B., Die Dialektik des Spiels. Eine Theorie des Spielens, der Spiele und des Sports, Schorndorf 1978 (= Reihe Sportwissenschaft 10).

Tügel H., Kult ums Kind. Großwerden in der Kaufrauschglitzercybergesellschaft, München 1996 (= Beck'sche Reihe 1179).

Wessely C., Virtual Reality und christliche Theologie – Theotechnologie, in: Theologisch-praktische Quartalschrift 143 (1995) 235–245.

Ders., Mythologische Strukturen in der Unterhaltungsindustrie. Zur Relevanz mythologisch verschleierter Gewaltmechanismen im kommerziellen Film und Computerrollenspielen [sic!], Graz 1996 (= Diss., Kath.-Theol. Fak.).

Winnicott D. W., Vom Spiel zur Kreativität, Stuttgart ⁸1995 (= Konzepte d. Humanwissenschaften).

Woolley B., Die Wirklichkeit der virtuellen Welten, Basel 1994.

Anmerkungen

[1] Fuglėwicz M., das elektronische verlies, in: Fuglėwicz M. (Hg.): Das Internet-Lesebuch. Hintergründe. Trends. Perspektiven, Wien 1996, 9.

[2] Frei nach Roland Girtler und mit etwas respektlosem Augenzwinkern ließe sich der Begriff recht realitätsnah zum *homo ludens ambitiosus* ausweiten.

[3] Diese Präzisionsaggregate haben Technologiegeschichte geschrieben, die Michael S. Malone mit seinem jüngst erschienenen Buch „Der Mikroprozessor. Eine ungewöhnliche Biographie" (Berlin 1996) anschaulich dokumentiert.

[4] Bolz N., Die Sinngesellschaft, Düsseldorf 1997, 30.

[5] Vgl. Siegele L., Der Computer als Zeitdieb, in: Die Zeit Nr. 42 (10.10.1997).

[6] Bolz, Sinngesellschaft, 205; vgl. ebd., 163.

[7] Canzler W. / Helmers S. / Hoffmann U., Die Datenautobahn – Sinn und Unsinn einer populären Metapher, in: http://duplox.wz-berlin.de/docs/caheho/, Abschnitt 3.

[8] Zum Einfluß von Leitbildern auf die Ausformung künftiger Technologien vgl. Dierkes M. / Hoffmann U. / Marz L., Leitbild und Technik. Zur Entstehung und Steuerung technischer Innovationen, Berlin 1992.

[9] Vgl. den Essay von Lohmeyer M., Wohin und warum?, in: Die Presse, Spectrum (5./6.7.1997) If.

[10] Canzler / Helmers / Hoffmann, Datenautobahn, Abschnitt 4.

[11] Bühl A., CyberSociety. Mythos und Realität der Informationsgesellschaft, Köln 1996, 21.

[12] Canzler / Helmers / Hoffmann, Datenautobahn, Abschnitt 5.

[13] Ebd.

[14] Eibl-Eibesfeldt I., Die Biologie des menschlichen Verhaltens. Grundriß der Humanethologie, München ³1995, 793.

[15] Portmann A., Das Spiel als gestaltete Zeit, in: Merkur 29 (1975) 832–843, 832.

[16] Ebd., 839.

[17] Vgl. ebd., 835.

[18] Hassenstein B., Das Spielen der Tiere, in: Kurzrock R. (Hg.), Das Spiel, Berlin 1983 (= Forschung und Information 34), 19–26, 25.

[19] Portmann, Spiel, 840.

[20] Eibl-Eibesfeldt, Biologie, 795.

[21] Ebd.

[22] Huizinga J., Homo Ludens. Vom Ursprung der Kultur im Spiel, Reinbek 1994 (= rowohlts enzyklopädie 435), 9.

[23] Wie beispielsweise auch noch in Frederik J. Buytendijks „Wesen und Sinn des Spiels" (Berlin 1934; holl. 1932).

[24] Strube R., „Homo ludens": Das Spiel als Kulturfaktor, in: Weiland R. (Hg.), Philosophische Anthropologie der Moderne, Weinheim 1995, 184–194, 184.

[25] Huizinga, Homo, 189.

[26] Ebd., 15.

[27] Ebd., 16.

[28] Ebd., 18.

[29] Der Spielverderber (i. e. der Ketzer, der Revolutionär, der Neuerer, der Apostat) enthüllt die Relativität der Spielwelt, er nimmt dem Spiel die Illusion und bedroht somit die Spielgemeinschaft. Der Falschspieler hingegen erkennt wenigstens noch zum Schein den Zauberkreis des Spiels an, seine Regelverstöße sollen ja gerade unentdeckt bleiben.

[30] Huizinga, Homo, 19.

[31] Vgl. Caillois R., Die Spiele und die Menschen. Maske und Rausch, Frankfurt/M. 1982; Sutton-Smith B., Die Dialektik des Spiels. Eine Theorie des Spielens, der Spiele und des Sports, Schorndorf 1978 (= Reihe Sportwissenschaft 10); Winnicott D. W., Vom Spiel zur Kreativität, Stuttgart ^{8}1995 (= Konzepte d. Humanwissenschaften). Als erster Überblick genügt auch Strube, Spiel, 189ff.

[32] Huizinga, Homo, 57.

[33] Ebd., 88.

[34] Strube, Spiel, 189.

[35] Kamper D., Das Spiel als Metapher, in: Merkur 29 (1975) 821–831, 822.

[36] Ebd., 821.

[37] Eigen M. / Winkler R., Das Spiel. Naturgesetze steuern den Zufall, München ^{9}1990 (= Serie Piper 410), 17.

[38] Vgl. Fink E., Spiel als Weltsymbol, Stuttgart 1960, 17 und 23ff.

[39] Diels H., Die Fragmente der Vorsokratiker. Griechisch und deutsch. Hg. von W. Kranz. 1., Berlin ^{10}1961, 162.

[40] Fink, Spiel, 29.

[41] Ebd.

[42] Ebd., 241.

[43] Nietzsche F., Nachgelassene Fragmente 1884–1885. Hg. von G. Colli und M. Montinari, München 1988 (= Kritische Studienausgabe 11; dtv 2231), 610f.

[44] Nietzsche F., Morgenröte. Idyllen aus Messina. Die fröhliche Wissenschaft. Hg. von G. Colli und M. Montinari, München 1988 (= Kritische Studienausgabe 3; dtv 2223), 639.

[45] Niewiadomski J., Extra media nulla salus? Zum Anspruch der Medienkultur, in: Theologisch-praktische Quartalschrift 143 (1995) 227–233.

[46] Ebd., 230.

[47] Lübbe H., Information als Unterhaltung, in: Hermanni F. / Steenblock V. (Hg.), Philosophische Orientierung. Festschrift zum 65. Geburtstag von Willi Oelmüller, München 1995, 103–109, 107.

[48] Bolz, Sinngesellschaft, 172.

[49] Földy R., Bad News World. Die mediale Minus-Impfung, in: Földy R. / Ringel E., Machen uns die Medien krank? Depression durch Überinformation, München 1993, 145–243, 148.

[50] Ebd., 241.

[51] Ebd., 148.

[52] Vgl. Woolley B., Die Wirklichkeit der virtuellen Welten, Basel 1994, 201ff.

[53] Földy, World, 152.

[54] Ebd., 242.

[55] Spiegel-Interview im Rahmen einer Tamagotchi-Reportage, in: Der Spiegel Nr. 43 (20.10.1997) 144–152, 148.

[56] Ebd.

[57] Einen soliden und halbwegs aktuellen (Stand 1996) Überblick zur Anwendungsvielfalt der VR gibt Bühl, CyberSociety, 115ff.

[58] Vgl. die berechtigte Kritik A. Kolbs an den Ansprüchen des radikalen Konstruktivismus in diesem Band.

[59] Wessely C., Virtual Reality und christliche Theologie – Theotechnologie, in: Theologisch-praktische Quartalschrift 143 (1995) 235–245, 238.

[60] Bühl, CyberSociety, 21.

[61] Sherman B. / Judkins P., Virtual Reality. Cyberspace – Computer kreieren synthetische Welten, München 1995 (= Knaur TB 77147), 12.

[62] Bühl, CyberSociety, 54.

[63] Wessely, Reality, 238.

[64] Daß der Programmgestaltung vielfach mythologische Strukturen zugrunde gelegt werden, zeigt die materialreiche Studie von Wessely C., Mythologische Strukturen in der Unterhaltungsindustrie. Zur Relevanz mythologisch verschleierter Gewaltmechanismen im kommerziellen Film und Computerrollenspielen [sic!], Graz 1996 (= Diss. Kath.-Theol. Fak.), 175ff.

[65] Harrison R., Multi User Dungeons. Versuch einer Definition und Standortbestimmung, in: Bollmann S. / Heibach C. (Hg.), Kursbuch Internet. Anschlüsse an Wirtschaft und Politik, Wissenschaft und Kultur, Mannheim 1996, 299–314, 305.

[66] Ebd., 306.

[67] Guggenberger B., Das digitale Nirwana, Hamburg 1997, 173.

[68] Becker J., Im Netz der Vernetzung, in: Die Presse, Spectrum (6./7./8.12.1997) VIII.

[69] Guggenberger, Nirwana, 34. Selbstverständlich hat Guggenberger nichts gegen die unaufgeregte Nutzung der neuen medialen Möglichkeiten im Rahmen einer gesunden Verwurzelung in der realen Nächstenwelt einzuwenden; nur gilt es, drohende Fehlentwicklungen und übereilte Euphorien einzubremsen (vgl. ebd., 103).

[70] Ebd., 175.

[71] Ebd., 181.

[72] Bolz, Sinngesellschaft, 180. Zwanzig Seiten später bringt Bolz die Vorzüge der Offline-Wirklichkeit auf die prägnante Formel: „Geburt des *RL* aus der *VR*. Das *real life* wird zum Bonus, zur überraschenden Belohnung im Alltag der virtuellen Wirklichkeit."

[73] Guggenberger, Nirwana, 18.

[74] Kroker A. / Weinstein M. A., Datenmüll. Die Theorie der virtuellen Klasse, Wien 1997 (= Passagen XMedia), 15f.

[75] Noam E. M., Visionen des Medienzeitalters: Die Zähmung des Informationsmonsters, in: Alfred Herrhausen Gesellschaft für internationalen Dialog (Hg.), Multimedia. Eine revolutionäre Herausforderung, Stuttgart 1995, 35–62, 43ff.

[76] APA-Meldung vom 22.10.1997.

[77] Kühnert H., Wenn das Internet sich nicht ändert, wird es zerfallen, in: Merkur 51 (1997) 959–966, 962f.

[78] Ebd., 966.

[79] Stoll C., Die Wüste Internet. Geisterfahrten auf der Datenautobahn, Frankfurt/M. 1996, 219.

[80] Bühl A., Cyberspace und Virtual Reality. Sozialwissenschaftlicher Forschungsbedarf, in: http://staff-www.uni-marburg.de/~buehlach/foru195.htm.

[81] Vgl. Tügel H., Kult ums Kind. Großwerden in der Kaufrauschglitzercybergesellschaft, München 1996 (= Beck'sche Reihe 1179).

[82] Maass J., Ethik und Multimedia. Neue Technologien – alte und neue ethische Fragen, in: Ethica 4 (1996) 265–287, 279.

[83] Guggenberger, Nirwana, 109.

[84] Vgl. Földy, World, 169ff.

[85] Vgl. Stoll, Wüste, 202f.

[86] Tügel, Kult, 108.

Michael Trimmel

Homo Informaticus – der Mensch als Subsystem des Computers?

Thesen und empirische Ergebnisse zu psychologischen Auswirkungen der Mensch-Computer-Interaktion und der Informatisierung der Gesellschaft

„Schnell ein Taxi,
ich muß zum Tierarzt fahren,
meinem Tamagotchi geht es so schlecht!"
(In einer Radiosendung des ORF mit Publikumsbeteiligung im August 1997)

Wenn wir im Jahre 1997 (n. Chr.) diese Meldung aus dem Radio vernehmen, so weiß die Hälfte der Zuhörer, was damit gemeint ist, und schmunzelt wahrscheinlich. Die andere Hälfte weiß es zwar nicht, sie kümmert es aber vermutlich auch nicht besonders. Versetzen wir uns in die Jahre 1987, 1967 oder gar 1947, so hätte eine derartige Mitteilung wahrscheinlich nicht nur wesentlich größeres Befremden ausgelöst, sondern man hätte – sofern der Sachverhalt inhaltlich aufgeklärt worden wäre – natürlich am Geisteszustand des jugendlichen Anrufers gezweifelt. Heutzutage „rechnet" man fast mit einem derart „verzerrten" (?) Weltbild Jugendlicher. Die Frage erhebt sich, ob es sich bloß um einen geistigen Auswuchs, wie er in jeder Epoche in irgendeiner Form zutage tritt, handelt oder um den Ausdruck einer veränderten Realitätseinschätzung, verbunden mit geänderten sozialen und kognitiven Denkgewohnheiten. Trifft letzteres zu, so steht die Frage nach deren Ursache an. Für manche liegt die Wurzel vieler Veränderungen in der rasanten Zunahme der Computerisierung bzw. der Informatik im allgemeinen und der umfangreichen Computernutzung vor allem durch Jugendliche im besonderen.

So verwundert es nicht, wenn in zahlreichen Beiträgen auf soziale und psychologische Auswirkungen der Informatisierung verwiesen wird. Allerdings muß hier kritisch angemerkt werden, daß es sich häufig entweder um *Vermutungen* oder um das Aufzeigen von *Zusammenhängen* der Computernutzung und deren Auswirkungen handelt. Nur selten gelingt ein empirischer Nachweis derartiger postulierter *kausaler Wirkungen*. In diesem Beitrag sollen ebenfalls einige Thesen zu sozialen und psychologischen Auswirkungen der Computertätigkeiten aufgezeigt werden. Darüber hinaus werden aber auch empirische Daten vorgestellt, welche die Thesen untermauern sollen. Bei vielen Untersuchungen handelt es sich um experimentell gewonnene Ergebnisse, welche den Vorzug aufweisen, daß sie eben kausal interpretiert werden können – der methodisch minderinformierte Leser sei in diesem Zusammenhang z. B. auf Trimmel (1997a) verwiesen.

Bei einer so weitreichenden Problematik wie der möglichen sozialen/psychologischen Auswirkungen von Computertätigkeiten bzw. der Informatisierung ist es sehr schwer bis unmöglich, eine umfassende Darstellung zu liefern. Die Auswahl der Bereiche ist einerseits eine subjektive und exemplarische, andererseits basiert sie aber auch auf den in der Literatur oft vorgebrachten Thesen, Hypothesen und Fakten (Flusser, 1991; Pflüger et al., 1989; Rammert, 1990; Turkle, 1984; Volpert, 1985; Volpert, 1988; Weizenbaum, 1978).

1. Mögliche Mechanismen und Beispiele der Auswirkungen der Mensch-Computer-Interaktion auf psychologische Strukturen des Denkens

Die Informationstechnologie bietet uns zweifellos (zumindest) ein Werkzeug des Denkens (Informationsverarbeitung) und des Handelns. Damit erweitert sie nicht nur unsere Möglichkeiten, sondern wirkt ihrerseits wieder auf das Denken und Handeln zurück. Csikszentmihalyi und Rochberg-Halton (1989) benennen einen derartigen Prozeß „Kultivation" und meinen damit einen „Interpretations- und Selbstlenkungsprozeß", welcher auf „der menschlichen Fähigkeit zur selektiven und fokussierten Aufmerksamkeitszuweisung" basiert bzw. damit zum Tragen kommt. (23) Als Beispiele zur Transaktion von Mensch und Ding führen Fuhrer und Kaiser (1992) die Veränderung der Einkaufs- und Eßgewohnheiten durch die Verwendung von Kühlschränken, die vermehrte geographische Mobilität durch den Autogebrauch und die Veränderungen der innerfamiliären Verhaltensgewohnheiten durch das Fernsehen an.

Fragt man nach möglichen Wirk*mechanismen*, so erscheinen vor allem lernpsychologische Mechanismen bedeutsam. Dabei kommt natürlich den Konditionierungsvorgängen nach dem operanten und dem klassischen Paradigma (Pavlov, 1927; Skinner, 1973) Bedeutung zu, vor allem aber dem Modellernen (Bandura, 1979; Bandura, 1986). Nach den Erkenntnissen zur Wirksamkeit des Modellernens können Menschen durch Extraktion der relevanten Elemente aus einer Reihe von Episoden des Beobachtens eine abstrakte Regel formulieren. Damit lassen sich neben dem allgemeinen Wissenserwerb, wie z. B. dem Sprachgebrauch, auch der Erwerb von Verhaltensleitsätzen (auch im Sinne sozialer Schemata) und Werthaltungen gut erklären. Diese sogenannte „soziale Lerntheorie" erscheint in diesem Zusammenhang auch deshalb als besonders bedeutsam, weil in Banduras Theorie die kognitive Organisation und deren Manipulation anhand von *Symbolen* ein postulierter Wirkmechanismus ist. Dabei spiele es auch keine Rolle, wenn die Repräsentation eines Modells mit dem tatsächlichen Verhalten nicht übereinstimmen sollte. Die wahrgenommene Konzeption bzw. Regelhaftigkeit des Modells wird abstrahiert und erlangt in der Folge Bedeutung in der Strukturierung der Wahrnehmung, des Denkens, Planens und Handelns, wie es z. B. auch in der Schematheorie beschrieben wird (Bartlett, 1932), siehe dazu Trimmel (1996b).

Betrachtet man nun die „andere Seite" des Untersuchungsgegenstandes, nämlich die Informationstechnologie mit dem Computer als Herzstück, so läßt sich mit Dijkstra (1989) festhalten, daß das, was der Computer (u. a.) kann, die Manipulation von Symbolen ist. Nun soll damit nicht behauptet werden, daß es in der Mensch-Computer-Interaktion den handelnden Personen in jedem Augenblick bewußt ist, daß sie mit einem „symbolverarbeitenden System" interagieren – in Analogie zu den Ausführungen zum Modellernen wäre dies auch nicht notwendig – und gleichzeitig gewisse Regelhaftigkeiten übernehmen. Diese könnten sowohl Charakteristika des Systems als auch Mechanismen der Mensch-Computer-Interaktion an sich sein.

1.1 Zusammenhänge der Mensch-Computer-Interaktion mit Kontrollüberzeugungen

Mit Kontrollüberzeugungen oder *Attributionen* (Rotter, 1966) werden persönliche Meinungen über kausale Zusammenhänge beschrieben. Die Dimension „innere versus äußere Kontrolle" (*intern/extern*) reflektiert die Meinung einer Person zu einem Sachverhalt (Geschehen), ob sie dafür selbst verantwortlich ist (intern) oder ob es Glück, Zufall, Schicksal oder in der Verantwortung „der Gesellschaft" liegt (extern). Die Dimension *stabil/labil* beschreibt die Stabilität der subjektiven Kausalfaktoren. Demnach sind Fähigkeiten (Können) stabile, Anstrengungsbereitschaft und Aufwand (Wollen) labile interne Ursachen. Bei den externen Ursachen sind z. B. Glück und Zufall labile und z. B. Aufgabenschwierigkeit oder Komplexität einer Situation stabile Ursachen. Als dritte Dimension läßt sich die Attribution in Erfolgs- versus Mißerfolgssituationen unterscheiden, was mit deutlich differenzierteren Aussagemöglichkeiten zur motivationalen Situation und zum emotionalen Zustandsbild verbunden ist.

In einer experimentellen Versuchsanordnung wurde der Einfluß der Mensch-Computer-Interaktion auf die Kontrollüberzeugungen untersucht (Ewald, 1991; Trimmel, 1992; Trimmel et al., 1993). Als Versuchsgruppen dienten N = 36 Computeranwender – die aber nicht programmieren – und N = 49 Programmierer. Weiters wurden die mit dem IE-SV-F (Dorrmann et al., 1983) prä-experimentell erhobenen Kontrollüberzeugungen auch mit einer Kontrollgruppe (Computer-Nichtbenutzer, N = 24) verglichen.

Der Vergleich der Ausgangswerte zeigte, daß Nichtcomputernutzer statistisch signifikant höher intern stabil attribuieren als Anwender und Programmierer, und zwar sowohl unter Erfolgsbedingungen als auch unter Mißerfolgsbedingungen (siehe Tabelle 1).

KONTROLLÜBERZEUGUNGEN			ANOVA-ERGEBNISSE		
I/E	S/V	E/M	F-Wert	df	p
INTERN	STABIL	ERFOLG	3.44	2	0.036*
INTERN	STABIL	MISSERFOLG	3.30	2	0.041*
INTERN	VARIABEL	ERFOLG	0.41	2	n.s.
INTERN	VARIABEL	MISSERFOLG	0.08	2	n.s.
EXTERN	STABIL	ERFOLG	1.74	2	n.s.
EXTERN	STABIL	MISSERFOLG	1.67	2	n.s.
EXTERN	VARIABEL	ERFOLG	0.09	2	n.s.
EXTERN	VARIABEL	MISSERFOLG	1.02	2	n.s.

Anmerkung: *... $p < .05$

Tabelle 1. Zusammenfassung der Ergebnisse der varianzanalytischen Mittelwertvergleiche der Kontrollüberzeugungen in den drei Untersuchungsgruppen am Beginn der Untersuchung.

Die Ergebnisse lassen sich derart interpretieren, daß bei erfolgreichen Gegebenheiten (Situationen) Computer-Nichtbenutzer am deutlichsten davon überzeugt sind, selbst für den Ausgang verantwortlich zu sein, während dieses Gefühl bei den Personen mit ausgiebiger Computererfahrung wie Programmierern und auch bei Computeranwendern geringer ausgeprägt ist. In Mißerfolgssituationen sehen Programmierer am wenigsten die Ursache dafür in ihren Fähigkeiten, während Computeranwender dazu neigen, mangelnden Erfolg ihren mangelnden Fähigkeiten zuzuschreiben. Es soll an dieser Stelle darauf hingewiesen werden, daß es sich bei den eben beschriebenen Kontrollüberzeugungen nicht um computerspezifische oder arbeitsspezifische Überzeugungen handelt, sondern um ganz generelle Einstellungen zu kausalen Wirkungen im täglichen Leben.

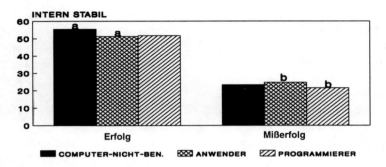

a-a, b-b Differenzen p<0.05

Abbildung 1. Vergleich der (prä-experimentellen) Mittelwerte der Kontrollüberzeugungen intern stabil für Erfolg und Mißerfolg in der Kontrollgruppe (Computer-Nichtbenutzer) und den zwei Versuchsgruppen Anwender und Programmierer (Trimmel, 1992).

Nach den ca. 45–60-minütigen Papier-/Bleistift-Tätigkeiten bzw. Mensch-Computer-Interaktionen (die Zuordnung zu einer dieser Tätigkeiten erfolgte nach dem Zufallsprinzip) wurden die Kontrollüberzeugungen Internalität, sozial bedingte Externalität, fatalistische Externalität nach Krampen (1981) erhoben. Dieses Instrument erlaubt, die Attribution in den verschiedenen Lebensbereichen: Arbeitsbereich, zwischenmenschlicher Bereich, intellektueller und persönlicher Bereich sowie im Bereich der Computertätigkeit – als Erweiterung zum bestehenden Instrumentarium – separat zu erheben. Die zumeist studentischen Versuchspersonen hatten in der Papier-/Bleistiftbedingung die Aufgaben, einen Sortieralgorithmus und die graphische Präsentation der Daten zu beschreiben. In der Computerbedingung sollten die Programmierer dasselbe programmieren, und die Anwender gingen ihrer gewohnten Tätigkeit am Computer nach: der Berechnung von Statistiken oder der Textverarbeitung.

Die varianzanalytischen Ergebnisse der Nachtestung zeigten bei den Programmierern in den Bereichen Arbeit und Computer eine signifikant höhere interne Kontrollüberzeugung bzw. eine hochsignifikant ($p < .0001$) niedrigere externe Kontrollüberzeugung als bei den Anwendern. Somit führt die experimentelle Tätigkeit – unabhängig ob Papier/Bleistift oder Mensch-Computer-Interaktion – zu einer verstärkt internen Attribuierung (zugeschriebenen Kausaliät) im Arbeits- und Computerbereich. Dem stehen die Ergebnisse zum Bereich zwischenmenschlicher Beziehungen gegenüber. Hier zeigen Programmierer eine signifikant höhere externe Kontrollüberzeugung (Glück) als Anwender. Diese Ergebnisse legen den Schluß nahe, daß Programmierer nach Arbeitsbelastungen ihre Kompetenzen im Arbeits-/Computerbereich gesteigert und im zwischenmenschlichen Bereich vermindert sehen.

Betrachtet man neben den Gruppenunterschieden die experimentellen Effekte des Faktors Medium (Papier-/Bleistifttätigkeit versus Mensch-Computer-Interaktion) – welche für Anwender und Programmierer gleichermaßen zutreffen –, dann bewirkt die Mensch-Computer-Interaktion im Vergleich zur Papier-/Bleistifttätigkeit eine statistisch signifikant geringere Ausprägung der internen Kontrollüberzeugung im Bereich Denken und eine verstärkte Überzeugung, daß im zwischenmenschlichen Bereich die Zusammenhänge vom Zufall (Glück) abhängen (siehe Abbildung 2).

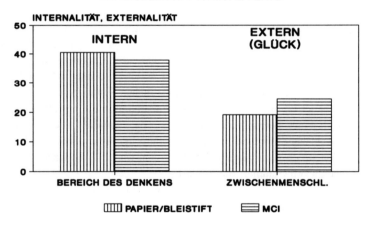

Abbildung 2. Mittelwerte der Kontrollüberzeugungen im Bereich des Denkens und im zwischenmenschlichen Bereich nach Papier-/Bleistifttätigkeit und Mensch-Computer-Interaktion (Trimmel, 1992).

Faßt man die Ergebnisse zu den Kontrollüberzeugungen zusammen, so ergibt sich das Bild, daß Anwender – möglicherweise durch den belastenden Umgang mit Computern – sich allgemein für Erfolg weniger und für Mißerfolg mehr selbstverantwortlich sehen als Computer-Nichtbenutzer. Daraus läßt sich ein Schritt in Richtung „gelernter Hilflosigkeit" (Seligman, 1986) feststellen, was mit negativen Emotionen, depressiver Verstimmtheit, negativer Bewertung der Zukunft und mangelnder Motivation einhergeht.

Daß dieser Gruppenunterschied zumindest teilweise durch die Mensch-Computer-Interaktion kausal (mit)bedingt sein dürfte, läßt sich an den experimentellen Auswirkungen einer bloß 45–60-minütigen Tätigkeit belegen. Danach führt Mensch-Computer-Interaktion (unabhängig ob Anwender oder Programmierer) zu einer reduzierten internen Kontrollüberzeugung im Bereich des Denkens (eine weiterreichende Spekulation wäre, daß eben diese vom Computer abgenommen werden würde) und auch im zwischenmenschlichen Bereich, indem dieser vermehrt durch „Glück" bestimmt gesehen wird. Mittel- und langfristig würde man Effekte erwarten, wie sie oben für die gefundenen Gruppenunterschiede beschrieben wurden. Der Gleichtakt von unmittelbarer Auswirkung der Mensch-Computer-Interaktion und Gruppenunterschieden in Populationen, die sich im Ausmaß der Computernutzung unterscheiden, legt eine kausale Verursachung der beobachteten Effekte nahe.

1.2 Zusammenhänge der Mensch-Computer-Interaktion mit Feldabhängigkeit/ Integriertheit

Die Feldabhängigkeit ist nach der neueren Literatur nicht bloß als Wahrnehmungscharakteristik – welche das Ausmaß des Einflusses der Umgebung (Situation) auf die Erkennbarkeit eines Objektes charakterisiert –, sondern auch als eine Persönlichkeitseigenschaft beschrieben worden, welche die Intensität der Motivstärke, nach der das Verhalten von der augenblicklichen Situation beeinflußt wird, angibt. Somit hängt sie mit dem Ausmaß der Integration in die physikalische und soziale Umwelt einer Person zusammen. Aber sie entspricht auch der Differenzierung psychischer Prozesse, wonach den Personen voneinander stark unabhängige psychische Prozesse zugeschrieben werden, wie z. B. die Unabhängigkeit der Denkprozesse von Gefühlen und Wünschen.

In einem Experiment nach einem 3-faktoriellen varianzanalytischen Versuchsplan mit den Faktoren Gruppe (40 Informatikstudenten versus 40 Nicht-Informatikstudenten), kognitive Beanspruchung (hoch versus nieder) und Tätigkeit (Papier-/Bleistifttätigkeit versus Computertätigkeit) wurde nach einer ca. 30 Minuten dauernden Tätigkeit die Feldabhängigkeit mit dem „Embedded Figure Test" (Wittkin, 1971) erhoben.

Die Daten zeigen einen statistisch sehr signifikanten Haupteffekt für die Bedingung Papier-/Bleistifttätigkeit versus Mensch-Computer-Interaktion (Abbildung 3). Demzufolge ist die Feldabhängigkeit nach einer Mensch-Computer-Interaktion geringer als nach einer vergleichbaren Papier-/Bleistifttätigkeit. Die statistischen Analysen zeigen auch, daß neben einem hochsignifikanten prä-/postexperimentellen Effekt ($F[1,72] = 14.9$, $p < .001$) auch ein sehr signifikanter Gruppeneffekt ($F[1,72]) = 8.87$, $p < .01$) auftritt. Informatikstudenten zeigen sowohl vor als auch nach der Testaufgabe geringere Werte in der Feldabhängigkeit als Nicht-Informatikstudenten (Abbildung 4).

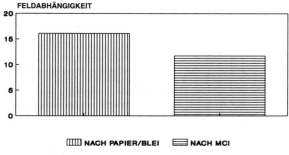

Abbildung 3. Mittelwerte der Feldabhängigkeit nach Papier-/Bleistifttätigkeit bzw. Mensch-Computer-Interaktion (Trimmel, 1992).

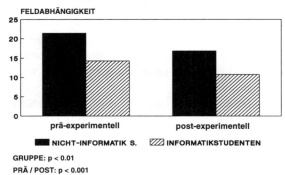

Abbildung 4. Mittelwerte der Feldabhängigkeit (für Nicht-Informatikstudenten und Informatikstudenten) vor und nach der experimentellen Aufgabe (Trimmel, 1992).

Die Ergebnisse zeigen (1), daß schon eine relativ kurzdauernde Mensch-Computer-Interaktion zu einer verringerten psychischen Integration in die physikalische und soziale Umwelt führt, und (2), daß Informatikstudenten mit generell mehr Mensch-Computer-Interaktion eine geringere Feldabhängigkeit/Integriertheit zeigen – möglicherweise als „psychologischer Langzeiteffekt" der Mensch-Computer-Interaktion.

1.3 Realitätsnähe/-ferne

Eine in der Literatur seit geraumer Zeit vertretene Hypothese bezieht sich auf die durch Computertätigkeiten hervorgerufene bzw. dadurch verstärkte Reduktion des Realitätsbezuges, wie sie z. B. auch von Weizenbaum (Weizenbaum, 1978) vertreten wird. Ausgehend von den durch die Informationstechnologien ermöglichten Ausdehnungen des eigenen Handlungsfeldes sowie dem Umgang mit Immaterialität, Simulation, Flüchtigkeit, Zeitverzerrungen und der Aufhebung räumlich-zeitlicher Zusammenhänge bei gleichzeitiger Konstanz des Wahrnehmungsraumes, lassen sich Aus- und Nachwirkungen der Computertätigkeit bezüglich des Realitätsbezuges vermuten.

In der Zusammenschau mehrerer empirischer Ergebnisse (Trimmel, 1994) zeigte sich, daß schon relativ kurz dauernde Computertätigkeiten zu experimentell nachweisbaren Effekten in den Dimensionen der Kausalattribuierungen und der Feldabhängigkeit/Integriertheit führen (siehe oben). Zudem liegen Ergebnisse zum schriftlichen Verbalverhalten nach Mensch-Computer-Interaktion vor. Mit Hilfe des Wartegg-Bönisch-Tests, einem Erzähltest, der auf die Erfassung der sprachlich-geistigen Gestaltung von Gedanken abzielt, wurde die Realitätsnähe nach einer graduellen Bewertung der Erzählungen – deren Anfänge konstant als Testmaterial vorgegeben wurden – erhoben. Nach einem 3-faktoriellen (2 X 2 X 2) ANOVA-Design mit den Faktoren Gruppe (Anwender versus Programmierer), Medium (Computertätigkeit versus Nichtcomputertätigkeit) und Tätigkeit (Routinetätigkeit versus Problemlösen) wurde die Realitätsnähe im schriftlichen Verbalverhalten an 119 Vpn mit einem Durchschnittsalter von 26 Jahren untersucht (Auenhammer, 1994).

Die varianzanalytische Auswertung mit dem Faktor Geschlecht als Kovariante zeigt einen signifikanten Haupteffekt für Medium ($F[1,110] = 4.03$, $p < .05$). Die Mittelwerte zeigen, daß die Realitätsnähe der Erzählungen nach Mensch-Computer-Interaktion im Vergleich zu Papier-/Bleistifttätigkeit reduziert ist.

Nach den vorliegenden Untersuchungen zeigt sich, daß die Mensch-Computer-Interaktion (1) zu einer reduzierten Realitätsnähe im schriftlichen Verbalverhalten, (2) zu einer kurz- und langfristigen Reduktion der Integration in der sozialen und physikalischen Umwelt und (3) zu einer weniger verantwortlich erlebten Kausalattribuierung beim Denken im sozialen Bereich führt. Die Ergebnisse zeigen, daß schon 30–60-minütige Computertätigkeiten zu experimentell nachweisbaren Effekten führen, die u. a. im Sinne eines reduzierten Realitätsbezuges interpretiert werden können.

2. Kortikale Aktivitäten und Mensch-Computer-Interaktion

2.1 Aufmerksamkeit bzw. psychische Energie und Mensch-Computer-Interaktion

Csikszentmihalyi und Rochberg-Halton (1989) verwenden den Begriff der *psychischen Energie* synonym mit „beweglicher Aufmerksamkeit". Dabei halten sie sich an Sigmund Freuds frühere Konzeption und nicht an die in den späteren Überlegungen „festgeschriebene" Konzeption, wonach ein unbewußter Vorrat libidinöser Strebungen sich in Lebenskräften manifestiert, welche Bedürfnisse wachrufen und die bewußten Lebensvorgänge steuern. Mit Berufung auf James (1950) wird psychische Aktivität von den Autoren als eine Zusammensetzung von Intentionen verstanden, welche die Aufmerksamkeit steuert, diese selektiert und Information im Bewußtsein verarbeitet.

Als ein hirnphysiologischer Parameter, in dem sich Änderungen in der Aufmerksamkeit bzw. der kortikalen Informationsverarbeitung widerspiegeln, werden das kortikale Gleichspannungspotential bzw. dessen Veränderungen (*DC-shifts*) betrachtet (Trimmel, 1990; Trimmel et al., 1990). Erste, vorläufige Ergebnisse der Analyse kortikaler Gleichspannungspotentialänderungen bei Mensch-Computer-Interaktion zeigen vielfältige Ergebnisse. In einem Einzelfallbeispiel lassen sich in Abbildung 5 sowohl aufgabenspezifische Gleichspannungspotentialänderungen (Vergleich der 4 unterlegten Spalten), mediumabhängige Effekte (Computer versus Papier-/Bleistiftaufgaben) auf Amplitude und Verlauf der Gleichspannungspotentiale sowie Hemisphären- und Lokalisationseffekte (Vergleich der linken Hemisphärenableitung FP1, F3 mit Ableitungen von der rechten FP2, F4) ausnehmen und deutlich erkennen.

Generalisierende Aussagen zu spezifischen Effekten lassen sich im Augenblick noch nicht vornehmen, allerdings läßt sich festhalten, daß Mensch-Computer-Interaktionen und Papier-/Bleistifttätigkeiten mit unterschiedlichen kortikalen Aktivierungsvorgängen einhergehen *können*.

2.2 Mensch-Computer-Interaktion und Nacheffekte auf die kortikale Informationsverarbeitung?

Aufgrund der Erkenntnisse zu psychologischen Auswirkungen der Mensch-Computer-Interaktion (siehe oben) aber auch aus der Alltagserfahrung war zu vermuten, daß die kortikale Informationsverarbeitung von vorausgehenden Tätigkeiten beeinflußt wird. Die Objektivierung eines derartigen Nacheffektes mit einem Kennwert des ereigniskorrelierten Hirnpotentials (P300) konnten Trimmel und Huber (im Druck) zeigen. Ein Hauptergebnis indiziert, daß Mensch-Computer-Interaktionen zu einer stärkeren Belastung des sogenannten Arbeitsgedächtnisses führen als vergleichbare Papier-/Bleistifttätigkeiten. Inwieweit dieser Befund mit der Beanspruchung, wie er im Gleichspannungspotential abgebildet wird (vgl. Abbildung 5), erklärbar ist oder ob es sich um unabhängige Effekte handelt, ist derzeit Gegenstand unserer Forschung.

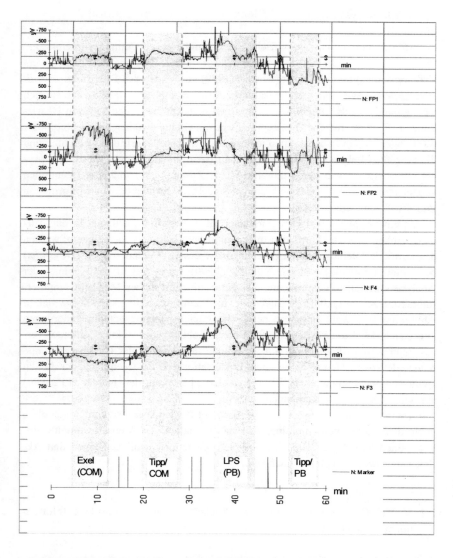

Abbildung 5. Ein Beispiel kortikaler Gleichspannungsänderungen von den frontopolaren (Fp) und frontalen (F) Ableitungen der linken (FP1, F3) und rechten (FP2, F4) Hemisphäre während der Bearbeitung von zwei Computertätigkeiten (Excel, Tipp/Com) und zwei Papier-/Bleistifttätigkeiten (LPS, Tipp/PB) einer Versuchsperson (Trimmel & Knerer, unpubliziert).

Als zweites Hauptergebnis konnte ein Latenz-Effekt der P300 beobachtet werden. Die Daten zeigten eine „schnelle und weitgehend lokalisationsunabhängige" Latenz der P300, was eine besondere Form der kortikalen Informationsverarbeitung nach Mensch-Computer-Interaktion indiziert. Eine – allerdings ziemlich spekulative – Interpretation dieses Befundes ließe vermuten, daß die übliche, eher modulare kortikale Informationsverarbeitung eingeschränkt oder weitgehend zugunsten einer „undifferenzierten, aber schnellen" aufgegeben wird. Diese Interpretation würde auch – zumindest teilweise – durch Befunde zu Auswirkungen auf das divergente Denken (Kreativität) gestützt. So konnte gezeigt werden, daß in der verbalen Kreativität Informatikstudenten im Vergleich zu Nicht-Informatikstudenten prä-experimentell tendenziell ($p < .068$) geringere Werte zeigten und post-experimentell hochsignifikante ($p < .001$) Unterschiede zu beobachten waren (Trimmel, 1992; Trimmel et al., 1992).

2.3 Computer(spiel)sucht durch Flußerleben?

Zwei Drittel der $N = 1304$ in Wien und Niederösterreich befragten Jugendlichen gaben an, daß sie Computerspiele spielen (Trimmel, 1996c; Trimmel, 1996a). Im Durchschnitt drei Stunden in der Woche, aber sowohl der (die) beste als auch der (die) zweitbeste Freund(in) spielen fast 6 Stunden! Ca. 15 % der Jugendlichen geben an, 10 oder mehr Stunden pro Woche zu spielen, was auf eine tatsächliche Spieldauer von 15 – 20 Stunden schließen läßt. In Wien wird doppelt soviel gespielt wie in ländlichen Gegenden Niederösterreichs, und 80 % der männlichen und 70 % der weiblichen Jugendlichen spielen allein. Neben Frustration und Enttäuschungen im sozialen Alltagsleben (aber auch Ablenkung, Langeweile und Partnerersatz) wird vor allem ein „suchtähnliches" Spielvergnügen als Motiv beschrieben, das als Ausdruck des Flußerlebens (Csikszentmihalyi, 1987; Csikszentmihalyi et al., 1991) interpretiert wurde.

Jede bewußte Erfahrung läßt sich auf einem Kontinuum von langweiliger Eintönigkeit über eine freudvolle Vielfalt im mittleren Bereich bis hin zum angsterregenden Chaos am anderen Ende einordnen. Den Optimalzustand beschreibt Csikszentmihalyi (1989) als *flow* – eine Art integrierter Aufmerksamkeit zur Zielerreichung – und sieht ihn im Gegensatz zu „entfremdeter Aufmerksamkeit" (197), einer Verschwendung psychischer Energie. Im *flow*-Zustand befinden sich die *Intentionen* in einem Zustand der inneren Harmonie, was mit dem Gefühlszustand eines erhöhten „Energieflusses" und gesteigerter Situationsbeherrschung verbunden ist und somit hoch motivational wirkt.

Operational wurden die Bedingungen des Flußerlebens unter anderem als eine Niveauentsprechung von Anforderung und Können beschrieben. Daß diese Niveauentsprechung neben der *Situationskontrolle* vor allem beim Computerspielen gegeben ist, wurde auch empirisch belegt (Schwager et al., 1996). Doch dürfte der Motivationsfaktor *flow* auch bei anderen (Computer-)Tätigkeiten nicht zu vernachlässigen sein. So konnte aufgezeigt werden, daß das Ausmaß des Flußerlebens mit der Arbeitszufriedenheit in Zusammenhang steht (Schneider et al., 1994). Auch die Situationsbeschreibungen des Computerspielens stützten die Auffassung, daß *flow* auftritt und zumindest einen nicht zu vernachlässigenden Motivationsfaktor darstellt (Trimmel, 1996a).

3. Mensch-Computer-Interaktion und Fernsehkonsum Jugendlicher – Zusammenhänge mit Schulnoten

Untersucht man die Zusammenhänge von Mensch-Computer-Interaktionen Jugendlicher und deren psychosozialen Auswirkungen, so erscheint es höchst sinnvoll, auch die „restlichen" Tages- bzw. Freizeitaktivitäten mitzuberücksichtigen. Einen wichtigen Faktor der Freizeitgestaltung stellt das Fernsehen dar, noch dazu, weil es ebenfalls über den visuellen Sinnesweg abläuft.

Zur Beantwortung der Fragestellung über den Zusammenhang von Dauer des Computerspielens und dessen Auswirkung auf die Schulnoten als Maß einer kognitiv orientierten, angepaßten Leistungsfähigkeit wurden 5-dimensionale Modellierungen vorgenommen. Neben der Dauer des Computerspielens und der Fernsehdauer wurden auch unterschiedliche Schultypen und die Schulnoten in den Unterrichtsgegenständen Deutsch und Mathematik mitberücksichtigt (Trimmel, 1996c). Die Ergebnisse veranschaulichen den Zusammenhang der vier Variablen Computerspielen, Fernsehen, Schultyp und Schulgegenstand mit den Schulnoten bei 1304 jugendlichen Schülern in Wien und Niederösterreich (Abbildung 6 und Abbildung 7).

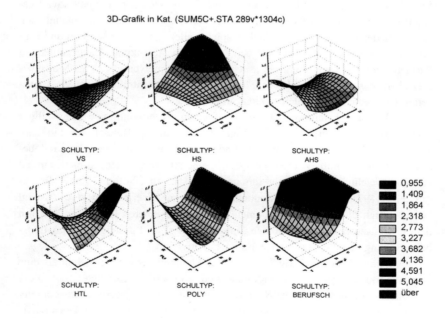

Abbildung 6. Dreidimensionale Darstellungen des Zusammenhanges von Computerspieldauer (X-Achse, nach rechts), Fernsehquantität (Y-Achse, nach links) und Schulnote in Mathematik (Z-Achse, 1–5 nach oben), aufgegliedert für verschiedene Schultypen (Trimmel, 1996c).

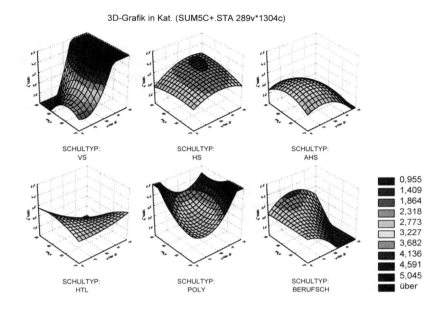

Abbildung 7. Dreidimensionale Darstellungen des Zusammenhanges von Computerspielquantität (X-Achse, nach rechts), Fernsehquantität (Y-Achse, nach links) und Schulnote in Deutsch (Z-Achse, 1–5 nach oben), aufgegliedert für verschiedene Schultypen (Trimmel, 1996c).

Als ein Hauptergebnis läßt sich festhalten, daß die Daten offensichtlich *keinen generellen* Zusammenhang von Computerspieldauer und Schulnote darlegen. Weiters zeigt sich die Bedeutung der simultanen Betrachtung von Fernsehkonsum und Computerspielzeit, da – je nach Schultyp und Gegenstand – Wechselwirkungen (z. B. Mathematiknote in der HTL), additive Wirkungen (z. B. Mathematiknote bei Hauptschülern und Berufsschülern) und unabhängige Effekte (z. B. Mathematiknote im polytechnischen Lehrgang) zu erkennen sind. Während bei den AHS-Schülern kein Zusammenhang von (auch ausgiebigem) Computerspielen und Schulnote aufgezeigt werden kann (etwas schlechter sind eher jene, welche wenig oder gar nicht spielen), findet sich bei Schülern des polytechnischen Lehrganges und bei Berufsschülern bei extremen Computerspielzeiten ein Zusammenhang mit ungenügenden Schulnoten in Mathematik (die Zusammenhänge für Deutschnoten sind anders und generell weniger differenziert).

Die Ergebnisse unterstützen die Notwendigkeit einer differenzierten Betrachtung der Zusammenhänge von Nutzungen der Informationstechnologie und deren praktischen Auswirkungen und demonstrieren z. T. auch verschiedene „Interaktionsformen" der Auswirkungen von Computernutzung und Fernsehkonsum im speziellen.

4. Wozu lernen, im Web ist (fast) alles Wissen verfügbar – Wissensmanagement ohne Wissen?

Als ein gewichtiger Fortschritt, der auf der Weiterentwicklung der Informationstechnologie beruht, wird die Möglichkeit des umfassenden und unmittelbaren Zugangs zu großen Wissens-(Experten-)Systemen gesehen. Dem soll hier in keiner Weise widersprochen werden. Was aber hinzugefügt werden soll, ist die Auffassung, wonach die Nutzung des in Archiven (in welcher Form auch immer) gespeicherten Wissens nur dann sinnvoll bzw. effektiv erfolgen kann, wenn auch eine entsprechende ausreichende „innere Repräsentation", d. h. im menschlichen Gedächtnis vorhandenes Fakten- und Strukturierungswissen, vorhanden ist. Ist die Kluft zwischen dem persönlichen Wissen und dem prinzipiell verfügbaren Wissen zu groß, so läßt sich keine sinnvolle Integration herstellen bzw. läßt sich das relevante Wissen nicht als solches erkennen. Im Extremfall läßt sich nicht einmal ein minimales brauchbares Wissen akquirieren, wenn das vorhandene Ausgangswissen zu gering ist. (Eine Diplomarbeit zu diesem Thema ist derzeit in Betreuung, daher sind leider noch keine Ergebnisse verfügbar.)

Die Folge wäre eine Anhäufung von Fakten ohne deren kritische Bewertung bzw. ohne daß sie der Benutzer sinnvoll „in Beziehung setzen" kann. Diese (wirklich intelligente) Leistung läßt sich vermutlich nicht ausreichend operationalisieren und damit von Computern bewerkstelligen, da sie neben blankem Wissen auch grundlegender Bestandteil einer entwickelten Persönlichkeit mit emotionaler Bildung, Lebenserfahrung und Verantwortungsbewußtsein ist. Man kann daraus folgern, daß die Nutzung des prinzipiell zur Verfügung stehenden Wissens neben dem „technischen" *Know-how* (prozedurales Wissen) zum Abruf eines ausreichenden deklarativen Wissens (Trimmel, 1996b) brauchbarer „Wissensstrukturen" bedarf, welche gelernt werden müssen.

Eine in unserer Kultur anerkannte Form der Weitergabe (auch) des „praktischen" *Know-how* sind die (traditionellen) Bildungseinrichtungen wie Schule, Hochschule und Universitäten, aber auch (oder vor allem) die Familie bzw. soziale (Ersatz-)Institutionen.

Die Hoffnung, darauf jemals verzichten und/oder mit Kürzungen in humanistischen und körperorientierten Bildungsangeboten zugunsten des „technischen Wissenserwerbes" vertretbare Ausbildungen gewährleisten zu können, darf aufs heftigste bezweifelt werden (außer man möchte „Subsysteme des Computers heranzüchten" – aber auch das würde vermutlich nicht lange funktionieren).

5. Ist der Computer ein Werkzeug des Menschen oder der Mensch ein Subsystem des Computers?

Auf die kognitiven Veränderungen durch die Mensch-Computer-Interaktion und die emotionalen Verbindungen durch den interaktiven Charakter wurde oben bereits eingegangen. Schon diese Befunde erlauben es nicht, die These, daß der

Mensch zumindest zeitweilig wie ein Subsystem des Computers agiere, gänzlich zu verwerfen. In der Gegenposition wird die Informationstechnologie bzw. deren Gebrauch als bloßes Benützen eines (harmlosen) Werkzeuges zur Steigerung der technischen, wirtschaftlichen, politischen und persönlichen Möglichkeiten dargestellt. Dieser Standpunkt spiegelt zweifellos einen großen Ausschnitt der Realität wider. Denn aus der Sicht des Anwenders lassen sich eine Reihe von positiven Effekten und Möglichkeiten durch die Informationstechnologie erkennen und verwirklichen. Aber – bloß ein brauchbares Werkzeug?

Abschließend soll auf die oft verwendete Metapher, daß der Computer „bloß ein Werkzeug" sei, kurz eingegangen werden. Schon McLuhan (1995) vertritt die These, daß das Radio das Ohr erweitere und die Schrift das Auge. Was wäre naheliegender, als zu behaupten, daß der Computer das Denken „erweitere" – wobei damit über die Qualität der Erweiterung noch nichts gesagt sein soll? Die Analogie des Computers als Werkzeug wird auch von Dijkstra (1989) bekrittelt, wenngleich mit einer anderen Zielrichtung: Für die „Mächtigkeit" des Programmierers, der mit einfachen Programmbefehlen eine gigantische Komplexität mit z. T. weitreichenden Folgen beherrscht, reiche der Werkzeugbegriff nicht mehr aus.

Auch in der Bezeichnung „Kulturtechnik" kommt die tatsächliche Tragweite dieser Entwicklung nicht ausreichend zum Ausdruck. Obwohl die Entstehung von Sprache, Schrift, Rundfunk oder Fernsehen zu bedeutenden kulturellen, sozialen und psychologischen Veränderungen geführt hat, wird ein vergleichbarer Schritt durch die Informatisierung nicht immer gesehen. Als offenkundig erscheint aber die Wechselbeziehung von Computer-Technologie und Mensch in dem Sinne, daß der Computer nicht nur dort eingesetzt wird, wo offensichtlich Bedarf vorhanden ist und „überschaubare Operationen" erforderlich sind, z. B. bei Wetterprognosen, bildgebenden Verfahren in der Medizin, statistischen Berechnungen etc., sondern auch in unüberblickbaren Bereichen, wie z. B. im Aktienhandel – der „blaue Montag" möge als *ein* Beispiel dienen –, oder in entbehrlichen Bereichen, wie bei manchem Kinderspielzeug.

Als besonders bedeutsam erscheinen mir jene Anwendungen der Informationstechnologie, die mit „Macht" in Zusammenhang stehen. Folgt man den klassischen Ausführungen, was Macht ist (French et al., 1959; Raven et al., 1997), so lassen sich (1) Belohnungsmacht, (2) Zwangs- oder Bestrafungsmacht, (3) legitimierte Macht, (4) Vorbildmacht, (5) Expertenmacht und (6) Informationsmacht unterscheiden (Trimmel, 1997b). Danach sind die drei letztgenannten Machtquellen mit der Informationstechnologie unmittelbar verbunden; und die Informationsmacht ist sogar zentral. Die Richtung der Machtausübung ergibt sich unmittelbar aus dem Zugang bzw. der Kontrolle der Informationstechnologie. Unterprivilegierte sind damit mehrfach den Machtmitteln derer, die die Informationstechnologien kontrollieren, einerseits und dem „Reiz" der Technologie andererseits ausgeliefert.

Nur eine verantwortungsbewußte Rahmengestaltung durch die Politiker über die Gesetzgebung einerseits und eine ausgewogene Förderung kognitiver Fähigkeiten *und* emotionaler menschlicher Werte in Schule und Erziehung andererseits erlauben die Ausbildung symmetrischer Strukturen und damit die Wahrung einer Balance zwischen (Be-)Herrscher und Knecht (Subsystem) der Informationstechnologie.

„Der Tierarzt bemühte sich sehr,
und mit emsigem Tastendrücken
rettete er das Leben des Tamagotchi."
(In einer Radiosendung des ORF mit Publikumsbeteiligung im August 1997)

Literaturverzeichnis

Auenhammer T., Auswirkungen der Computertätigkeit auf das schriftliche Verbalverhalten, Wien 1994 (= Diplomarbeit).

Bandura A., Sozial-kognitive Lerntheorie, Stuttgart 1979.

Bandura A., Social Foundations of Thought and Action, Engelwood Cliffs 1986.

Bartlett F. C., Remembering. A study in experimental and social psychology, Cambridge 1932.

Csikszentmihalyi M., Das flow-Erlebnis. Jenseits von Angst und Langeweile. Im Tun aufgehen, Stuttgart 1987.

Csikszentmihalyi M. / Rochberg-Halton E., Der Sinn der Dinge. Das Selbst und die Symbole des Wohnbereichs, Weinheim 1989.

Csikszentmihalyi M. / Csikszentmihalyi I., Die Aussergewöhnliche [sic!] Erfahrung im Alltag. Die Psychologie des Flow-Erlebnisses, Stuttgart 1991.

Dijkstra E. W., On the cruelty of really teaching computing science, in: Communications of the ACM 32 (1989) 1398–1404.

Dorrmann W. / Hinsch R., Manual zur Durchführung und Auswertung des IE-SV-F, Bamberg 1983.

Ewald A., Auswirkungen der Computertätigkeit auf Kontrollüberzeugungen, Wien 1991 (= Diplomarbeit).

Flusser V., Digitaler Schein, in: Rötzer F. (Hg.), Digitaler Schein. Ästhetik der elektronischen Medien, Frankfurt 1991, 147–159.

French J. R. P. / Raven B. H., The basis of social power, in: Cartwright D. (Hg.), Studies in social power, Ann Arbor 1959, 150–167.

Fuhrer U. / Kaiser F. G., Inwiefern kultiviert der Umgang mit Computern unseren Denkstil?, in: Medienpsychologie 4 / Heft 2 (1992) 115–136.

James W., Principles of Psychology, New York 1950.

Krampen G., IPC-Fragebogen zu Kontrollüberzeugungen, Göttingen 1981.

McLuhan M., Die Gutenberggalaxis. Das Ende des Buchzeitalters, Bonn 1995.

Pavlov I. P., Conditioned Reflexes, London 1927.

Pflüger J. / Schurz R., Der maschinelle Charakter: Sozialpsychologische Aspekte des Umganges mit Computern, Opladen 1989.

Rammert W., Computerwelten – Alltagswelten. Von der Kontrastierung zur Variation eines Themas, in: Rammert W. (Hg.), Computerwelten – Alltagswelten. Wie verändert der Computer die soziale Wirklichkeit?, Opladen 1990, 13–26.

Raven B. H. / Kruglanski A. W., Conflict and power, in: Swingle P. (Hg.), The structure of conflict, New York 1997, 69–109.

Rotter J. B., Generalized Expectancies for Internal vs. External Control of Reinforcement, in: Psychological monographs: General and Applied 80 (1966).

Schneider S. / Trimmel M., Elemente des Flußerlebens und Zufriedenheit mit der Arbeitstätigkeit, in: Pawlik K. (Hg.), Abstracts des 39. Kongresses der Deutschen Gesellschaft für Psychologie, Hamburg 1994, 639.

Schwager U. / Trimmel M., Flußerleben als intrinsischer Motivationsfaktor beim Computerspiel?, in: Jirasko M. / Glück J. / Rollett B. (Hg.), Perspektiven psychologischer Forschung in Österreich, Wien 1996, 81–84.

Seligman M. E. P., Erlernte Hilflosigkeit, München 1986.

Skinner B. F., Wissenschaft und menschliches Verhalten, München 1973.

Trimmel M., Angewandte und Experimentelle Neuropsychophysiologie (Applied and Experimental Neuropsychophysiology), Berlin 1990.

Trimmel M. / Mikowitsch A. / Groll-Knapp E. / Haider M., Occurence of infra-slow potential oscillations in relation to task, ability to concentrate and intelligence, in: International Journal of Psychophysiology 9 (1990) 167–170.

Trimmel M., Auswirkungen der Mensch-Computer-Interaktion: psychologische Aspekte, in: Informatik Forum 4 (1992) 194–202.

Trimmel M. / Brand M. / Chmelik R. / Ewald A. / Froeschl K. A. / Huber R. / Motschnig R., Psychological effects of working with display units, in: Luczak H. / Cakir A. E. / Cakir G. (Hg.), Work With Display Units, WWDU'92, Abstract book, Berlin 1992, B-18.

Trimmel M. / Brand M. / Chmelik R. / Ewald A. / Froeschl K. / Huber R. / Motschnig-Pitrik R. / Haider M., Psychological and Psychophysiological Effects of Working with Computers: Experimental Evidence, in: Luczak H. / Cakir A. / Cakir G. (Hg.), Work with displays units '92, Amsterdam 1993, 121–128.

Trimmel M., Computertätigkeit und Realitätsbezug, in: Janig H. (Hg.), Psychologische Forschung in Österreich, Klagenfurt 1994, 224–228.

Trimmel M., Computerspiele – psychologische Auswirkungen und Zusammenhänge mit der Familienstruktur, Wien 1996a.

Trimmel M., Kognitive Psychologie, Wien ^{2}1996b (= Skriptum).

Trimmel M., Bedingungen des Computerspiels und psychologische Auswirkungen bei Jugendlichen, in: Informatik Forum 10 / Heft 4 (1996c) 215–234.

Trimmel M., Wissenschaftliches Arbeiten. Ein Leitfaden für Diplomarbeiten und Dissertationen in den Sozial- und Humanwissenschaften mit besonderer Berücksichtigung der Psychologie, Wien ^{2}1997a.

Trimmel M., Motivation, Wien ^{2}1997b (= Skriptum).

Turkle S., Die Wunschmaschine. Vom Entstehen der Computerkultur, Reinbeck 1984.

Volpert W., Der Zauberlehrling, Weinheim 1985.

Volpert W., Anmerkungen über das Begreifen von Zusammenhängen als Aufgabe und Gegenstand der Psychologie, in: Gergely E. / Goldmann H. (Hg.), Mensch – Computer – Erziehung, Wien 1988, 49–62.

Weizenbaum J., Die Macht der Computer und die Ohnmacht der Vernunft, Frankfurt 1978.

Wittkin H. A., The Embedded Figure Test, Palo Alto 1971.

And you, self-professed infonaut ...
you say you're not religious?
(S. L. Talbott)

Reinhold Esterbauer

Gott im Cyberspace?

Zu religiösen Aspekten neuer Medien

1. Einleitung

Bringt man Religion und moderne Medien in Beziehung, so assoziiert man meist, daß sich Sekten in ihrer Werbung um Mitglieder auch Internet-Seiten mit perfektem Layout zunutze machen und daß die Großkirchen allmählich beginnen, sich ebenfalls dieses neuen Mediums zu bedienen. So hat etwa der Vatikan seit Weihnachten 1995 ein Internet-Angebot online, das zu Ostern 1997 wesentlich erweitert wurde.[1] Viele Landeskirchen und Diözesen informieren Gläubige und Interessierte über ihre Seelsorgeangebote, über kirchliche Organisationen, über das eigene Personal, religiöse Schriften usw. Man kann in religiösen Zeitschriften blättern, kann sich in Datenbanken umsehen, sich über theologische Fakultäten informieren, Nachrichten von kirchlichen Presseagenturen abrufen und noch vieles mehr. Darüber hinaus werden Service-Leistungen wie Aussprache per E-Mail angeboten. Auch den Großkirchen geht es offenbar um die computerunterstützte Verbreitung der eigenen christlichen Botschaft und um computerunterstützte Verkündigung des Evangeliums. Darüber hinaus haben Klöster Internet-Arbeit als Einnahme-Quelle entdeckt.[2]

Wie der Präsident des Päpstlichen Medien-Rates, Erzbischof John P. Foley, im Mai 1997 bei einer Studientagung des von Opus Dei getragenen Päpstlichen Athenäums Santa Croce in Rom mit dem Titel „Die Kommunikation der Kirche: Methoden, Werte und Professionalität" betonte, bietet das Internet die Möglichkeit, die „Evangelisierung auch in totalitär regierten Staaten oder in gewissen islamischen Ländern, die keinerlei öffentliche christliche Glaubensverkündigung zulassen", voranzutreiben.[3] Erzbischof Foley sieht im Internet also neue technische Möglichkeiten, sich über Zensur hinwegzusetzen und Evangelisierung mit neuen Mitteln zu verstärken. Darüber hinaus sieht der Präsident des Päpstlichen Medien-Rates im Internet den Vorteil, daß durch die Überwindung räumlicher und zeitlicher Grenzen weltweit die authentische Lehre der römisch-katholischen Kirche direkt abgerufen werden könne. Denn durch die Tatsache, daß der Vatikan als souveräner Staat eine eigene state-domain besitze, sei gewährleistet, daß alle Internet-Seiten mit dem Endkürzel „.va" auch wirklich im Vatikan erstellt seien.[4]

Für andere Zwecke wiederum verwendet der im Jänner 1995 als Bischof von Evreux abgesetzte nunmehrige Bischof von Partenia das Internet. Sein nur noch dem Namen nach bestehender Bischofssitz ist mittlerweile der Name für eine „virtuelle Diözese" im Internet geworden. Das Diözesangebiet wird virtuell rekonstruiert, zwar nicht das Gebiet der Diözese Evreux, wohl aber ein virtuelles Partenia, also ein längst untergegangener Bischofssitz in der Sahara, dessen Titularbischof Jacques Gaillot jetzt ist. Man findet auf der Homepage dieser „Diözese" den Werdegang des Bischofs, einige seiner Schriften und Briefe werden vorgestellt bzw. sind nachzulesen. Monatlich gibt es elektronische Katechesen, und schließlich kann man auch mit Bischof Gaillot per E-Mail Kontakt aufnehmen und ihm auf diesem Weg schreiben.

Wie die angeführten Beispiele zeigen, benutzen neue religiöse Gemeinschaften und etablierte Kirchen neue Medien und besonders das Internet gleichsam als Werkzeug ihrer Verkündigung. Daß diese aber nicht bloß neutrale Instrumente bilden, sondern daß das Medium selbst Religion im weiten Sinne konstituieren kann, gelangte spätestens mit dem Selbstmord von 39 Mitgliedern der US-amerikanischen Sekte „Heavens's Gate" ins öffentliche Bewußtsein. Denn diese Sekte ist gewissermaßen eine Internet-Sekte, und das in einem doppelten Sinn: Zum einen verdienten sich die Mitglieder ihren Lebensunterhalt über die Firma „Higher Source", die Internet-Dienstleistungen anbot. Und zum anderen war der Massenselbstmord „die Fortsetzung eines Computerspiels"[5], das rituelle Züge angenommen hatte. Die Villa der Sekte – in der Nähe von San Diego gelegen – wurde im Internet zum Verkauf angeboten, wobei sich neben einem Bild des Anwesens ein Hinweis fand, daß die Bewohner plötzlich abgereist seien. Das Zählwerk zeigte nicht die Anzahl der Besucher der Internetseite, sondern die „[n]umber of people who have *killed themselves* since the last time this counter broke"[6], nämlich 39.

Die Abreise, von der auf der Internetseite die Rede war, bezog sich auf den Massenselbstmord. Die Sektenmitglieder hatten geglaubt, daß Götter des Himmelreiches, das sie am Planeten Pluto situiert hatten, vor Millionen von Jahren Menschen auf der Erde ausgesetzt hätten. Alle paar tausend Jahre würden Gesandte von den Göttern auf die Erde geschickt, vor 2000 Jahren Jesus Christus und jetzt der Führer der Sekte, Herff Applewhite. Dieser wollte mit seinen Anhängern zurück auf den Planeten Pluto – in einem Raumschiff, das sich nach seiner Vorstellung im Schweif des 1997 aufgetretenen Kometen Hale Bopp befand. Um dorthin zu kommen, war jedoch eine virtuelle Reise notwendig, die offenbar nur durch Dematerialisierung machbar und ähnlich wie in Science-fiction-Filmen als „beamen" durchführbar schien. Das Abschiedsvideo spricht von der Langeweile in dieser Welt, und das eigene Computerprogramm stellt die virtuelle bessere Welt dar. „Heaven's Gate" öffnet sich nach Ankunft von Hale Bopp am Planeten Pluto mit Blinken und Piepsen, wie man es von Computerspielen kennt. „Die Leute von ‚Heaven's Gate' haben als erste konsequent den Schritt von ihrer materiellen Wirklichkeit in die digitale Simulation vollzogen."[7] Denn die Rückkunft aus der virtuellen in die reale Welt haben sie sich brutal abgeschnitten. Leben und Glauben in simulierten Welten und der damit einhergehende Weltverlust haben die Sektenmitglieder das reale Leben gekostet.

Wie das angeführte Beispiel zeigt, ist es nicht damit getan, das Verhältnis von Digitalisierung und Religion instrumentalursächlich zu erklären und etwa das Internet bloß als Werkzeug der Verkündigung neben anderen zu verstehen.[8] Vielmehr scheint sich über veränderte Medien eine neue religiöse Vorstellungswelt etablieren zu können: Virtuelle Welten generieren neue Religionsformen, insofern Religionen immer – im weitesten Sinn – medial vermittelt sind. Wenn das Medium selbst schon die Botschaft ist (McLuhan),[9] muß Religion unter dem Gesichtspunkt neuer Medien betrachtet werden bzw. sind neue Medien als solche auf ihre religiöse Relevanz hin zu untersuchen. Im folgenden soll versucht werden, einige religiöse Aspekte hervorzuheben, die sich aus dem Umgang mit den sogenannten neuen Medien ergeben.

2. Virtueller Raum als Erfahrungsraum für Transzendenz

Von verschiedenen Seiten wird konstatiert, daß sich parallel zur Entwicklung der neuen Medien mythologische Strukturen herausgebildet hätten. Damit ist zum einen der Sachverhalt angesprochen, daß sich in Science-fiction-Filmen und in Computerspielen Grundkonstellationen alter mythischer Erzählungen wiederholen beziehungsweise daß in ihnen Charakterzüge mythischer Personen neuerlich aufzufinden sind.[10] Andererseits ist jedoch auch festzustellen, daß neue Medialität Mythen generiert. Besondere Bedeutung hat diese Entwicklung für den Bereich der virtuellen Realität, wobei nicht vorhersehbar ist, wie sich solche Mythologisierungen entfalten werden. „... cyberspace will retain a good measure of *mythologic*, the exact manifestation(s) of which, at this point, no one can predict."[11]

Eigenartigerweise geht mit der Entmythologisierung durch technische Errungenschaften auch eine neue Mythologisierung einher. „In dem Maße, wie der Mensch die Götter, den Himmel entmythologisiert und entmystifiziert, mythologisiert er seine eigene Existenz, befrachtet er sein Leben, [sic!] und jedes dingliche Detail mit Bedeutung. Die verlorene Transzendenz (des göttlichen Sinns) kehrt wieder – so könnte man sagen – als ‚Transzendenz' der Dinge und Körper – sie werden zu Chiffren, Hieroglyphen und Zeichen, die auf etwas ‚hinter sich' verweisen."[12] In besonderem Maße scheint das für die Objekte zu gelten, die der Mensch technisch nachahmt, besonders aber für technische Simulationen, die als Alternativen zu Weltdingen gelten. Solche Mythologisierungstendenzen zeigen sich in Versuchen neuer Kolonialisierung von Räumen und in der Neuauflage des amerikanischen Traums, unumschränkte Freiheit zu gewinnen. F. Rötzer hat darauf hingewiesen, daß mit Hilfe digitaler Medien und der Raumfahrt ein „‚Go Cyberspace'" an die Stelle des „Go West" getreten ist und so neue Möglichkeiten für einen Eroberungsmythos frei geworden sind.[13]

Bei technischen Neuerungen von weitreichender Konsequenz wird oftmals mit der Mythologie auch das religiöse Bewußtsein des Menschen angesprochen. „Often a technological vision taps myth consciousness and the religious side of the human spirit."[14] Besonders deutlich wird diese Verschränkung von Technik und religiösem Bewußtsein in der Bewertung von künstlicher Intelligenz. Diese erreicht kosmische, wenn nicht göttliche Dimension. So bezeichnet man in Zukunftsszenarien Wesen künstlicher Intelligenz oft als Engel oder vergleicht sie mit solchen.[15] Dazu kommt, daß virtuelle Räume als Möglichkeiten religiöser Erfahrung angesehen werden, wie das oben angeführte Beispiel der „Heaven's Gate"-Sekte vor Augen führt. Auch Vorstellungen von Erlösung aus dem Elend der realen Welt durch virtuelle Welten und damit einhergehende Fortschrittsutopien zeigen die religiöse Dimension der neuen Medien.

Bevor ich auf diese Beobachtungen näher eingehe, muß noch ein medialer Grundzug angesprochen werden, der solche Mythologisierungstendenzen möglich macht. Virtuelle Realität ermöglicht die Transformation existentieller Bedingungen aus der realen Welt in digitale Strukturen. Da diese Transformation weder unabtrennbar an die Bedingungen der realen Welt gebunden bleibt noch menschlicher Manipulation entzogen ist, sind Veränderungen möglich, die erlauben, reale Wirklichkeit nach eigenen Vorstellungen zu korrigieren. Besonders drei Momente solcher Veränderung scheinen bevorzugt zu sein. M. Heim spricht von der Lichtung eines Realitätsankers mit drei Haken.[16] Zum einen sollen Sterblichkeit und Vergänglichkeit unterlaufen, zum anderen Zeitlichkeit sowie Einmaligkeit abgelöst und zum dritten die Zerbrechlichkeit, die Vorsicht aufnötigt, überwunden werden. So sind quasi ewige Existenzen möglich sowie grenzenlose Vervielfältigungen; zudem stehen digitale Objekte als Code zur Verfügung, der nicht zerbrechlich ist wie konkrete Dinge. Es sind Objekte, über die man verfügen kann. Gerade im Bereich dieser drei Dimensionen erweisen sich simulierte Welten als formbar nach dem Bedarf religiöser Sehnsüchte. Virtuelle Realität wird so immer mehr zur „Wirklichkeitsprothese ..., welche die gesamte wahrnehmbare und ausdenkbare Welt in Perfektion simulieren und tendenziell zu ersetzen vermag"[17]. Sowohl die Simulation von denkbarer Wirklichkeit als auch das Ersetzen realer Wirklichkeitsmomente kommen religiösen Bedürfnissen nach, die sich in simulierter Wirklichkeit anscheinend besser befriedigen lassen als in der realen Welt.

Virtualität in Verbindung mit Religion ist nicht neu und nicht erst mit den neuen Medien aufgetreten. M. Wertheim[18] verweist auf den Einsatz der Perspektive in der religiösen bildenden Kunst. Mit ihrer Entdeckung sei es möglich geworden, zum Beispiel in San Francesco in Assisi oder in der Arena-Kapelle in Padua virtuelle Räume aufzubauen, die mit religiösen Themen gefüllt sind. So sei in der bildenden Kunst die Umsetzung mittelalterlicher Illusionen gelungen. „Die Kirche des Mittelalters wollte auf Erden ein Abbild des Himmels liefern, die Gläubigen sollten sich direkt in das Reich Gottes versetzt fühlen."[19] Bei genauerem Hinsehen zeigt sich, daß solche ästhetischen Simulationen, wie sie die Zentralperspektive möglich machte, keine Referenzobjekte in der Alltagswelt haben. Das ist nach S. Münker sowohl ästhetischen als auch virtuellen Realitäten gemeinsam.[20] Es entspricht nämlich weder der Kunst noch virtuellen Welten, daß man sie als bloße Nachahmungen oder Abbildungen der Alltagswelt versteht. Kunst hat ihre Eigenwelt, die ihre Bestimmung nicht von einer Abbildfunktion her erhält. So zielen weder bildende Kunst noch virtuelle Realitäten darauf ab, die Welt zu verdoppeln. Künstlerisches Schaffen und technische Simulation ereignen sich als eigenständige Bereiche und sind nicht auf Mimesis beschränkt.

Was die virtuelle Welt betrifft, so läßt sich jedoch feststellen, daß sie immer mehr auf die reale zurückgebunden wird, und zwar in dem Sinn, daß – wie oben erwähnt – reale Welt simulierte Prothesen erhält und nach verschiedenen Bedürfnissen durch alternative bessere Welten substituiert wird. Durch diese „Re-Referentialisierung"[21] erhält virtuelle Realität die Anziehungskraft, die sie zum Raum macht, in dem religiöse Wünsche von der realen Welt aus verwirklicht werden können. Dazu kommt mit der Simulation die Möglichkeit, daß sich der Mensch solche Wünsche selbst erfüllen und daß er das in der realen Welt nicht Verfügbare selbst herstellen kann. Damit scheint Transzendentes in einer alternativen Welt produzierbar zu sein, nämlich nach eigenem Design. Der nunmehr scheinbar transzendente Bereich hat Bezug zur Lebenswelt, übersteigt diese jedoch, weil Grundbedingungen der Endlichkeit abgestreift erscheinen. In diesem Sinn ist virtuelle Welt ein die reale Welt transzendierender Raum. Die zu erfahrende Transzendenz ist hergestellte Transzendenz und ist als solche Basis für die virtuell bestimmte religiöse Erfahrung.

Darüber hinaus bekommt das Medium selbst Züge von Transzendenz, allerdings in einem anderen Sinn. Denn die Tatsache, daß technische Simulation Möglichkeiten für virtuelle Welten eröffnet, ist nicht selbst wiederum simulierbar und folglich nicht Teil der virtuellen Welt. Hier kündigt sich – aus der Sicht der Technik – eine Unverfügbarkeit an, die sich einer Digitalisierung widersetzt.

3. Simulation als Entleiblichung: „being digital"

Auf dem Weg religiöser Erfahrung in einer virtuellen Welt ereignet sich für die Erfahrende und den Erfahrenden eine wichtige Veränderung, die ihren Grund in der Struktur des Mediums hat. Nicht nur was als religiös bedeutsam erfahren wird, sondern auch die bzw. der Erfahrende selbst werden durch das Medium verändert. Virtuelle religiöse Subjekte sind leiblos. Die ontologische Voraussetzung dafür gibt die Tatsache ab, daß im virtuellen Raum nur als seiend angesehen werden kann, was elektronisch simulierbar und daher digitalisierbar ist. Der Computer ist die „logische Universalmaschine", die bestimmt, was als seiend zu gelten hat und was nicht.[22] Leben wird definiert als das Berechenbare, Verstehen als die Fähigkeit zu simulieren und Denken als Rechnen.[23] Als Grundbestimmung einer solchen digitalen Ontologie kann folgender Satz von R. Capurro gelten, den dieser in Anlehnung an G. Berkeley geprägt hat: „esse est computari".[24] Da Simulation als der Maßstab für Sein angesehen wird, ist bloß die simulierte Wirklichkeit in diesem Sinne seiend. Das bedeutet, daß das digitale Subjekt seinen Leib verliert, insofern es in virtuelle Realitäten eintaucht, die leibliche Präsenz nicht erfordern.

Durch die erfolgte Entleiblichung können virtuelle Subjekte scheinbar leiblos leben. Freilich ist der leiblich präsente Mensch derjenige, der in die digitale Welt eintritt. Er bleibt an seine Sinne und an den leiblichen Vollzug seines Daseins rückgebunden. Aber für die Aktivitäten im virtuellen Raum scheint ein Abstreifen des eigenen Leibes möglich zu sein: Man ist im virtuellen Raum nicht ortsgebunden, man kann andere Identitäten annehmen, Zeiten überbrücken usw. Es scheint der Ideenhimmel Platons zu sein, in dem man sich bewegt.[25] Damit einher geht Dauerhaftigkeit des virtuellen Subjekts. Die Reduktion des Subjekts auf digital speicherbare Daten läßt dieses nämlich nicht mehr an die Vergänglichkeit des Leibes gebunden sein, sondern macht es kopierbar und somit auf andere „Träger" als den Leib übertragbar. Dadurch erhält es Stabilität, die durch die Abgrenzung von leiblichem Dasein gewonnen ist.[26] Physische Präsenz ist im Computer-Netz nicht vonnöten. „The body is not there."[27]

Die Grundlage für solche Überlegungen der Entleiblichung durch Digitalisierung ist eine dualistische Sicht des Menschen, die diesen in zwei klar separierbare Bestandteile aufteilen möchte, von denen man annimmt, daß sie einfach voneinander getrennt werden können. Abgesehen davon, daß man ignoriert, daß der Cybernaut nicht ohne seine Sinnesorgane und ohne die Betätigung von Apparaten in die virtuelle Welt eintauchen kann, wird ein Geistwesen angenommen, das körperlos lebt. Diese Trennung von Leib und Geist geht einher mit der Abwertung des Leibes. Dieser gilt als beschwerlich und sowohl zeitlich als auch räumlich einengend. Deshalb soll er abgestreift werden. Unschwer erkennt man darin nicht nur eine dualistische Grundkonzeption des Menschen, sondern auch eine Abwertung der Leiblichkeit, die sich als verkappte gnostische Auffassung zu erkennen gibt: „The user feels the body to be ‚meat,' [sic!] or a chiefly passive material component of cyberspace, while the on-line mind lives blissfully on its own."[28]

Das digitale Subjekt ist als speicherbares Geistwesen angesetzt, das losgelöst von der realen Leiblichkeit existiert. Der Geistaspekt wird simuliert, und der Leibaspekt wird eliminiert. Durch die Digitalisierung kann das bloß geistig existierende digitale Subjekt auf viele verschiedene Informationsträger aufgesetzt werden, die gleichsam die Stelle seines Leibes übernehmen. Dann wird zwar der reale Leib abgestreift, nicht aber simuliert, sondern substituiert. „Entscheidender als jede *Simulation* realer Körper ist die temporäre *Substitution* der leiblich-konkreten durch eine geistig-abstrakte Existenzweise. Der multimedial aufgerüstete PC ist mehr als das Werkzeug seines Benutzers eine Extension seines Selbst."[29] Der PC ersetzt nämlich offenbar den abgestreiften Leib.

Die aus einem gnostischen Dualismus herstammende Geistauffassung, die es erlaubt, den Leib abzuwerten und als zu überwindende Instanz anzusehen, wirkt auf die Leibauffassung zurück. Wie die Vorstellung von der Substitution des Leibes zeigt, wird dieser zur Maschine, die durch andere informationsverarbeitende Maschinen ersetzt werden kann. Das bedeutet, daß sich der Mensch selbst von informationsverarbeitenden Maschinen her versteht und sich die dort gemachte Unterscheidung von Hardware und Software überstülpt. Der homo informaticus stuft sich, wie Capurro betont, „zwischen niedrigeren und höheren informationsverarbeitenden Systemen" ein.[30] Das bedeutet, daß eine austauschbare Maschine als Substitut seines realen Leibes die über den Leib vermittelte Identität unterläuft und auflöst. Es bleiben nur noch speicherbare Eigenschaften übrig, deren Konglomerat den Menschen ausmachen und identifizieren soll.

Eine solche Doppelung oder Vervielfachung von Leibern ermöglicht eine scheinbare Vervielfachung von Existenzen. Diese Paradoxie steigert sich noch, weil auch verschiedene Realitäten zur Verfügung stehen, in denen man sich bewegen kann. Als solche „casting agents of being"[31] können Menschen ihr reales Leben leben, daneben aber auch Netzidentitäten mit verschiedenen Leibern annehmen und dazwischen wechseln. „Jeder, der mit der angestammten Identität seine Probleme hat, bekommt so viele ‚zweite Chancen', wie er zu brauchen glaubt. Wir werden halben Menschen und Viertelmenschen begegnen, Bruchteilexistenzen, die zwar über keine aktiv erworbene und lebenspraktisch beglaubigte Identität, wohl aber über eine – vermehrbare – Vielzahl von passiven elektronischen Netzidentitäten verfügen."[32] Solches hat ansatzweise K. Argyle am Beispiel des Todes thematisiert.[33] Es gibt plötzlich mehrere mögliche Tode. Zum einen kann man für das Netz sterben, also aus Bereichen des Netzes oder überhaupt aus dem Netz aussteigen. Oder es sterben „Creatures" in der virtuellen Welt, mit denen man sich identifiziert oder um die man trauert.[34] Zum anderen besteht immer noch der reale Tod. Der Tote, der einen realen Tod gestorben ist, kann allerdings wiederum für das Netzleben relevant werden. So kann der in realer Wirklichkeit Tote im Netz weiterleben, freilich nur als Text oder als Bild, nicht aber als ein aktiv in das Netzgeschehen Eingreifender. Wie man im Cyberspace ein Mensch mit verschiedenen Identitäten sein kann, so kann man auch verschiedene Tode sterben.

4. Engel

Wie sichtbar geworden ist, zeichnen sich Subjekte im Cyberspace unter anderem durch ihre Leiblosigkeit, gleichsam reine Geistigkeit, und durch vielfache Identität aus. Solche Bestimmungen veranlassen manche Theoretiker virtueller Realität, virtuelle Subjekte mit Engeln zu vergleichen. Denn solchen Eigenschaften entsprechen einige Attribute, die Thomas von Aquin den Engeln zuschreibt. Er setzt sie als immaterielle Wesen an: „... impossibile est quod substantia intellectualis habeat qualemcumque materiam", „... substantia intellectualis est omnino immaterialis".[35] Weil ihm Materie als Individuationsprinzip fehlt, wird jeder Engel als Gattung betrachtet, ihm ist also nicht die einem Individuum zukommende Identität eigen. Thomas hält fest, daß es nicht zwei Engel ein und derselben Art geben kann.[36] Eine weitere Parallele besteht in der Fähigkeit des Engels, Körper anzunehmen, vergleichbar einem Subjekt im Cyberspace, das auf verschiedenen Rechnern aufgesetzt werden kann: „Cum igitur angeli neque corpora sint, neque habeant corpora naturaliter sibi unita, ut ex dictis patet, relinquitur quod interdum corpora assumant."[37] Freilich wird dabei die virtuelle Leiblichkeit, die einem virtuellen Subjekt zugeschrieben wird und die sich darin erschöpft, daß sie ein bloßer Maschinen-Körper ist, reduktionistisch verkürzt.

Ähnlich wie der Erzengel in den ethischen Debatten um den Ansatz von R. M. Hare Hochkonjunktur hat,[38] werden Engel sehr oft als Vergleichsobjekte für virtuelle Subjektivität herangezogen.[39] Neben den schon erwähnten Parallelen interessieren vor allem die Ab- bzw. Unabhängigkeit von Raum und Zeit sowohl der Engel als auch der Subjekte im Cyberspace. Nach Thomas kann der Engel zwar nicht überall zugleich sein,[40] aber dennoch ist er nicht auf die stetige Bewegung, an die ein irdisches Wesen gebunden ist, angewiesen, sondern kann den Raum gleichsam sprunghaft durchmessen: „Et potest etiam totum locum simul dimittere, et toti alteri loco simul se applicare; et sic motus ejus non erit continuus."[41] Im Vergleich dazu scheint ein virtuelles Subjekt noch einen Vorsprung zu haben. Denn wie G. Großklaus gezeigt hat, ist es seit der Erfindung der Television und des Fernsehens möglich, räumlich Getrenntes simultan zu schalten und dadurch räumliche Differenzen aufzuheben.[42] Während der Engel in seiner Bewegung auf das Hintereinander angewiesen bleibt, bildet es für den Fernsehzuschauer bzw. den Cybernauten keine Schwierigkeit, an verschiedenen Orten zugleich zu sein.

Eine weitere Parallele läßt sich in bezug auf die zeitliche Existenz von Engel und virtuellem Subjekt ziehen. Thomas schreibt den Engeln zwar nicht „immortalitas perfecta" zu, wohl aber Unvergänglichkeit. Der Grund für die „incorruptibilitas" liegt darin, daß der Engel als immaterielles Wesen angesetzt ist.[43] Da nur die Materie der Vergänglichkeit unterworfen ist, kann ein leibloses Wesen über die Zeit hinweg bestehen, ohne zugrunde zu gehen. Ähnlich scheint auch das speicherbare und rein auf Informationsgehalt reduzierte Subjekt im Cyberspace materiell unabhängig zu sein, sodaß an eine Zerstörung nicht zu denken ist und ewiges Leben möglich scheint. Solche Ewigkeit ist zwar keine Ewigkeit im Sinne von „aeternitas", wohl aber im Sinne von „sempiternitas".[44] Die Möglichkeit, verschiedene Maschinen als materielle Basis annehmen zu können, verleiht dem virtuellen Subjekt, das eine nur ihm zugehörige und es damit identifizierende Leiblichkeit abgelegt zu haben scheint, Dauerhaftigkeit und schützt es vor Vergänglichkeit. So nährt die Loslösung vom Leib, der nur als Hindernis erscheint, die Hoffnung auf räumliche und zeitliche Ungebundenheit und damit die Sehnsucht nach technisch vermittelter Unsterblichkeit.

Trotz aller ins Spiel gebrachter Parallelen zwischen Engel und Infonaut wird eine Differenz meist vergessen. Wie der Name schon sagt, ist der Engel ein Bote, oft ein Bote Gottes, der für die Authentizität dessen steht, was er verkündet. Ein Engel informiert nicht nur, sondern bezeugt, was er sagt. Er ist also ein Bild dafür, daß zum Beispiel Gott als Person das vertritt, was der Engel übermittelt. Diese Dimension ist allerdings in der Diskussion über den Cyberspace kaum von Bedeutung. Stillschweigend wird in Kauf genommen, daß das digitale Subjekt nicht personal für seine Botschaft haftet. Schon die verschiedenen Identitäten, die es annehmen kann, entpersonalisieren das Gesagte und machen es zu bloßer Information, für die die Glaubwürdigkeit dessen, der sie weitergibt, keine Rolle mehr spielt. P. Sloterdijk verweist auf eine solche Entwicklung in der Mediengesellschaft, wenn er meint, daß heute zwar alle Engel im Sinne von Botschaftern sein möchten, daß diese aber einerseits nichts zu sagen hätten und andererseits auch nicht bereit seien, selbst eine Botschaft zu empfangen. In einer solchen „Epoche der leeren Engel" könne auch nicht mehr von einem Evangelium gesprochen werden. Die Tatsache, daß heute ein solcher „[m]edialer Nihilismus" herrsche, sei das „Dysangelium der Gegenwart".[45] Offenbar sind die „Engel" im Cyberspace von Boten zu bloßen Informanten geworden.

5. Selbstvergottung

Mit der gnostischen Abwertung des Leibes und der damit einhergehenden Tendenz, sich des Leibes zu entledigen und sich zu einem reinen Geistwesen umzuformen, scheint der Weg offenzustehen, Vergänglichkeit abzuschütteln. In den zwei vorhergehenden Kapiteln habe ich zu zeigen versucht, daß die Grundlage für religiös anmutende und den Cyberspace betreffende Euphorien vornehmlich in solchen Vorstellungen zu suchen ist. Durch die Immaterialität virtueller Subjekte und deren Fähigkeit, unterschiedliche Maschinen als Körper annehmen zu können, hoffen reale Menschen, durch eine Mutation zu Cybernauten von Ort und Zeit unabhängig zu werden und dadurch der Vergänglichkeit zu entkommen. Was diese Vorstellungen weiter verstärkt, ist die Tatsache, daß solche Wünsche offenbar technisch realisierbar sind. Das heißt, daß sich der Mensch selbst zu einem solchen Menschen *machen* kann. P. Lévy beispielsweise spricht von einem „immanenten Himmel" und sieht den theologischen Diskurs durch „ein unwiderruflich technologisches, semiotisches und sozio-organisatorisches Dispositiv" ersetzt.[46] In seiner an religiöse Sprache erinnernden Diktion meint Lévy: „Es handelt sich zwar noch immer darum, das Menschliche dem Göttlichen anzunähern ..., aber diesmal sind es reale, greifbare menschliche Kollektive, die gemeinsam ihre Himmel konstruieren, die ihr Licht aus Gedanken und Schöpfungen beziehen, welche hier unten entstehen. Was theologisch war, wird technologisch."[47] Die „himmlische Welt der Engel" wird zum „Bereich der virtuellen Welten", und zwar durch technisches Konstruieren.[48]

Offenbar besteht die Möglichkeit, die Träume von Unsterblichkeit und ewigem Leben technisch zu realisieren. Es geht nun nicht mehr darum – wie etwa noch bei F. Bacon –, den Zustand des verlorenen Paradieses wiederherzustellen,[49] sondern darum, sich das entsprechende Paradies und den entsprechenden Gott zu simulieren. Nicht mehr die Gottebenbildlichkeit des Menschen ist das Hauptthema, sondern die Menschenebenbildlichkeit Gottes. Zunächst scheint sich der Cybernaut nach der Feuerbachschen Denkfigur zu verhalten, wonach der Mensch das Idealbild seines Wesens in den Himmel projiziert.[50] So meint S. L. Talbott, daß das menschliche Bewußtsein einst die Bühne gewesen sei, auf der die Götter spielten, daß jetzt aber der Mensch „erwachsen" geworden sei, „so as to stand firmly within himself and to project his own thoughts out into the universe"[51]. Doch nicht das Idealbild seiner selbst, sondern der einem selbst genehme Gott wird an den Himmel geworfen; sodann wird dieser nicht in den Himmel, sondern in die virtuelle Welt projiziert; und wenn man genau hinblickt, wird nicht bloß gedanklich projiziert, sondern technisch simuliert.

Solche Simulationen entpersonifizieren Gott. Nicht Gott wird simuliert, sondern vielmehr das in konkreten Religionen geglaubte und für die Zukunft erhoffte Handeln Gottes wie erlösen, auferwecken oder zur Unsterblichkeit verhelfen. F. J. Tipler zum Beispiel möchte dem Kältetod des Universums dadurch entkommen, daß der Mensch, den er als Maschine mit endlich vielen Zuständen definiert,[52] das Universum in Von-Neumann-Sonden kolonialisiert und während des Endkollapses auf die Energieverteilung so Einfluß nimmt, daß Energieflüsse aufrecht bleiben. Damit könne man Information weitervermitteln, und folglich könne der Mensch, den Tipler auf Information beschränkt, rekonstruiert werden und so ewiges Leben erhalten, also „auferstehen". Unsterblichkeit soll nach vielen Cyberspace-Theoretikern durch „DNA downloading and brain decoding"[53] gewonnen und erlangt werden.

Das früher Gott zugeschriebene Handeln möchte nun der Mensch selbst technisch bewerkstelligen. Auferweckungsphantasien werden für technisch durchführbar gehalten.[54] Ähnlich gestaltet sich dabei jeweils der Ansatz bei der Befreiung vom realen Leib. Dieser gilt als das Hindernis, das es dem Menschen unmöglich macht, die eigene Hinfälligkeit und Vergänglichkeit zu überwinden. „Die Ablösung vom Körper erscheint als Erlösung von dessen vergänglicher Schwäche und flüchtiger Materialität ..."[55] Durch die dualistische Zweiteilung von Geist und Leib und die Zuschreibung von negativ gefaßter Kontingenz an den Leib wird das Abstreifen des Leibes zur vorrangigen technischen Aufgabe. Die leibfreie Existenz wird zur Utopie erlösten und unbeschwerten Lebens. Bühl sieht in seiner Besprechung der technokratischen Erlösungsvorstellungen von Moravec in solchen Versuchen „einen modernen christlichen Auferstehungsmythos im Zeitalter der Maschinendominanz"[56]. Insofern christliches Verständnis des Verhältnisses von Leib und Seele streng dualistisch war und leibfeindliche Positionen Konjunktur hatten, konnte es für religiöse Aufladungen virtueller Subjektivität Pate stehen. Verknüpft man solche Vorstellungen nämlich mit technischer Substitution des Leibes durch Maschinen, so wird das Erlösungshandeln zur Sache des Menschen. Virtuelle Realität erscheint als „raw and unbounded potential for new being"[57]. Dieses neue Sein ist das Ergebnis „digitaler Erlösung"[58] und hat den Cyberspace als Paradiesesraum, den sich der Erlöste selbst gestaltet hat. Das besonders Faszinierende an solchen Vorstellungen ist, daß man in dieses Paradies gelangen kann, bevor man stirbt.[59]

Zunächst möchte man meinen, daß Vorstellungen, die derartige Soteriologien hervorbringen, auf eine Verdoppelung der Wirklichkeit hinausliefen. Zur Realität, in der der Benutzer oder die Benutzerin von Computern in leib-seelischer Einheit leben und ihren PC bedienen, wird die virtuelle Realität als technisch hergestellte Alternativ-Wirklichkeit hinzugefügt. Wie das obige Beispiel des Leibparadoxes gezeigt hat, sind dann verschiedene Tode möglich und Mehrfachidentitäten neben der Identität in der realen Wirklichkeit denkbar. Sobald jedoch soteriologische Vorstellungen ins Spiel gebracht werden, geht die Tendenz dahin, die reale Wirklichkeit zu ersetzen, nämlich durch eine virtuelle Wirklichkeit, die besser sein soll als die reale. Es geht dann um wirkliches Abstreifen irdischer Existenz und daher um „simulatorische *Ersetzung* von Welt und Wirklichkeit"[60]. Angestrebt wird gleichsam eine der realen Wirklichkeit transzendente Welt, die als technische Wirklichkeit vorliegt.

Der Ersatz realer durch virtuelle Wirklichkeit erweist sich als Raum für die herkömmlich nicht realisierbaren Möglichkeiten. Da Möglichkeiten als in der Zukunft zu realisierende Stücke für die Ersatzwelt erscheinen, ist eine über Computersimulationen vermittelte Soteriologie wesentlich futurisch. Während das Fernsehen noch ein präsentisches Medium war, ist der Computer als ein Möglichkeitsmedium futurisch.[61] Wegen der technischen Realisierbarkeit virtueller Welten ist diese Zukunft zugleich vom Menschen herstellbar und daher in der Gegenwart setzbar. So bleibt die mögliche Zukunft nicht eine unverfügbare Größe, sondern wird als technische Konstruktion präsent und daher wirklich. Artikuliert man solche Möglichkeiten im Bereich religiöser Vorstellungen, so wird die christliche Spannung von futurischer und präsentischer Eschatologie auf den präsentischen Pol hin abgespannt. Denn über das ehemals unverfügbare Erlösungshandeln Gottes in der Zukunft ist nun in der Gegenwart zu verfügen. Erlösung ist *jetzt* machbar, und zwar vom Menschen selbst. Anstelle Gottes als des Erlösers tritt der Cybernaut, der im virtuellen Raum die Bedingungen für sein Erlöst-Sein – quasi individuell abgestimmt – simuliert. Über das ehemals Unverfügbare verfügt der Mensch, der sich scheinbar selbst erlösen kann.

Solche „Selbstvergottung" geht einher mit der „Apokalypse der Erde".[62] Denn nur um den Preis des Verlassens der realen leiblichen Existenz kann dieses menschliche Erlösungsprojekt ins Werk gesetzt werden. Als sein eigener Erlöser ist der Mensch zugleich sein eigener Neuschöpfer. Nicht nur, daß das „maßgeschneiderte Paradies"[63] im Bereich des Möglichen liegt, sondern auch das „Selbstdesign" für die virtuelle Realität. Mit dem „Gott-Spielen" ist nicht nur das Schaffen eigener Wirklichkeiten gemeint,[64] sondern auch die Neubestimmung eigener Identität für die Existenz im Cyberspace. Ähnlich wie man andere Wesen für die virtuelle Realität – etwa in Computerspielen –[65] schafft, schafft man sich nach eigenen Vorstellungen selbst um. Dieses „unser Schöpfer-Traum(a)"[66] verheißt leidbefreites und unbegrenztes Neu-Sein, zumal völlig verschiedene Identitäten zur Auswahl zu stehen scheinen.

Die Frage ist dann, welche Götter solche Menschen sind. Offenbar sind sie Götter, die ihre Göttlichkeit dadurch unter Beweis stellen, daß sie als um den Leib verkürzte und durch technische Prothesen gestützte Menschen digitale Zeit- und Ortsungebundenheit für sich technisch realisieren. Die vornehmste „göttliche" Handlung ist die Selbstreduktion des Menschen zum vermeintlichen Geist einer Maschine, die die Bedingungen solcher Existenz abgibt. Die vom Menschen hergestellten Maschinen bilden den Bedingungsrahmen für das, was digitale Existenz sein kann. So sind solche Menschen durch die technisch bewerkstelligte Selbstvergottung zum Remake der eigenen Maschinen geworden.[67]

6. Heiliges virtuell

Das vorgestellte Konzept von Selbstvergottung mit technischer Hilfe hat gezeigt, daß der transzendente Bereich in die Verfügung durch den Menschen gelangen soll. So entkleidet man Gott oder das Transzendente gleichsam seiner Heiligkeit, zu der das Moment der Unverfügbarkeit gehört. Ein verfügbarer Gott, der in das Kalkül berechnender Rationalität eingefügt werden kann, kann nicht mehr als der ganz Andere[68] angesprochen werden; er ist nicht mehr befremdlich oder mit einem Mysterium behaftet, sondern als begriffener kalkulierbar. Wie im vorhergehenden Abschnitt gezeigt, bewirkt die Simulation göttlichen Handelns den Verlust göttlicher Personalität. Als Agens eschatologischen und soteriologischen Handelns tritt der Mensch an die Stelle Gottes. C. Wessely bezeichnet solches Umgehen mit dem Heiligen als „Travestie von Transzendenz"[69]. Mir scheint die Travestie darin zu liegen, daß die Spannung zwischen Menschlich-Verfügbarem und Göttlich-Unverfügbarem auf eine Ortsdichotomie umgelegt wird. Die Bereiche bleiben zwar getrennt, da reale und virtuelle Welt auseinandergehalten werden, aber die Verfügbarkeit durch den Menschen bestimmt beide Welten. Da letztere in der virtuellen Welt besonders zum Tragen kommt, ist unter der Maxime technischer Beherrschbarkeit auch die Tendenz verständlich, daß die reale Welt zugunsten der virtuellen abgewertet und teilweise substituiert wird.

Trotz des Verlustes der Unverfügbarkeit wird in bezug auf Simulationen im Cyberspace von heiliger Welt gesprochen: Das elektronische Neue Jerusalem gilt als die eschatologische Vollendung der Auferstehungsvorstellungen.[70] Mit dieser Metapher des Neuen Jerusalem („The Heavenly City") operiert auch M. Benedikt und meint, daß diese Stadt in der Vorstellung der Informationstheoretiker durch Ganzheit und Heiligkeit ausgezeichnet sei („whole and holy").[71]

Wenn schon Gott verabschiedet wird und seine Funktion auf den Menschen übergegangen zu sein scheint, so bleiben dennoch Bestimmungen aufrecht, die gewöhnlich für das Heilige in Anspruch genommen werden. Beispielsweise gelten das „Ganzseinkönnen" und das „Heile", das als „das integrale Ganzsein" verstanden wird, als Grundbestimmungen des Heiligen.[72] Und genau diese Verschränkung von Ganzsein und Heiligem wird auch in der Metapher vom Himmlischen Jerusalem im Cyberspace – etwa von M. Benedikt – angesprochen. Der Gestaltungsraum des Cyberspace verspricht die Möglichkeit, mit Hilfe technischer Mittel ein integrales Dasein konstruieren zu können, das der Sehnsucht nach heilem und unversehrtem Leben nachkommt. So wird der Cyberspace als heiliger Raum erfahren, in den einzudringen ein quasi-religiöser Akt ist. Denn er ist der Platz für das eigene Ich, das als erlöstes einen neuen Entfaltungsraum erhalten soll. Das Leben dort gilt als das erlöste, heile und heiligmäßige Leben, das zum Leben hier in Kontrast steht.

Die Tendenz, auch in den neuen Medien einen Erfahrungsraum für Transzendenz zu erblicken, findet sich auch bei M. McLuhan. McLuhan wirft M. Eliade vor, daß er nur den vor-alphabetischen, also bloß oral kommunizierenden Menschen als sakralen Menschen akzeptiere, weil er das Alphabet und damit die ganze Schriftkultur mit Rationalität verknüpfe, das Heilige aber nur als das Irrationale fasse.[73] Unabhängig von der Frage, ob McLuhan Eliades Ansatz gerecht wird, fällt auf, daß ersterer das Archaische von religiöser Erfahrung nicht auf eine bloß orale Kultur beschränkt wissen möchte. Zu den Errungenschaften der Elektrotechnik, die die neuen Medien möglich machten, habe sich „der moderne Mensch zusätzlich noch all die Dimensionen des archaischen Menschen" geschaffen.[74] Deshalb sei das Konzept von Eliade, nur den oralen Menschen einen religiösen zu nennen, „ebenso willkürlich und wirklichkeitsfremd, wie wenn man die Blondinen bestialisch nennen wollte"[75]. McLuhan plädiert dafür, religiöse Erfahrung nicht exklusiv an ein bestimmtes Medium zu binden, sondern in seiner jeweiligen Ausprägung je nach Medium ernst zu nehmen.

Zu fragen bleibt allerdings, an welche Inhalte eine solche Möglichkeit religiöser Erfahrung gebunden ist. Die obigen Analysen haben ergeben, daß es sich gleichsam um eine Heiligkeit ohne Gott handelt, die an der technischen Verfügbarkeit soteriologischer und eschatologischer Wünsche hängt. Anders als in klassischen Konzepten, in denen Erfahrung des Heiligen wesentlich an dessen Unverfügbarkeit gebunden ist, zieht in den modernen Medien an der herrschenden Idee der Verfügbarkeit und Herstellbarkeit ein weiteres Moment des Heiligen die Aufmerksamkeit auf sich. Nicht mehr inhaltlich bestimmte Vorstellungen sind Ausgangspunkt für die Erfahrung von Heiligem, sondern das Medium selbst. Erlösung, Auferstehung, besseres Leben usw. scheinen säkularisiert und verfügbar. Aber das Faktum, daß diese Herstellungsutopien nun zu gelingen scheinen, wird als nicht selbst wieder verfügbar erachtet.

Nicht sind religiöse Erfahrungen im Internet *„in dem Maße möglich, als sie via herkömmlicher Medien bereits erfahrbar sind"*[76]. Denn das Medium selbst ändert das Erfahrbare. Die Veränderung der Inhalte ist das eigentlich Frappierende, das religiöse Erfahrung zuläßt. Wie G. Großklaus bemerkt, ist die Neuheit der Simulation das besonders Reizvolle. „Von verlockendem und beängstigendem Reiz zugleich sind sicherlich die neuen simulatorischen Bildwelten, die uns die Computer-Graphik und -Animation erschließt [sic!] ..."[77] Die angesprochene Doppelheit von Verlockung und Ängstigung tritt bei der Verwendung der neuen Medien besonders hervor. Mit Verweis auf eine Stelle in H. Heines „Lutetia", wo es heißt, daß „das Unbekannte ... seinen schauerlichen Reiz [ausübe], verlockend und zugleich beängstigend"[78], gibt Großklaus den Fingerzeig, daß dieser doppelte Reiz an der Neuheit einer Entwicklung hängt. Eigentümlicherweise sind aber gerade die beiden angesprochenen Stimmungsmomente Bestimmungen, die R. Otto für das Heilige gegeben hat. Als „tremendum"[79] und als „fascinans"[80] ist das Neue und zugleich Unbekannte das Schauerliche, das ihm trotz aller technischen Verfügbarkeit einen Anstrich des Heiligen gibt.

Heine hat das angeführte Zitat auf die Entwicklung der Eisenbahn gemünzt. So scheint es naheliegend, daß analog zum Gewöhnungseffekt in bezug auf die Eisenbahn auch die neuen Medien spätestens in der jetzt heranwachsenden Generation zur Selbstverständlichkeit geworden sein werden. Das würde bedeuten, daß die Momente religiöser Erfahrung parallel zum selbstverständlichen Umgang mit neuen Medien verlorengehen. Doch scheint mir die besondere Struktur von Medien, die Simulationen erlauben, dagegen zu sprechen. Denn – wie oben bemerkt – sind Medien mit Simulation futurische Medien, die einen Möglichkeitsraum abstecken und diesen durch künstliche Realisierung auffüllen sollen. Durch den Zukunftsaspekt bleibt stets etwas zu entdecken, das heißt: Es ist immer noch Neues einzuholen und technisch herzustellen. Wie die Ausführungen über den Konnex von neuen Medien und Eroberungsphantasien gezeigt haben, bleibt im Cyberspace jeweils etwas Neues zurück, das es zu entdecken gilt. Das Neue als Antrieb technischer Konstruktion ist dem Umgang mit virtuellen Welten gleichsam wesenhaft eigen. Als Medien des Möglichkeitsraumes sind die neuen Medien auf Neuheit ausgerichtet, und deshalb befinden sich ihre Benutzer ständig in der Stimmung von Anziehung und Scheu. Das bedeutet, daß der Umgang mit Medien, die Simulationen ermöglichen, mit Bestimmungen des Heiligen konfrontiert. Dieses Heilige ist zwar ein Heiliges ohne Gott – es sei denn mit dem Menschen als Gott –, aber ein Moment des Unverfügbaren, da der technisch auszugestaltende Möglichkeitsraum nie erobert und damit gefaßt ist.

Unabhängig von den inhaltlichen Bestimmungen des Cyberspace bleiben die Konstruktion neuer virtueller Welten und das Surfen durch diese begleitet von heiliger Scheu. „The model of user navigation can be balanced by the model of pilgrimage and sacred awe."[81] Das Religiöse ist in Cyberwelten also nicht völlig verlorengegangen. Obwohl durch die technische Aneignung zentraler religiöser Vorstellungen eine transzendente Instanz als überflüssig erscheint, ist doch Heiliges erfahrbar. Das Medium selbst erweist sich nämlich als auf Unverfügbares hin offen, das erfahren wird. „The ultimate VR [= virtual reality; R.E.] is a philosophical experience, probably an experience of the sublime or awesome."[82]

Solche religiöse Erfahrung als Erfahrung des Heiligen ist auch dann nicht zu leugnen, wenn – zwar aus quasi religiösen Antrieben gespeist – die Entsakralisierung von ewigem Leben, Auferweckung, Mehrfachidentitäten usw. durch die technische Konstruktion von alternativen Welten vollzogen werden soll. Die Verwirklichung religiöser Träume durch den Menschen selbst scheint zwar das Fundament technischer Fortschrittsutopien zu sein,[83] aber diesem Unternehmen gelingt es nicht, Unverfügbares gänzlich in technisch Verfügbares zu verwandeln oder jegliche Scheu vor Unverfügbarem abzulegen. Auch der Cybernaut bleibt von religiöser Erfahrung herausgefordert.

7. Neue Medien und Verkündigung der Kirchen

Nach den oben ausgeführten Überlegungen ist es nun möglich, die am Anfang geäußerte Behauptung wieder aufzunehmen, daß eine instrumentalursächliche Sicht von Medien in der Verkündigung zu kurz greift. Da das Medium die Botschaft mitbestimmt und ihren Inhalt mit prägt, ist es eine Unterbestimmung neuer Medien, sie nur als neutrale Mittel der Verkündigung aufzufassen. Es dürfte einsichtig geworden sein, daß religiöse Sehnsüchte nicht mehr nur in Religionsgemeinschaften ihren Platz finden, sondern daß mediale Ersatzräume religiöses Handeln umleiten und auf technisches Handeln kanalisieren können. Medientheoretiker wie B. Sherman und P. Judkins gehen so weit, daß sie behaupten, daß das Gott-Spielen im „maßgeschneiderten Paradies" die „institutionalisierten Kirchen vor bisher nie gekannte Herausforderungen" stelle.[84] Sie meinen, daß die Kirchen zunächst ähnlich ablehnend reagieren werden wie im Fall Galilei, dann aber mit Hilfe des Cyberspace die größte Bekehrungswelle seit den Kreuzzügen auslösen werden. Der Grund für die Schwierigkeiten der Kirchen bestünde darin, daß spirituelles Leben jenseits kirchlicher Organisationen möglich geworden sei und daß eine neue technische Form von Religion ein herstellbares Paradies verspreche.[85]

Wenn diese Darstellungen auch überzogen klingen, so ist doch nicht zu übersehen, daß die Kirchen vor den angesprochenen Herausforderungen stehen. Ansatzweise gibt es bereits theoretische Auseinandersetzungen mit der durch die neuen

Medien veränderten gesellschaftlichen Situation. Zum Beispiel haben der Rat der Evangelischen Kirche Deutschlands und die Deutsche Bischofskonferenz in ihrer gemeinsamen Erklärung „Chancen und Risiken der Mediengesellschaft"[86] auf einzelne Gefahren in der Mediengesellschaft hingewiesen und Folgerungen formuliert. Allerdings fehlt eine eingehende Auseinandersetzung mit den neuen Medien als solchen. Auch wurde nach der ersten „European Christian Internet Consultation" im November 1996 im Juli 1997 in Lancester die „Second European Christian Internet Conference" abgehalten. Das dabei verabschiedete Papier „The Lancester Challenge"[87] ist aber sehr knapp und nur sehr allgemein gehalten. Auch hat es im Stift Heiligenkreuz bei Wien im September 1997 eine internationale Tagung mit dem Titel „Das Schicksal des Menschen im Kommunikationszeitalter" gegeben, die auf Einladung der „Association des Colloques Culturels Européens" zustande kam. Zudem gibt es lokale Initiativen wie die Teilnahme des Religionspädagogischen Instituts (RPI) der Diözese Graz-Seckau an einem von der Landesregierung gestarteten Internet-Projekt mit dem Namen „Kultur-Plattform".[88] Aber das Bewußtsein über die Konsequenzen des Einsatzes neuer Medien für die Botschaft selbst scheint im kirchlichen Bereich großteils noch nicht reflektiert zu werden.

Durch den Einsatz moderner Medien wird die Qualität der Botschaft von dem, was christlicherseits Zeugenschaft heißt, auf Information hin verändert. Das bedeutet, daß nicht mehr die Person für den Inhalt dessen, was sie sagt, einsteht, sondern hinter einer personen-neutralen Mitteilung von Daten verschwindet. Während im Medium der Television nur mehr die Echtzeit, nicht aber der Ort oder die Sozietät für die Authentizität des Gesagten bürgen,[89] geht durch das Medium Computer auch die Echtzeit als Garantin für die Gültigkeit des Gesagten verloren. Die Inhalte sind neutrale Informationen geworden, die die „ἀγγελία" des Momentes einer verbürgten Botschaft beraubt haben. Das In-Kenntnis-Setzen ist längst keine sakrale Handlung mehr wie in der Antike,[90] sondern Informationsweitergabe. Mit den neuen Medien kommt dazu, daß sich – wie mit Hinweis auf Sloterdijk erwähnt – die Inhalte verflüchtigen und sich „leere Engel" als Boten betätigen, die keine Empfänger für ihre Informationen, geschweige denn Zuhörer für ihre Rede finden. Capurro hat recht, wenn er meint: „,Angelia' displaces ,logos'."[91] Nur ist das Aussenden von Botschaften insofern ausgehöhlt, als die personale Komponente durch die Reduktion auf Information abhanden gekommen ist und einzelne Informationen durch das Verfügen-Können über riesige Informationsmengen immer weniger Bedeutung haben. Das bedeutet, daß von Botschaft als bezeugter Rede nur mehr das Rudiment von Informationsübermittlung übrigbleibt und daß Sprechende und Hörende zu bloßen Sendern und Empfängern mutieren. So wird es darauf ankommen, Wege zu finden, nicht selbst die Unverfügbarkeit des Heiligen und Transzendenten – durch unreflektierte mediale Vermittlung – technischer Machbarkeit zu überantworten und nicht den Menschen zu einem Cyberspace-Gläubigen umzufunktionieren.[92]

Kirchliche Verkündigung hat nicht nur dies zu bedenken, wenn sie neue Medien nutzen möchte, was angesichts deren gesellschaftlicher Bedeutung anzustreben sein wird. Darüber hinaus ist zu berücksichtigen, daß die neuen Medien vornehmlich kommunikative Medien sind. Das bedeutet, daß nicht bloß die einseitige Informationsvermittlung für sie typisch ist, sondern die Reziprozität des Austausches. C. Schönborn etwa stellt fest, daß „Information ... noch nicht Kommunikation" sei und daß die „Interaktivität der neuen Medien ... nicht aus sich heraus bereits bessere Kommunikation [garantiere], auch wenn sie ein Mittel dazu sein [könne]".[93] Instrumentalisiert man die neuen Medien jedoch zur Verkündigung, so hat dieses Vorgehen auch Auswirkungen auf den Informationsstil. A. Worm hat darauf hingewiesen, daß die kirchliche Art, von oben nach unten zu kommunizieren, den neuen Medien nicht gerecht wird.[94] Auch McLuhan betont, daß im elektronischen Zeitalter pyramidale Strukturen immer weniger praktische Bedeutung haben, da es in einem „‚Simultanfeld' elektrischer Informationsstrukturen" kaum bloß einseitiges Weitergeben von Information geben kann.[95] Die neuen Medien sind auf Interaktivität ausgelegt.[96] Und daran können die Kirchen nicht vorbeigehen.

Anmerkungen

[1] Mitteilung von KathPress Österreich im KathWeb vom 25.3.1997, in: http://www.kathpress.co.at/kathweb/nr/ 97q1/kp971829.htm.

[2] Vgl. Stampa L., Nonnen und Mönche als High-Tech-Arbeiter. Computerarbeit und Internet-Präsenz amerikanischer Klöster, in: Neue Zürcher Zeitung vom 30.5.1997.

[3] Mitteilung von KathPress Österreich im KathWeb vom 4.5.1997, in: http://www.kathpress.co.at/kathweb/nr/97q2/kp972665.htm.

[4] Ebd.

[5] Schümer D., Digitale Himmelfahrt. Eine Sekte dematerialisiert sich selbst, in: FAZ Nr. 74 (29.3.1997) 33. Siehe dazu und zum Folgenden neben dem Artikel von Schümer auch: Bauernebel H., Die Internet-Verschwörung, in: News Nr. 15 (10.4.1997) 76–80.

[6] http://www.highersource.org.

[7] Schümer, Digitale Himmelfahrt, 33.

[8] Vgl. Gottschlich M., Informationsgesellschaft ohne Gott? Möglichkeiten und Grenzen kirchlichen Wirkens in und durch Medien, in: Sekretariat der Österreichischen Bischofskonferenz (Hg.), Kirche in der Gesellschaft. Wege in das 3. Jahrtausend, St. Pölten 1997, 306–313, 309: „Das kirchliche Verständnis der Medien als ‚Instrumente sozialer Kommunikation' (‚Communio et progressio') verkennt die Komplexität, Eigendynamik und Eigengesetzlichkeit von Print- und audiovisuellen Medien in einem sich rasant verändernden globalen Markt. Ein Verständnis von Medien als ‚Bewußtseinsindustrie' kommt der Realität des Phänomens wesentlich näher und verhindert die Prolongierung falscher, weil unzutreffender Erwartungen."

[9] Vgl. zum Beispiel die Texte in: Baltes M. / Böhler F. / Höltschl R. / Reuß J. (Hg.), Medien verstehen. Der McLuhan-Reader, Mannheim 1997, 112ff. und 158ff.

[10] Vgl. bes. Wessely C., Von Star Wars, Ultima und Doom. Mythologisch verschleierte Gewaltmechanismen im kommerziellen Film und in Computerrollenspielen, Frankfurt/M. 1997 (= Europäische Hochschulschriften 23 612).

[11] Benedikt M., Introduction, in: Benedikt M. (Hg.), Cyberspace. First steps, Cambridge/Massachusetts 1994, 1–25, 7.

[12] Großklaus G., Das technische Bild der Wirklichkeit. Von der Mimesis zur Simulation, in: Großklaus G., Medien-Zeit, Medien-Raum. Zum Wandel der raumzeitlichen Wahrnehmung in der Moderne, Frankfurt/M. 1995 (= stw 1184), 113–143, 118.

[13] Rötzer F., Virtueller Raum oder Weltraum? Raumutopien des digitalen Zeitalters, in: Münker S. / Roesler A. (Hg.), Mythos Internet, Frankfurt/M. 1997 (= es 2010), 368–390, bes. 378.

[14] Heim M., The Metaphysics of Virtual Reality, New York 1993, 118.

[15] R. Capurro macht darauf aufmerksam: Capurro R., Leben im Informationszeitalter, Berlin 1995, 92.

[16] Heim, Metaphysics, 136f.

[17] Bühl A., CyberSociety. Mythos und Realität der Informationsgesellschaft, Köln 1996, 207.

[18] Wertheim M., Ehre sei Gott im Cyberspace, in: Die Zeit Nr. 22 (24.5.1996) 31.

[19] Ebd.

[20] Münker S., Was heißt eigentlich: „virtuelle Realität"? Ein philosophischer Kommentar zum neuesten Versuch der Verdopplung der Welt, in: Münker S. / Roesler A. (Hg.), Mythos Internet, Frankfurt/M. 1997 (= es 2010), 108–127, 120.

[21] Münker, Was heißt, 122.

[22] Großklaus, Bild, 136.

[23] Ebd.

[24] Capurro R., Digitaler Weltentwurf, in: http://machno.hbi-stuttgart.de/~ capurro/digit.html, 1.1, und Capurro R., Die Welt – ein Traum? Vortrag im Rahmen der Tagung der Stiftung Lucerna 1996: Virtualität. Illusion. Wirklichkeit – Wie die Welt zum Schein wurde (Luzern 1996), in: http://machno.hbi-stuttgart.de/~ capurro/luzern.html.

[25] Capurro, Welt – Traum.

[26] Vgl. Capurro R., Stable Knowledge? Vortrag an der Brandenburgischen Technischen Universität Cottbus, Zentrum für Technik und Gesellschaft im Rahmen des Workshops: Wissen für die Zukunft, 19.–21.3.1997.

[27] Argyle K. / Shields R., Is there a Body in the Net?, in: Shields R. (Hg.), Cultures of Internet. Virtual Spaces, Real Histories, Living Bodies, London 1996, 58–69, 68.

[28] Heim, Metaphysics, 135, vgl. auch 102.

[29] Münker, Was heißt, 110.

[30] Capurro, Leben, 78f. Vgl. auch Capurro, Welt – Traum.

[31] Capurro, Stable Knowlegde.

[32] Guggenberger B., @ oder: Das Ende der Berührbarkeit, in: Die Presse, Spectrum (24./25.5.1997) If., I.

[33] Argyle K., Life after Death, in: Shields R. (Hg.), Cultures of Internet. Virtual Spaces, Real Histories, Living Bodies, London 1996, 133–142.

[34] Zum Tod virtueller Kunstgeschöpfe vgl. Wessely C., Creatures. Ein Essay über Anspruch und Realisierung, in: Katholisch-Theologische Fakultät der Karl-Franzens-Universität Graz (Hg.), Theologie Interaktiv, Graz 1997 (= CD-ROM).

[35] S.Th. I, 50, 2. Dieses und die folgenden Zitate aus der „Summa Theologica" sind entnommen: Thomas von Aquin, Summa Theologica. 4. Schöpfung und Engelwelt. Hg. v. Katholischen Akademikerverband, Salzburg 1936.

[36] S.Th. I, 50, 4: „... sequitur quod impossibile sit esse duos angelos unius speciei ..."

[37] S.Th. I, 51, 2.

[38] Vgl. die entsprechenden Beiträge in Fehige C. / Meggle G. (Hg.), Zum moralischen Denken. 2., Frankfurt/M. 1995 (= stw 1122).

[39] Vgl. zum Beispiel Capurro, Leben, bes. 78–114.

[40] S.Th. I, 52, 2: „... sequitur quod non sit ubique, nec in pluribus locis, sed in uno loco tantum."

[41] S.Th. I, 53, 1.

[42] Großklaus, Bild, 130 und 141.

[43] S.Th. I, 50, 5: „Ipsa igitur immaterialitas angeli est ratio quare angelus est incorruptibilis secundum suam naturam."

[44] Vgl. zu dieser Unterscheidung im Zusammenhang von dauerhaftem Wissen: Capurro, Stable Knowledge.

[45] Kantilenen der Zeit. Zur Entidiotisierung des Ich und zur Entgreisung Europas. Peter Sloterdijk im Gespräch mit Hans-Jürgen Heinrichs, in: Lettre international Heft 36 / 1. Vj. (1997) 71–77, 75.

[46] Lévy P., Die kollektive Intelligenz. Für eine Anthropologie des Cyberspace, Mannheim 1997, 106.

[47] Lévy, Kollektive Intelligenz, 100.

[48] Lévy, Kollektive Intelligenz, 106.

[49] Siehe zum Beispiel Bacon F., Valerius Terminus. Von der Interpretation der Natur mit den Anmerkungen von Hermes Stella. Englisch-deutsch, Würzburg 1984 (= Elementa-Texte 2), 42: „... but it is a restitution and reinvesting (in great part) of man to the sovereignty and power ... which he had in his first state of creation." Vgl. dazu auch: Liedke G., Im Bauch des Fisches. Ökologische Theologie, Berlin 1979, 66f.

[50] Vgl. zum Beispiel Feuerbach L., Das Wesen des Christenthums. Hg. v. W. Bolin, Stuttgart ²1960 (= Sämtliche Werke 6), 222.

[51] Talbott S. L., The Future Does Not Compute. Transcending the Machines in Our Midst, Sebastopol 1995, 336.

[52] Tipler F. J., Die Physik der Unsterblichkeit. Moderne Kosmologie, Gott und die Auferstehung der Toten, München 1994, 58.

[53] Talbott, Future, 331.

[54] Vgl. Heim, Metaphysics, 121.

[55] Münker, Was heißt, 111.

[56] Bühl, CyberSociety, 177.

[57] Talbott, Future, 331.

[58] Vgl. den Titel von: Weigel U., Tele, Hyper, Cyber – Vorsilben kommender digitaler Erlösung? Nicht nur affirmative Gedanken zu den Infobahnen, in: http://www.uni-stuttgart.de/UNIuser/hbi/publikat/hbipubl/guides/weigel.htm.

[59] Wertheim, Ehre sei Gott, 31.

[60] Großklaus, Bild, 125.

[61] Großklaus, Bild, 138.

[62] Böhme H., Die technische Form Gottes. Über die theologischen Implikationen von Cyberspace, in: Neue Zürcher Zeitung. Internationale Ausgabe Nr. 86 (13./14.4.1996) 53.

[63] Sherman B. / Judkins P., Virtual Reality. Cyberspace – Computer kreieren synthetische Welten, Bern 1993 (= Knaur TB 77147), 205.

[64] Gottschlich, Informationsgesellschaft ohne Gott?, 313.

[65] Vgl. die Analyse von Lebenssimulation in: Wessely, Creatures.

[66] Capurro, Leben, 96.

[67] Vgl. Talbott, Future, 339.

[68] Zur Bestimmung des Heiligen als des ganz Anderen vgl. Otto R., Das Heilige. Über das Irrationale in der Idee des Göttlichen und sein Verhältnis zum Rationalen, München 1979, 28–37.

[69] Wessely, Von Star Wars, 215.

[70] Talbott, Future, 331.

[71] Benedikt, Introduction, 16.

[72] Wucherer-Huldenfeld A. K., Gotteserfahrung als ursprüngliche Erfahrung, in: Wucherer-Huldenfeld A. K., Ursprüngliche Erfahrung und personales Sein. Ausgewählte philosophische Studien. 2. Atheismusforschung, Ontologie und philosophische Theologie, Religionsphilosophie, Wien 1997, 141–157, 153.

[73] McLuhan M., Die Gutenberg-Galaxis. Das Ende des Buchzeitalters, Bonn 1995, 87f.

[74] McLuhan, Gutenberg-Galaxis, 86.

[75] McLuhan, Gutenberg-Galaxis, 88.

[76] So Vogel W., Gottesdienste im Cyberspace, in: Katholisch-Theologische Fakultät der Karl-Franzens-Universität Graz (Hg.), Theologie Interaktiv, Graz 1997 (= CD-ROM).

[77] Großklaus, Bild, 138.

[78] Heine H., Lutetia, in: Heine H., Sämtliche Schriften. 5. Hg. v. K. Briegleb u. K. H. Stahl, München 1974, 217–548, 449. Der Kontext ist der Bau von Eisenbahnstrecken, die für Heine dazu beitragen werden, daß der Raum aufgelöst wird. Der Hinweis auf die Stelle findet sich bei Großklaus, Bild, 136f.

[79] Otto, Das Heilige, 14–22.

[80] Otto, Das Heilige, 42–52.

[81] Heim, Metaphysics, 127.

[82] Heim, Metaphysics, 137.

[83] Vgl. Böhme, Die technische Form Gottes, 53.

[84] Sherman/Judkins, Virtual Reality, 205.

[85] Sherman/Judkins, Virtual Reality, 206f.

[86] Kirchenamt der Evangelischen Kirche Deutschlands / Sekretariat der Deutschen Bischofskonferenz (Hg.), Chancen und Risiken der Mediengesellschaft. Gemeinsame Erklärung der Deutschen Bischofskonferenz und des Rates der Evangelischen Kirche in Deutschland, Hannover/Bonn 1997 (= Gemeinsame Texte 10). Vgl. auch die Kommentare von H. Baloch, C. Weist und M. Thull in: multiMEDIA Nr. 11 (1997) 8f.

[87] http://ecic.ucsm.ac.uk/ICIC/challenge.htm#deutsch.

[88] Nachricht im KathWeb vom 17.9.1997, in: http://www.kathpress.co.at/kathweb/nr/97q3/kp975380.htm.

[89] Großklaus, Bild, 130.

[90] Darauf verweist Capurro, Leben, 104, mit Verweis auf Homer und Pindar. Ähnliches gilt auch für die Bibel.

[91] Capurro, Stable Knowledge.

[92] Darauf hat C. Schönborn in seiner Rede „Menschenbild in einer digitalisierten Gesellschaft" im Rahmen der Technologiegespräche in Alpbach am 22.8.1996 hingewiesen. Originaltext in: http://www.kathpress.co.at/kathweb/o-text/ebs_alpb.htm

[93] Ebd.

[94] Worm A., Kirche und Medien, in: Sekretariat der Österreichischen Bischofskonferenz (Hg.), Kirche in der Gesellschaft. Wege in das 3. Jahrtausend, St. Pölten 1997, 323–327, 324: „Die Kirche kommuniziert auch über die modernen Kommunikationsmittel wie im vorigen Jahrhundert: von oben herab."

[95] McLuhan, Gutenberg-Galaxis, 175.

[96] Diesem Faktum trägt zum Beispiel W. Vogel in seinem Konzept für einen Gottesdienst im Cyberspace Rechnung. Siehe: Vogel, Gottesdienste im Cyberspace.

Gerhard Reichmann

Informationsrecht in Österreich

1. Einleitung

Im vorliegenden Beitrag soll auf der Basis der österreichischen Rechtslage ein kurzer Überblick über Begriff und Inhalt des Informationsrechts gegeben werden. Die Einordnung des Themas „Informationsrecht" in den Themenkomplex „Informationsethik" ergibt sich bereits aus dem Verhältnis der jeweils übergeordneten Begriffe, nämlich aus dem Bezug zwischen Recht und Ethik. Die Ethik – stark vereinfacht ausgedrückt – setzt sich mit dem gesellschaftlich erwünschten Verhalten auseinander und leitet daraus neben jenen Verhaltensnormen, die ohnedies Gegenstand des gesatzten Rechtes sind, auch zahlreiche Verhaltensrichtlinien ab, deren Einhaltung zwar Sitte, Vernunft und Moral gebieten, deren Verletzung aber ohne klar definierte negative Folgen bleibt. Dagegen legt das Recht gebotenes und verbotenes Verhalten idealerweise eindeutig und verpflichtend fest. Somit ist die Ethik der weitere und das Recht der engere Begriff. Den Verhaltensnormen, die das Recht festlegt, könnte man charakteristischerweise die Wortfolgen „man darf nicht ..." für rechtliche Verbote und „man muß ..." für rechtliche Gebote zuordnen; jenen, welche die Ethik für den rechtsfreien Raum entwickelt, die Wortfolgen „man soll nicht ..." für ethische Verbote und „man soll ..." für ethische Gebote. Betrachtet man dieses Verhältnis von Ethik und Recht nun für den Informationsbereich, so ergibt sich daraus, daß sich die „Informationsethik" neben jenen Verhaltensnormen im Informationsbereich, die bereits Niederschlag im „Informationsrecht" gefunden haben, auch mit solchen beschäftigt, die sich derzeit im rechtsfreien Raum befinden. „Informationsrecht" wäre demnach derjenige Teilbereich der „Informationsethik", der in gesatzten Normen seinen Niederschlag gefunden hat.

Im folgenden Abschnitt werden der Begriff des „Rechts" im allgemeinen und jener des „Informationsrechts" im speziellen näher erläutert. Anschließend folgt eine auszugsweise Darstellung einzelner Bereiche des österreichischen Informationsrechts: Das Datenschutzrecht beugt in erster Linie dem Mißbrauch personenbezogener Daten vor, es soll die unerwünschte Hortung und Verwendung von Informationen über einzelne Personen verhindern. Das Strafrecht sanktioniert einerseits im Rahmen des sogenannten Computerstrafrechts die Zerstörung und den betrügerischen Mißbrauch von Information, welche elektronisch gespeichert und verarbeitet wird; andererseits stellt es im Verbotsgesetz und im Pornographiegesetz die Verbreitung bestimmter Information unter Strafe. Das Urheberrecht dient hingegen dem wirtschaftlichen Schutz jener Information, die von einer einzelnen natürlichen Person bzw. von einer Personenmehrheit erzeugt und publiziert wird. Information wird in der Regel über Medien verbreitet. Die „Spielregeln" für diese Informationsverbreitung enthält das Medienrecht, welches grundsätzlich die Medienfreiheit sichert, diese aber in speziellen Fällen zum Schutz der von der Medienberichterstattung Betroffenen einschränkt.

2. Begriff und Einteilung des Rechts

Heutzutage existiert hinsichtlich des Rechtsbegriffes eine Vielzahl an Definitionen. Viele davon schaffen eher Chaos als Klarheit, indem sie den Begriff, den sie eigentlich erläutern sollten, lediglich in zahlreiche wenig aussagekräftige bzw. teils unverständliche Unterbegriffe zerlegen. Dieses Phänomen tritt auch bei der Einteilung des Rechts auf. Dagegen ist aus der römischen Jurisprudenz lediglich *eine* Definition des Rechts überliefert, die lautet:[1]

„Ius est ars boni et aequi" („Das Recht ist die Kunst des Guten und Billigen"). Diese Definition, deren Autor der Jurist Celsus ist, stammt aus dem zweiten nachchristlichen Jahrhundert.

In den folgenden Ausführungen wird erst gar nicht der Versuch unternommen, den Rechtsbegriff exakt zu definieren; vielmehr sollen die verschiedenen Dimensionen des Rechts aufgezeigt werden, damit man einen Überblick darüber erhält, was Recht alles ist bzw. sein sollte.

2.1 Recht im objektiven Sinn – Recht im subjektiven Sinn

Das Recht im objektiven Sinn dokumentiert die äußere Ordnung des menschlichen Zusammenlebens.[2] Normen definieren das gewünschte Verhalten und sanktionieren Fehlverhalten. Datenschutzrecht, Computerstrafrecht, Urheberrecht und Medienrecht sind Beispiele für Recht im objektiven Sinn.

Das Recht im subjektiven Sinn ist die Summe aller Rechte (Berechtigungen), die aus dem Recht im objektiven Sinn für einzelne natürliche oder juristische Personen abgeleitet werden. Somit besteht ein subjektives Recht grundsätzlich nur dann, wenn es auf einem objektiven Recht basiert. Anders ausgedrückt, stellen das objektive Recht das generelle Recht und das subjektive Recht die individuelle Berechtigung dar.

Folgendes Beispiel möge dieses Verhältnis von objektivem und subjektivem Recht verdeutlichen: Das Urheberrecht normiert als Recht im objektiven Sinn u. a. das Recht des Urhebers, als Urheber seines Werkes genannt zu werden. Hat nun etwa eine natürliche Person ein Werk im Sinn des Urheberrechts geschaffen (z. B. ein Autor schreibt ein neues Buch), so hat diese Person auf Basis des objektiven Rechts die subjektive Berechtigung, sich als Urheber dieses Werkes zu bezeichnen, bzw. das subjektive Recht, stets als Urheber dieses Werkes bezeichnet zu werden.

2.2 Naturrecht – positives Recht

Das Naturrecht ist als Vernunftrecht zeitlos und allgemein gültig. Die Normen dieses Rechts werden nicht von Menschen geschaffen, modifiziert oder außer Kraft gesetzt, sondern sind als etwas esoterisch Vorhandenes anzusehen. Dagegen handelt es sich beim positiven Recht um das von der jeweiligen Gesellschaft geschaffene Recht. Hier gibt sich also die menschliche Gemeinschaft ihre Rechtsordnung selbst. Dies führt dazu, daß die einzelnen Rechtsordnungen einem ständigen Wandel unterworfen sind, welchem oftmals ethische Überlegungen zugrunde liegen. Die folgenden Ausführungen beschränken sich auf den Bereich des positiven Rechts.[3]

2.3 Einteilung des Rechts

Bei der anschließenden Einteilung des Rechts handelt es sich um eine überblicksartige, stark vereinfachende Aufteilung des Rechts in einzelne Rechtsbereiche nach inhaltlichen Gesichtspunkten. Gegenstand der Betrachtung ist ausschließlich gesatztes positives Recht.

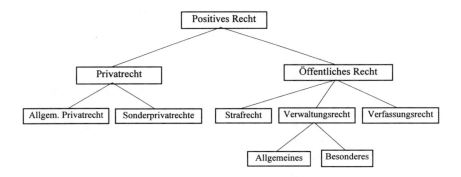

Abbildung 1. Einteilung des Rechts

Die wesentliche Differenzierung im Bereich des positiven Rechts ist jene zwischen dem Privatrecht und dem öffentlichen Recht. Im Gegensatz zum öffentlichen Recht, bei dem das öffentliche bzw. gemeinschaftliche Interesse überwiegt, steht beim Privatrecht das Interesse einzelner Rechtssubjekte im Vordergrund.

Innerhalb des öffentlichen Rechts unterscheidet man zwischen Verfassungsrecht, Verwaltungsrecht und Strafrecht. Das Verfassungsrecht umfaßt die höchsten[4] innerstaatlichen Rechtsnormen und findet sich in Österreich überwiegend im B-VG (Bundes-Verfassungsgesetz). Im Verfassungsrecht sind die grundlegenden Einrichtungen eines demokratischen Staates wie etwa die Grundprinzipien des Staates, die Gesetzgebung oder die Vollziehung geregelt. Gegenstand des Verwaltungsrechts ist im wesentlichen die Regelung der Tätigkeit der öffentlichen Verwaltung, wobei sich das allgemeine Verwaltungsrecht in erster Linie mit solchen Fragen beschäftigt, die für die Verwaltung als ganze von Bedeutung sind (z. B. Charakteristika des Verwaltungsaktes), wogegen das besondere Verwaltungsrecht einfach aus der Gesamtheit der Verwaltungsgesetze gebildet wird. Der Umfang dieser Verwaltungsgesetze ist enorm; ca. 90% der österreichischen Rechtsmaterie sind Verwaltungsgesetze.[5] Das Strafrecht setzt sich aus denjenigen Rechtsnormen zusammen, die regeln, welche Verhaltensweisen unter welcher Strafandrohung zum Schutze der Gemeinschaft verboten sind.

Im Rahmen des Privatrechts wird zwischen dem allgemeinen Privatrecht, welches alle Staatsbürger betrifft, und den Sonderprivatrechten, die jeweils nur bestimmte Bevölkerungsgruppen tangieren, unterschieden. Sonderprivatrechte sind beispielsweise das Handelsrecht, das Arbeitsrecht oder das Immaterialgüterrecht.

Es stellt sich die Frage, wo nun eigentlich das Informationsrecht im Rahmen der vorangegangenen Einteilung anzusiedeln ist. Dies ist in doppelter Hinsicht nicht ganz einfach zu beantworten. Einerseits handelt es sich beim Begriff des „Informationsrechts" um keine klar abgegrenzte, institutionalisierte Rechtsmaterie. Genaugenommen scheint das Informationsrecht im gewöhnlichen juristischen Sprachgebrauch gar nicht auf. So findet sich z. B. im Bestand der Universitätsbibliothek Graz nur ein Buch zu diesem Thema.[6] Dennoch erscheint es als durchaus zweckmäßig, sich aufgrund der ständig wachsenden Bedeutung von Information in allen Lebensbereichen mit den für den Informationsbereich relevanten Rechtsvorschriften auseinanderzusetzen. Ob man diese Rechtsnormen dann unter dem Titel „Informationsrecht" zusammenfaßt oder nicht, ist eine reine Geschmacksfrage. Geht man von der Existenz eines eigenen Informationsrechts aus, so steht man hinsichtlich der Einordnung dieses Bereichs in die Rechtsordnung vor dem Problem, daß es sich beim Informationsrecht – unabhängig davon, welche Rechtsbereiche man im einzelnen miteinbezieht – jedenfalls um eine Querschnittsmaterie handelt. Ordnet man dem Informationsrecht – wie in diesem Aufsatz – beispielsweise die Rechtsmaterien des Datenschutzrechts, des Computerstrafrechts, des Urheberrechts und des Medienrechts zu, so ergibt sich bezüglich der obigen Einteilung des Rechts folgendes Bild: Das Datenschutzrecht und das Medienrecht sind Teile des besonderen Verwaltungsrechts, das Computerstrafrecht gehört zusammen mit dem Verbots- und dem Pornographiegesetz zum Strafrecht und das Urheberrecht ist als ein Immaterialgüterrecht dem Sonderprivatrecht zuzuordnen. Somit berührt das Informationsrecht sowohl das Privatrecht als auch das öffentliche Recht.

3. Datenschutzrecht

3.1 Zweck und Geschichte

Der Zweck des Datenschutzrechts, welches im österreichischen Datenschutzgesetz (DSG) geregelt ist, liegt in erster Linie in der Verhinderung von Datenmißbrauch.

Das Datenschutzrecht stellt ein relativ neues Rechtsgebiet dar; das österreichische DSG trat am 1.1.1980 in Kraft. Allerdings sind einige dem Datenschutz verwandte Einrichtungen bereits sehr alt. Zu nennen wäre hier etwa die ärztliche Schweigepflicht, deren frühestes Zeugnis sich im Eid des Hippokrates findet, wo es unter anderem heißt:[7]

„Was ich in meiner Praxis sehe oder höre oder außerhalb dieser im Verkehr mit Menschen erfahre, was niemals anderen Menschen mitgeteilt werden darf, darüber werde ich schweigen, in der Überzeugung, daß man solche Dinge streng geheimhalten muß."

Eine weitere traditionsreiche Regelung zum Schutz vertraulicher Informationen einer Person vor Mißbrauch ist die priesterliche Schweigepflicht (Beichtgeheimnis), deren kirchenrechtliche Festlegung bereits 1215 erfolgte. Bei Verletzung dieser Vorschrift drohte lebenslange Haft.

3.2 Bedeutung

Die Bedeutung des Datenschutzes wird am ehesten bewußt, wenn man sich vor Augen hält, wo überall personenbezogene Daten gespeichert sind:[8]
– Amt für Statistik der Wohnsitzgemeinde
– Meldedatei des Innenministeriums
– Finanzamt
– Sozialversicherung: Hier besteht sogar eine Kooperation mit den Finanzämtern.
– Staatspolizei
– Standesamt
– Grundbuch
– Gesundheitsbereich (Ärzte, Krankenhäuser, Privatversicherungen)
– Banken
– Kirchen
– Kammern, Gewerkschaften, Parteien
– Arbeitgeber
– Unternehmen (Kundendateien)
– Adreßverlage

3.3 Begriffsbestimmung

Bevor auf die wichtigsten Rechte nach dem DSG eingegangen wird, sollen zunächst einige grundlegende Begriffe des Datenschutzrechts erläutert werden.[9]

Im Zentrum des DSG steht der Schutz personenbezogener Daten. Dies sind Angaben über Betroffene, die auf einem konventionellen oder elektronischen Datenträger festgehalten sind. Der Betroffene, der Auftraggeber und der Dienstleister sind die vom DSG erfaßten Akteure.[10]

Dabei ist der Auftraggeber derjenige, der die Daten, die sich auf den Betroffenen beziehen, entweder selbst oder mit Hilfe eines Dienstleisters automationsunterstützt verarbeitet. Somit ist der Betroffene das Schutzsubjekt des DSG. Der Auftraggeber ist Eigentümer der Daten und alleiniger Ansprechpartner des Betroffenen, wogegen der Dienstleister die Datenverarbeitung lediglich im Auftrag des Auftraggebers durchführt.

Alle Rechte nach dem DSG – mit der Ausnahme des Geheimhaltungsrechts – beschränken sich auf automationsunterstützt verarbeitete personenbezogene Daten. Automationsunterstützt ist jede maschinelle und programmgesteuerte Datenverarbeitung.

Schließlich sollte auch noch auf den Umstand hingewiesen werden, daß der Geltungsbereich der Bestimmungen des DSG dreigeteilt ist:[11] Neben den generell gültigen Bestimmungen gibt es solche, die sich auf den öffentlichen Bereich (Bund, Land, Gemeinden, Selbstverwaltungskörper), und solche, die sich auf den privaten Bereich (private Unternehmen, Vereine, Religionsgemeinschaften) beschränken.

3.4 Grundrecht auf Datenschutz

Dieses in § 1 DSG normierte Recht, welches im Verfassungsrang steht, stellt die zentrale Datenschutzbestimmung dar. Das Grundrecht auf Datenschutz gliedert sich in das Geheimhaltungsrecht (§ 1 Abs. 1 DSG), das Auskunftsrecht (§ 1 Abs. 3 DSG) und das Richtigstellungs- und Löschungsrecht (§ 1 Abs. 4 DSG).

3.4.1 Geheimhaltungsrecht

§ 1 Abs. 1 DSG lautet: „Jedermann hat Anspruch auf Geheimhaltung der ihn betreffenden personenbezogenen Daten, soweit er daran ein schutzwürdiges Interesse, insbesondere im Hinblick auf Achtung seines Privat- und Familienlebens hat."

Aus dieser Bestimmung ergibt sich, daß ein Geheimhaltungsrecht unter folgenden Voraussetzungen vorliegt:
a) Es muß sich um Daten handeln, die sich auf den Betroffenen beziehen (Personenbezogenheit).
b) Der Betroffene muß bezüglich dieser Daten ein schutzwürdiges Geheimhaltungsinteresse haben.

Die Besonderheit des Geheimhaltungsrechts gegenüber den anderen Bestimmungen des DSG liegt in dem Umstand, daß sich dieses Recht auf alle Daten – also nicht nur auf solche, die automationsunterstützt verarbeitet werden – bezieht. Anspruch auf Geheimhaltung besteht demnach auch bei händisch geführten Dateien (z. B. Patientendateien von Ärzten, die noch ohne EDV arbeiten).

Beschränkungen des Geheimhaltungsrechts sind nur zur Wahrung der berechtigten Interessen eines anderen oder aufgrund von Gesetzen zulässig.[12]

3.4.2 Recht auf Auskunft

§ 1 Abs. 3 DSG lautet: „Jedermann hat, soweit Daten über ihn automationsunterstützt verarbeitet werden, nach Maßgabe gesetzlicher Bestimmungen das Recht auf Auskunft darüber, wer Daten über ihn ermittelt oder verarbeitet, woher die Daten stammen, welcher Art und welchen Inhaltes die Daten sind und wozu sie verwendet werden."

Neben der generellen Regelung des § 1 Abs. 3 DSG finden sich im § 11 DSG für den öffentlichen Bereich bzw. im § 25 DSG für den privaten Bereich nähere Bestimmungen zum Auskunftsrecht, sodaß sich insgesamt folgende Merkmale ergeben:

Eine Auskunftserteilung setzt die automationsunterstützte Verarbeitung personenbezogener Daten des Betroffenen, den Nachweis der Identität des Betroffenen bei der Anfrage, die Mitwirkung des Betroffenen im Verfahren (z. B. Angabe des Verhältnisses zum Auftraggeber) und im öffentlichen Bereich zusätzlich eine schriftliche Anfrage voraus.

Die Auskunftserteilung kann im öffentlichen Bereich dennoch abgelehnt werden, wenn die personenbezogenen Daten im öffentlichen Interesse dem Betroffenen gegenüber geheimzuhalten sind; im privaten Bereich dann, wenn durch eine Auskunftserteilung überwiegende berechtigte Interessen des Auftraggebers oder eines Dritten gefährdet würden.

Besteht eine Verpflichtung zur Auskunftserteilung, so hat die Auskunft binnen vier Wochen schriftlich und in verständlicher Form in der Art zu erfolgen, daß dem Betroffenen mitgeteilt wird, wer die Daten ermittelt und verarbeitet hat, woher die Daten stammen, welchen Inhalt die Daten haben und wofür die Daten verwendet werden. Eine solche Auskunftserteilung hat einmal pro Jahr kostenlos zu geschehen.

3.4.3 Recht auf Richtigstellung und Recht auf Löschung

§ 1 Abs. 4 DSG lautet: „Jedermann hat, soweit Daten über ihn automationsunterstützt verarbeitet werden, nach Maßgabe gesetzlicher Bestimmungen das Recht auf Richtigstellung unrichtiger und das Recht auf Löschung unzulässigerweise ermittelter oder verarbeiteter Daten."

Auch bezüglich dieser beiden Rechte enthält das DSG noch detailliertere Bestimmungen, im § 12 DSG für den öffentlichen Bereich und in den §§ 26 und 27 DSG für den privaten Bereich. In der Regel werden diese beiden Rechte aufgrund einer erhaltenen Auskunft in Anspruch genommen, wobei der Auftraggeber dafür zu sorgen hat, daß unrichtige Daten richtiggestellt und daß unzulässig ermittelte oder verbreitete Daten gelöscht werden. Im privaten Bereich hat eine Löschung von Daten auf Antrag des Betroffenen darüber hinaus zu erfolgen, wenn die Speicherung der betreffenden personenbezogenen Daten nicht mehr erforderlich ist.

Ein Kuriosum des geltenden Datenschutzrechts ist die Tatsache, daß das Richtigstellungs-, das Löschungs- und auch das Auskunftsrecht auf automationsunterstützt verarbeitete Daten beschränkt sind. Damit bestünde für jeden Auftraggeber die theoretische Möglichkeit, die Datenverarbeitung auf „händisch" umzustellen, um der Auskunfts-, der Richtigstellungs- und der Löschungspflicht zu entgehen. Allerdings zeichnet sich das Ende dieser bedenklichen Situation durch die notwendige Anpassung des österreichischen Datenschutzrechts an die Datenschutzrichtlinie der EU, die sich auch auf nicht automationsunterstützt verarbeitete Daten bezieht, bereits ab.[13]

3.5 Kontrolle und Sanktionen

Die Kontrolle der Einhaltung von Datenverarbeitungsvorschriften und damit auch des Datenschutzes obliegt für den öffentlichen Bereich unter anderem der Datenschutzkommission; für den privaten Bereich erfüllen diese Aufgabe mitunter die Gerichte.[14]

Bei der Datenschutzkommission handelt es sich um eine weisungsfreie Verwaltungsbehörde mit richterlichem Einschlag, die für Beschwerden von Personen zuständig ist, die behaupten, in ihren Rechten nach dem DSG verletzt worden zu sein und deren Interventionen beim Auftraggeber erfolglos blieben. Die Kontrolle durch die Gerichte geschieht in der Art, daß der Betroffene den Auftraggeber klagt und die Gerichte nach einem Ermittlungsverfahren, in dessen Rahmen die Einhaltung der Datenverarbeitungsvorschriften durch den Auftraggeber geprüft wird, eine Entscheidung fällen.

Für erwiesene Fälle von Verstößen gegen den Datenschutz enthält das DSG eigene Strafbestimmungen.[15]

4. Strafrecht

Während sich in zahlreichen Gesetzen – wie etwa dem Datenschutzgesetz, dem Urheberrechtsgesetz oder auch dem Mediengesetz – einzelne strafrechtliche Bestimmungen finden, enthalten die in der Folge besprochenen Gesetze ausschließlich strafrechtlich relevante Normen. Bei Durchsicht der Strafgesetze auf informationsrechtliche Relevanz stechen vor allem das Computerstrafrecht, das Verbotsgesetz und das Pornographiegesetz hervor. Dabei schützt das Computerstrafrecht den Eigentümer von Daten vor Zerstörung und wirtschaftlichem Mißbrauch dieser Daten, während das Verbotsgesetz und das Pornographiegesetz die Allgemeinheit vor verwerflicher Information schützen sollen.

4.1 Computerstrafrecht

Vor der Einführung des Computerstrafrechts, das in Österreich mit 1. März 1988 in Kraft trat, fand sich der Computer als Regelungsobjekt im weitesten Sinn in der österreichischen Rechtsordnung nur im Datenschutzgesetz.[16] Es handelt sich beim

Computerstrafrecht um die beiden Tatbestände der „Datenbeschädigung" bzw. des „Betrügerischen Datenverarbeitungsmißbrauchs", die als § 126a bzw. als § 148a in das österreichische Strafgesetzbuch (StGB) eingefügt wurden. Der Zweck der Einführung lag in der Schaffung von Tatbeständen für diejenigen Computerstrafsachen[17], die nicht unter andere, bereits vorhandene Tatbestände subsumierbar waren.

4.1.1 Datenbeschädigung

§ 126a lautet: „(1) Wer einen anderen dadurch schädigt, daß er automationsunterstützt verarbeitete, übermittelte oder überlassene Daten, über die er nicht oder nicht allein verfügen darf, verändert, löscht oder sonst unbrauchbar macht oder unterdrückt, ist mit Freiheitsstrafe bis zu sechs Monaten oder mit Geldstrafe bis zu 360 Tagessätzen zu bestrafen.

(2) Unter Daten im Sinn des Abs. 1 sind sowohl personenbezogene und nicht personenbezogene Daten als auch Programme zu verstehen.

(3) Wer durch die Tat an den Daten einen 25.000 S übersteigenden Schaden herbeiführt, ist mit Freiheitsstrafe bis zu zwei Jahren oder mit Geldstrafe bis zu 360 Tagessätzen, wer einen 500.000 S übersteigenden Schaden herbeiführt, mit Freiheitsstrafe von sechs Monaten bis zu fünf Jahren zu bestrafen."

Dieser Tatbestand wurde deshalb eingeführt, weil unter den Tatbestand der Sachbeschädigung (§ 125 StGB) nur derjenige fällt, der eine fremde Sache zerstört, und Daten keine Sachen im Sinne des StGB sind.[18]

Eine Handlung ist gem. § 126a StGB unter folgenden Voraussetzungen tatbestandsmäßig: Es muß eine unbefugte Ausführungshandlung (Verändern, Löschen, ...) vorliegen, deren Gegenstand automationsunterstützt verarbeitete Daten sind. Weiters ist der Täter nur strafbar, wenn er den Verfügungsberechtigten am Vermögen schädigt, sodaß die Löschung von Daten, an denen der Verfügungsberechtigte kein Interesse mehr hat, straflos bleibt. Der Schaden entspricht jener Summe, die der Verfügungsberechtigte auslegen muß, um die beschädigten Daten wiederzubeschaffen.[19] Als Beispiel für eine tatbestandsmäßige Handlung wäre etwa das Einbringen eines Computervirus in eine Datenverarbeitungsanlage zu nennen, sofern dies vorsätzlich geschieht und sofern ein Schaden eintritt.[20]

4.1.2 Betrügerischer Datenverarbeitungsmißbrauch

§ 148a lautet: „(1) Wer mit dem Vorsatz, sich oder einen Dritten unrechtmäßig zu bereichern, einen anderen dadurch am Vermögen schädigt, daß er das Ergebnis einer automationsunterstützten Datenverarbeitung durch Gestaltung des Programms, durch Eingabe, Veränderung oder Löschung von Daten (§ 126a Abs. 2) oder sonst durch Einwirkung auf den Ablauf des Verarbeitungsvorgangs beeinflußt, ist mit Freiheitsstrafe bis zu sechs Monaten oder mit Geldstrafe bis zu 360 Tagessätzen zu bestrafen.

(2) Wer die Tat gewerbsmäßig begeht oder durch die Tat einen 25.000 S übersteigenden Schaden herbeiführt, ist mit Freiheitsstrafe bis zu drei Jahren, wer durch die Tat einen 500.000 S übersteigenden Schaden herbeiführt, mit Freiheitsstrafe von einem bis zu zehn Jahren zu bestrafen."

Der Tatbestand des sogenannten „Computer-Betruges"[21] soll jene Betrugshandlungen erfassen, die über EDV ausgeführt werden und sich deshalb nicht unter § 146 StGB (Betrug) subsumieren lassen, weil der konventionelle Betrug als Getäuschten eine natürliche Person voraussetzt; im Falle des „Computer-Betruges" ist der Getäuschte aber keine natürliche Person, sondern ein Computer.

Ein betrügerischer Datenverarbeitungsmißbrauch liegt gem. § 148a StGB dann vor, wenn das Ergebnis einer automationsunterstützten Datenverarbeitung durch eine Programmanipulation[22] beeinflußt wird und beim Täter eine Schädigungsabsicht und ein Bereicherungsvorsatz vorliegen.[23]

Beispiele für einen betrügerischen Datenverarbeitungsmißbrauch wären etwa die Plünderung eines fremden Kontos durch einen Bankangestellten oder die zahlreichen Erscheinungsformen des Bankomatkartenmißbrauchs.

4.2 Verbotsgesetz

Das österreichische Verbotsgesetz von 1945 stellt jegliche nationalsozialistische Betätigung unter Strafe. Strafbar macht sich danach nicht nur derjenige, der eine nationalsozialistische Organisation gründet oder ausbaut bzw. an einer solchen Organisation teilnimmt oder sie unterstützt, sondern auch derjenige, der öffentlich nationalsozialistische Organisationen bzw. Tätigkeiten verherrlicht oder anpreist und damit ethisch verwerfliche Informationen verbreitet. Ebenso werden Personen mit Strafe bedroht, die objektiv falsche Informationen verbreiten, indem sie die nationalsozialistischen Verbrechen öffentlich leugnen oder verharmlosen. Dieser doch recht starke Eingriff in die Meinungsfreiheit wurde und wird noch immer als notwendig erachtet, um sicherzustellen, daß sich die Verbrechen des Dritten Reiches nicht wiederholen.

4.3 Pornographiegesetz

Das österreichische Pornographiegesetz, dessen Geltungsbereich sich auf alle optischen Medien erstreckt, soll einerseits Geschäfte mit pornographischen Schriften und sonstigen Darstellungen verhindern und andererseits pornographische Darstellungen von Personen unter 16 Jahren generell fernhalten. Im Fall von Verstößen gegen dieses Gesetz drohen immerhin Freiheitsstrafen von bis zu einem Jahr. Unter dieses Gesetz fallen zwar auch alle pornographischen Darstellungen im Internet, doch sind dort die Täter meist nicht greifbar. Was genau als pornographisch angesehen wird, unterliegt einem gewissen Wandel, der sich in der Rechtsprechung des OGH manifestiert.

5. Urheberrecht

5.1 Zweck und Bedeutung

Den Kernbereich des österreichischen Urheberrechts bildet der Schutz der Rechte von Urhebern an ihrer Schöpfung, d. h. an ihren Werken. Urheber erhalten durch diesen Rechtsbereich die Möglichkeit, sich gegen die unautorisierte Nutzung ihrer Werke zu wehren. Durch die ständige Anpassung und Ausdehnung des Werkbegriffes nimmt die ohnehin nicht geringe Bedeutung des Urheberrechts weiter zu.[24]

5.2 Begriffsbestimmung

Die zentralen Begriffe des Urheberrechts sind das „Werk" und der „Urheber". Das Werk wird im § 1 Abs. 1 UrhG folgendermaßen definiert:
„Werke im Sinne dieses Gesetzes sind eigentümliche geistige Schöpfungen auf den Gebieten der Literatur, der Tonkunst, der bildenden Künste und der Filmkunst."

Die in dieser Bestimmung geforderte Eigentümlichkeit eines Werkes ist gegeben, sobald darin persönliche Züge des Urhebers zur Geltung kommen; man spricht auch von der individuellen Eigenart des Werkes. Hingegen kommt es auf den künstlerischen, wissenschaftlichen und ästhetischen Wert eines Werkes nicht an. Demnach fallen auch „minderwertige" oder geschmacklose Werke unter den Schutz des Urheberrechts, sofern sie nur die erforderliche Individualität aufweisen.[25] Mit „geistiger Schöpfung" ist gemeint, daß nicht die körperliche Festlegung des Werkes, sondern seine geistige Gestaltung geschützt ist, die allerdings durch Worte, Bilder oder Töne der Außenwelt erkennbar gemacht werden muß. Schutzobjekt ist gewissermaßen der formgewordene Gedanke.[26]

Hinsichtlich der Werkarten, die vom Urheberrecht erfaßt werden, unterscheidet man Werke der Tonkunst – wie etwa Lieder oder auch bloße Tonfolgen –, Werke der bildenden Künste – wie z. B. Bilder oder Bauwerke –, Werke der Filmkunst und Werke der Literatur. Zu den Werken der Literatur zählen gem. § 2 UrhG vor allem Sprachwerke, einschließlich Computerprogramme. Diese ausdrückliche Aufnahme von Computerprogrammen in den Schutzbereich des Urheberrechts, welche im Jahre 1993 erfolgte, war deshalb so wichtig, weil Computerprogramme als solche nicht patentfähig sind[27] und die Erzeuger solcher Programme einer Nachahmung oder Vervielfältigung ihrer Werke sonst tatenlos zusehen müßten.

Eine klare und abschließende Definition der Urheberschaft findet sich im § 10 Abs. 1 UrhG: „Urheber eines Werkes ist, wer es geschaffen hat."

5.3 Inhalt

Das aus dem Urheberrechtsgesetz abgeleitete Urheberrecht für ein konkretes Werk, welches mit der Schaffung des Werkes ex lege entsteht[28] und erst 70 Jahre nach dem Tod des Urhebers endet, gewährt dem Urheber eine Vielzahl von Rechten; einerseits handelt es sich bei diesen Rechten um sogenannte Verwertungsrechte, andererseits um den Schutz geistiger Interessen am Werk.

Verwertungsrechte räumen dem Urheber eines Werkes dessen exklusive wirtschaftliche Nutzung – wie z. B. das Verbreitungsrecht, also das Recht, das Werk der Öffentlichkeit zugänglich zu machen – oder das Vervielfältigungsrecht ein. Es ist das alleinige Recht des Urhebers, sein Werk zu vervielfältigen. Eine der wenigen Beschränkungen der Verwertungsrechte stellt die Erlaubnis der Vervielfältigung zum eigenen Gebrauch dar. Darunter versteht man die generelle Befugnis für jedermann, sich Kopien eines urheberrechtlich geschützten Werkes für den ausschließlich eigenen Gebrauch anzufertigen.

Dem Schutz geistiger Interessen am Werk dienen der Schutz der Urheberschaft, wonach der Urheber das unverzichtbare Recht hat, als Urheber genannt zu werden, und der Werkschutz, welcher festlegt, daß niemand ohne die Zustimmung des Urhebers Änderungen am Werk vornehmen darf.

Eine Besonderheit des Urheberrechts ist seine fehlende Übertragbarkeit. Es kann also weder verkauft noch verschenkt werden. Die einzige Ausnahme von dieser Unübertragbarkeit stellt die Vererblichkeit des Urheberrechts dar. Hingegen kann der Urheber anderen Personen Werknutzungsbewilligungen bzw. ein Werknutzungsrecht[29] erteilen, die es diesen Personen gestatten, das Werk auf einzelne oder alle Verwertungsarten zu benützen. Somit bezieht sich die Unübertragbarkeit des Urheberrechts eigentlich nur auf den Schutz der geistigen Interessen am Werk, wogegen die Verwertungsrechte in Form von Werknutzungsbewilligungen bzw. Werknutzungsrechten durchaus veräußerlich sind. Die Einräumung eines Werknutzungsrechts geschieht in der Regel durch Urheberrechtsverträge. Ein Beispiel für einen solchen Urheberrechtsvertrag stellt der Verlagsvertrag dar, durch den sich ein Urheber (gegen Entgelt) verpflichtet, sein Werk einem anderen (dem Verleger) zur Vervielfältigung und Verbreitung für dessen Rechnung zu überlassen.

5.4 Verletzung

Verletzungen des Urheberrechts führen gemäß Urheberrechtsgesetz beim Urheber zu zivilrechtlichen Ansprüchen und beim Rechtsbrecher zu einer strafrechtlichen Verfolgung. Die zivilrechtlichen Ansprüche umfassen einen Unterlassungsanspruch (die Rechtsverletzung ist zu unterlassen), einen Beseitigungsanspruch (der rechtswidrige Zustand ist zu beseitigen), einen Anspruch auf Urteilsveröffentlichung auf Kosten des Rechtsbrechers, einen Anspruch auf Herausgabe des Gewinnes und einen Schadenersatzanspruch. Der strafrechtliche Schutz sieht eine Strafdrohung von bis zu sechs Monaten Freiheitsstrafe vor.

6. Medienrecht

6.1 Zweck

Das Mediengesetz (MedienG), welches 1982 in Österreich in Kraft trat, löste das aus dem Jahre 1922 stammende Pressegesetz ab. Ziel des MedienG war und ist es, zwischen den beiden Rechtsgütern „Medienfreiheit" und „Schutz vor den Medien", die an sich einen eklatanten Gegensatz darstellen, einen vernünftigen Kompromiß zu finden.[30] Die in zahlreichen Bestimmungen des MedienG verankerte Medienfreiheit – man versteht darunter sowohl die Sicherung der Freiheit der Medien im eigentlichen Sinn als auch die Sicherung der Freiheit der Medienmitarbeiter – schützt das Interesse der Medien und ihrer Mitarbeiter an einer möglichst ungehinderten, freien und folgenlosen Berichterstattung, während die Normen zum Schutz vor den Medien diese Medienfreiheit im Sinne eines Schutzes der von der Medienberichterstattung betroffenen Personen begrenzen. Der Schutz vor den Medien bietet den betroffenen Personen ein Recht auf Achtung und Wahrung ihrer Persönlichkeit; es handelt sich dabei also vor allem um einen Persönlichkeitsschutz.[31]

6.2 Begriffsbestimmung

Bevor die einzelnen Regelungen des MedienG näher erläutert werden, sollen einige grundlegende Begriffe des Medienrechts kurz definiert werden:[32]

Als Medium gilt jedes Mittel zur Verbreitung von Mitteilungen an einen größeren Personenkreis, wobei zwischen Druckmedien (z. B. Bücher, Zeitungen, Plakate), elektronischen Medien (z. B. Rundfunk) und neuen Medien (z. B. Teletext, Internet) unterschieden wird.[33] Periodische Medien sind dabei solche, die mindestens viermal pro Jahr verbreitet werden (z. B. Tageszeitungen).

Die wichtigsten Akteure im Medienbereich sind Medienunternehmen, in denen die inhaltliche Gestaltung der Medien besorgt und deren Herstellung und Verbreitung besorgt oder veranlaßt werden; Mediendienste, welche Medienunternehmen wiederkehrend mit Beiträgen versorgen; Medieninhaber, die Medienunternehmen oder Mediendienste betreiben; Herausgeber, welche die grundlegende Richtung eines Mediums bestimmen; und schließlich Medienmitarbeiter. Dazu zählen alle natürlichen Personen, die in Medienunternehmen oder in Mediendiensten an der inhaltlichen Gestaltung eines Mediums mitwirken, wobei sie diese Tätigkeit als Angestellte oder freie Mitarbeiter ständig und zu Erwerbszwecken ausüben müssen.

6.3 Freiheit der Medien(mitarbeiter)

In der Folge sollen drei medienrechtliche Normen vorgestellt werden, die ganz besonders dem Schutz der Medienfreiheit dienen: der Überzeugungsschutz, die

Straflosigkeit von Medieninhaltsdelikten bei Wahrnehmung journalistischer Sorgfalt und der Schutz des Redaktionsgeheimnisses.

6.3.1 Überzeugungsschutz

§ 2 MedienG, der die Überzeugungsfreiheit der Medienmitarbeiter schützt, lautet:
„(1) Jeder Medienmitarbeiter hat das Recht, seine Mitarbeit an der inhaltlichen Gestaltung von Beiträgen oder Darbietungen, die seiner Überzeugung in grundsätzlichen Fragen oder den Grundsätzen des journalistischen Berufes widersprechen, zu verweigern, es sei denn, daß seine Überzeugung der im Sinn des § 25 veröffentlichten grundlegenden Richtung des Mediums widerspricht. Die technisch-redaktionelle Bearbeitung von Beiträgen oder Darbietungen anderer und die Bearbeitung von Nachrichten dürfen nicht verweigert werden.

(2) Aus einer gerechtfertigten Weigerung darf dem Medienmitarbeiter kein Nachteil erwachsen."

Demnach darf also jeder Medienmitarbeiter die inhaltliche Mitarbeit an Beiträgen verweigern, die seiner Überzeugung widersprechen, sofern diese Überzeugung nicht der grundlegenden Richtung des Mediums entgegensteht.

6.3.2 Straflosigkeit von Medieninhaltsdelikten bei Wahrnehmung journalistischer Sorgfalt

Ein Medieninhaltsdelikt liegt vor, wenn der Inhalt einer Veröffentlichung gegen eine Strafbestimmung verstößt. Mögliche Erscheinungsformen von Medieninhaltsdelikten sind strafbare Handlungen gegen die Ehre oder auch Verstöße gegen das Verbotsgesetz.

Gemäß § 29 Abs. 1 Satz 1 MedienG sind Medieninhaber oder Medienmitarbeiter wegen eines Medieninhaltsdeliktes nicht nur bei erbrachtem Wahrheitsbeweis[34] nicht zu bestrafen, sondern auch dann, wenn sie ihre Behauptung unter Aufwendung der gebotenen journalistischen Sorgfalt für wahr halten konnten und an der Veröffentlichung ein überwiegendes öffentliches Interesse – wie etwa an der Aufdeckung von Mißständen – stand.

Die gebotene journalistische Sorgfalt liegt vor, wenn entsprechend genau recherchiert wurde und die Informationsquelle als zuverlässig einzustufen war.[35]

6.3.3 Schutz des Redaktionsgeheimnisses

Diese Bestimmung, die im § 31 Abs. 1 und 2 MedienG festgelegt ist, räumt den Akteuren eines Mediums das Recht ein, in einem Gerichtsverfahren als Zeugen die Beantwortung derjenigen Fragen zu verweigern, welche die Person des Verfassers bzw. Lieferanten von Beiträgen betreffen.

6.4 Schutz vor den Medien

Diesem Schutz der von der Berichterstattung betroffenen Personen dienen vor allem die Bestimmungen zu Impressum, zu Gegendarstellung und zu medienrechtlichen Folgen einer Ehrenbeleidigung. Es gibt daneben eine Reihe von medienrechtlichen Sanktionen für den Fall einer tatsächlichen bzw. einer drohenden Verurteilung wegen eines Medieninhaltsdeliktes.

6.4.1 Impressum

Das Impressum soll einem Außenstehenden erkennbar machen, an wen er sich mit medienrechtlichen Ansprüchen zu wenden hat.[36]

§ 24 Abs. 1 und 2 MedienG legen den Inhalt eines Impressums folgendermaßen fest:

„(1) Auf jedem Medienwerk sind der Name oder die Firma des Medieninhabers (Verlegers) und des Herstellers sowie der Verlags- und der Herstellungsort anzugeben.

(2) Auf jedem periodischen Medienwerk sind zusätzlich die Anschrift des Medieninhabers (Verlegers) und der Redaktion des Medienunternehmens sowie Name und Anschrift des Herausgebers anzugeben. Enthält ein periodisches Medienwerk ein Inhaltsverzeichnis, so ist darin auch anzugeben, an welcher Stelle sich das Impressum befindet."

6.4.2 Gegendarstellung

Die Gegendarstellung stellt das wichtigste Mittel des Betroffenen dar, sich gegen abträgliche und unwahre Medienbehauptungen zur Wehr zu setzen.[37] Gem. § 9 MedienG hat jede von einer unrichtigen Behauptung in einem periodischen Medium betroffene Person Anspruch auf eine unentgeltliche Gegendarstellung in diesem Medium, sofern es sich tatsächlich um eine objektiv überprüfbare Tatsachenmitteilung und nicht bloß um eine Wertung handelt.

6.4.3 Medienrechtliche Folgen einer Ehrenbeleidigung

§ 6 MedienG sieht für Fälle von Ehrenbeleidigung einen besonderen zivilrechtlichen Schadenersatzanspruch des Betroffenen gegen den Medieninhaber vor, wobei der Entschädigungsbetrag im Höchstfall immerhin 500.000 Schilling beträgt. Die strafrechtlichen Folgen der Ehrenbeleidigung treten daneben ein.

6.4.4 Sanktionen im Falle einer Verurteilung wegen eines Medieninhaltsdeliktes

Kommt es zu einer Verurteilung wegen eines Medieninhaltsdeliktes, so können im Strafurteil zusätzlich zu den strafrechtlichen Sanktionen noch die medienrechtlichen Sanktionen der Einziehung der zur Verbreitung bestimmten Medienstücke (gem. § 33 MedienG) und der Urteilsveröffentlichung (gem. § 34 MedienG) verhängt werden. Vorläufige Maßnahmen im Falle einer möglichen zukünftigen Verurteilung wegen eines Medieninhaltsdeliktes sind die Beschlagnahme der zur Verbreitung bestimmten Medienstücke (gem. § 36 MedienG) oder – als mildere Maßnahme – die Veröffentlichung einer Mitteilung über das eingeleitete Verfahren (gem. § 37 MedienG).

Literaturverzeichnis

Bertel C. / Schwaighofer K., Österreichisches Strafrecht. Besonderer Teil I (§§ 75 bis 168 StGB), Wien ³1993.

Fleissner P. / Choc M. (Hg.), Datensicherheit und Datenschutz, Innsbruck 1996.

Foregger E. / Litzka G., Mediengesetz in der Fassung der Mediengesetz-Novelle 1992, Wien ³1993.

Gantner C., Der Schutz von Computerprogrammen im Patent-, Urheber- und Wettbewerbsrecht, Wien 1991.

Gantner F., Computerviren. Technik und Recht, Wien 1995 (= Orac Rechtspraxis aktuell).

Hager G. / Walenta G., Persönlichkeitsschutz im Straf- und Medienrecht, Wien ³1995.

Heidinger F. / Abel N. / Hochleitner M., Einführung in das deutsche und österreichische Rechtssystem und in die deutsche Rechtssprache, Wien 1993.

Korn G., 10 Jahre Mediengesetz, Patentlösung oder Mißgeburt, Wien 1991.

Kucsko G., Österreichisches und europäisches Urheberrecht, Wien ⁴1996.

Mayer-Maly T., Einführung in die Rechtswissenschaft, Berlin 1993.

Raschauer B., Besonderes Verwaltungsrecht, Wien ³1994.

Schick P. / Schmölzer G., Das österreichische Computerstrafrecht – eine Bestandsaufnahme, in: EDV & Recht Nr. 2 (1992) 107–125.

Schmölzer G., Das neue Computerstrafrecht, in: EDV & Recht Nr. 1 (1988) 20–25.

Steinmüller W. (Hg.), Informationsrecht und Informationspolitik, München 1976.

Wittmann H. (Hg.), Datenschutzrecht im Unternehmen, Wien 1991.

Zeger H., Datenschutz in Österreich, Wien 1991.

Anmerkungen

[1] Mayer-Maly T., Einführung in die Rechtswissenschaft, Berlin 1993, 5.

[2] Heidinger F. / Abel N. / Hochleitner M., Einführung in das deutsche und österreichische Rechtssystem und in die deutsche Rechtssprache, Wien 1993, 16f.

[3] Heidinger, Rechtssystem, 16.

[4] Die "Höhe" einer Rechtsnorm ergibt sich aus dem Stufenbau der Rechtsordnung, in welchem zwischen Verfassungsrecht, Gesetzen und Verordnungen unterschieden wird. Dabei sind die Rechtsnormen der übergeordneten Hierarchieebenen für jene der untergeordneten Ebenen bindend. Somit sind Verordnungen an Gesetze und diese an das Verfassungsrecht gebunden.

[5] Raschauer B., Besonderes Verwaltungsrecht, Wien ^{3}1994, 11.

[6] Steinmüller W. (Hg.), Informationsrecht und Informationspolitik, München 1976.

[7] Fleissner P. / Choc M. (Hg.), Datensicherheit und Datenschutz, Innsbruck 1996, 33f.

[8] Zeger H., Datenschutz in Österreich, Wien 1991, 47–131.

[9] Den umfassenden Wortlaut der folgenden Definitionen enthält § 3 DSG.

[10] Wittmann H. (Hg.), Datenschutzrecht im Unternehmen, Wien 1991, 17–25.

[11] Wittmann, Datenschutzrecht, 14–16.

[12] Gem. § 1 Abs. 2 DSG.

[13] Fleissner, Datenschutz, 146–160.

[14] Fleissner, Datenschutz, 111–115.

[15] Z. B. in den §§ 48 (Geheimnisbruch) und 49 (Unbefugte Eingriffe im Datenverkehr) DSG.

[16] Schick P. / Schmölzer G., Das österreichische Computerstrafrecht – eine Bestandsaufnahme, in: EDV & Recht Nr. 2 (1992) 107–125, 111.

[17] Zu jenen Computerstrafsachen, die unter andere Tatbestände subsumierbar sind, zählen etwa Angriffe auf die Hardware, die entweder im Falle einer Beschädigung unter § 125 StGB (Sachbeschädigung) oder im Falle einer Wegnahme unter § 127 StGB (Diebstahl) fallen, und Softwarediebstähle, die ebenfalls vom § 127 StGB erfaßt werden.

[18] Schmölzer G., Das neue Computerstrafrecht, in: EDV & Recht Nr. 1 (1988) 20–25, 20.

[19] Bertel C. / Schwaighofer K., Österreichisches Strafrecht. Besonderer Teil I (§§ 75 bis 168 StGB), Wien ^{3}1993, 154f.

[20] Gantner F., Computerviren. Technik und Recht, Wien 1995 (= Orac Rechtspraxis aktuell), 59f.

[21] Schmölzer, Computerstrafrecht, 22.

[22] Darunter versteht man die Beeinflussung des Ablaufs einer automationsunterstützten Datenverarbeitung; z. B. gestaltet der Täter ein Programm anders als er sollte, oder er gibt Daten anders ein, als er sollte, oder er stört die automatische Übermittlung von Daten.

[23] Bertel, Strafrecht, 230f.

[24] Kucsko G., Österreichisches und europäisches Urheberrecht, Wien ^{4}1996, 13f.

[25] Kucsko, Urheberrecht, 20f.

[26] Kucsko, Urheberrecht, 22.

[27] Gantner C., Der Schutz von Computerprogrammen im Patent-, Urheber- und Wettbewerbsrecht, Wien 1991, 98.

[28] Im Gegensatz dazu ist für die Entstehung eines Patentrechts ein kompliziertes Anmeldungsverfahren einzuhalten.

[29] Ein Werknutzungsrecht ist die Einräumung einer Werknutzungsbewilligung mit ausschließlicher Wirkung für den Begünstigten; das heißt, nur der Begünstigte darf über die eingeräumten Verwertungsrechte verfügen.

[30] Hager G. / Walenta G., Persönlichkeitsschutz im Straf- und Medienrecht, Wien ³1995, 29f.

[31] Korn G., 10 Jahre Mediengesetz: Patentlösung oder Mißgeburt, Wien 1991, 6f.

[32] Die exakten Definitionen dieser und weiterer Begriffe finden sich im § 1 MedienG.

[33] Foregger E. / Litzka G., Mediengesetz in der Fassung der Mediengesetz-Novelle 1992, Wien ³1993, 28.

[34] In diesem Fall kann die Richtigkeit der Behauptung bewiesen werden, und es entfällt somit die Strafbarkeit.

[35] Foregger, MedienG, 173f.

[36] Foregger, MedienG, 155f.

[37] Foregger, MedienG, 98.

Andreas Maron

Globalisierung der Wirtschaft mit Hilfe der Informationstechnologie und deren gesellschaftliche Auswirkungen

1. Einleitung

Es ist kein Geheimnis, daß sich um uns herum in immer schnellerem Maße spürbare Veränderungen in verschiedenen Bereichen abspielen. Diese Veränderungen möchte ich im folgenden als „Transformationen" bezeichnen.

Diese Transformationen betreffen nicht nur die internen Strukturen der 1., 2. und v. a. auch der 3. Welt, sondern auch einzelne Unternehmen und somit in starkem Maße die gesellschaftlichen Strukturen eines Landes. Dies hat wiederum zur Folge, daß sich Transformationen im persönlichen Bereich abspielen. Z. B. der Zwang zu immerwährendem Lernen und zu mehr Flexibilität/Mobilität, damit man den in Zeiten des Vorsprungs erzielten Lebensstandard weiterhin halten kann.

Ich möchte mich in der folgenden Ausführung mit einigen zentralen Ursachen für diese Transformationen in globalem Umfang auseinandersetzen und dabei die Rolle der Informationstechnologie berücksichtigen. Des weiteren werde ich mich einigen allgemeinen soziologischen Komponenten der Informationstechnologie widmen und einen Ausblick in die Zukunft wagen.

2. Ursachen der globalen Transformationen

Die Ursachen für die schnellen weltweiten Verschiebungen von unternehmerischen Aktivitäten und die damit einhergehende globale Verteilung von Produktion, Entwicklung und Logistik (siehe 2.2) sind naturgemäß vielschichtiger, als ich sie hier darstellen kann.

Ich werde mich auf zwei interessante Modelle konzentrieren, welche aus meiner Sicht die zentralen Triebfedern für die globalen Transformationen in Wirtschaft und Gesellschaft darstellen.

Das eine ist das Lebenszyklusmodell des russischen Volks0s Kondratieff, der einen höchst interessanten Zusammenhang zwischen sog. Basistechnologien, deren Lebenszyklen und deren Bedeutung für die „Besitzer" solcher Basistechnologien sowie der wirtschaftlichen und politischen Stellung einer Volkswirtschaft im internationalen Kontext aufgestellt hat. Das andere Modell ist das der stetigen Suche der Unternehmen nach Wertschöpfung und Gewinnmargen, welche ebenfalls entscheidende Transformationen gesellschaftlicher Natur nach sich ziehen.

2.1 Der Kondratieff-Zyklus

Der russische Volkwirtschaftler Kondratieff entwickelte eine Theorie über den Zusammenhang des Lebenszyklus einer Basistechnologie und deren Auswirkung auf die internationale ökonomische und politische Rolle ihres „Besitzers" bzw. ihrer „Besitzer".[1] Die Theorie basiert auf der Annahme, daß der Kapitalismus auf evolutionären Zyklen mit ca. 55 Jahren Lebensdauer fußt. Abbildung 1 zeigt zusammenfassend die fünf bereits vollzogenen Zyklen auf der Zeitachse sowie die dazugehörige Basistechnologie und die Länder, welche diese Basistechnologie beherrscht haben. Im folgenden werde ich dieses Bild weiter erläutern.

2.1.1 Die Zusammenhänge am Beispiel des Kondratieff #1

Der erste Kondratieff begann mit der Industrialisierung als dem eigentlichen Kern des Kapitalismus. Die dazugehörige erste Basistechnologie waren eindeutig die Dampfmaschine und ihre Anwendungen. Jene war der Kern der Motorisierung, mit deren Hilfe der Mensch in seinem Entwicklungs- und Forschungsdrang die Welt in einer Geschwindigkeit erobern konnte wie niemals zuvor.

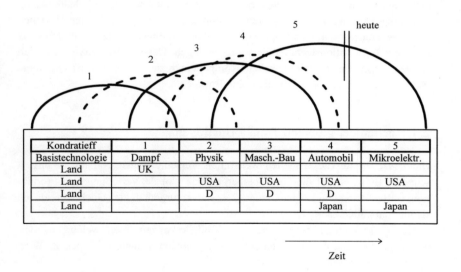

Abbildung 1. Die bisherigen fünf Kondratieff-Zyklen

Es liegt in der menschlichen Natur, Dinge zu bewegen, zu entwickeln, und die Dampfmaschine war hierfür ein revolutionäres Werkzeug. Wohl dem, der diese Technologie damals erfand und gleichzeitig auch „vermarkten" konnte (für den

Erfolg eines Landes oder Unternehmens ein nicht ganz unwichtiger Zusammenhang, wie das Beispiel Mikroelektronik heute zeigt). England war hier führend und gilt heute als der „Besitzer" der ersten Basistechnologie und damit auch als dominierende Nation für den Kondratieff #1. Der Zusammenhang liegt auf der Hand: Durch die Beherrschung der Dampftechnologie war England gleichzeitig führend in vielen Bereichen der neuen Industrien und durch die erfolgreiche Vermarktung auch das prosperierendste Land der Welt. England galt als führende Nation, und zwar sowohl in wirtschaftlicher als auch in politischer Hinsicht. Die Nation wurde reich, einflußreich, und es konnte sehr schnell ein spürbarer Wohlstand über den Adel hinaus zumindest für den Mittelstand erzielt werden.

Diese Entwicklung hielt über mehrere Jahrzehnte an, bis andere Nationen diesen Technologievorsprung erstens aufholten und zweitens bereits an neuen Technologien arbeiteten, die den dominierenden Einfluß der Dampfmaschine ablösen sollten – woraus der Kondratieff #2 und seine Nachfolger entstanden.

Der Abschwung eines Kondratieff-Zyklus markiert exakt den Zeitpunkt, zu dem die Dominanz einer Nation aufgehoben wird, sich die Kompetenz auf mehrere Nationen verteilt, damit die Entwicklungs- und die Verdienstpotentiale geringer werden, und zwar solange, bis die Technologie vollständig an ökonomischer Bedeutung verliert. Dies markiert den Endpunkt eines Kondratieff-Zyklus.

Zurück zum Beispiel England, welches uns in der Nachbetrachtung eines klar verdeutlicht: England hat zu Zeiten der Dampfmaschine zum ersten und – aus englischer Sicht – leider zum letzten Mal eine wirklich führende Rolle in der Weltwirtschaft gespielt. Nicht, daß es bis heute keine Rolle spielen würde, es wurde jedoch in den folgenden Jahrzehnten von anderen Ländern wie den USA, Deutschland und Japan in seiner Dominanz abgelöst. Durch die Relation zu diesen führenden Nationen erfuhr England einen Rückschritt im Vergleich zu schon erworbenen Lebensstandards, und viele gesellschaftliche Bereiche waren entweder mit „Verzicht" oder Umorientierung konfrontiert. Was war passiert? England hat es verabsäumt, sich rechtzeitig um neue Basistechnologien zu kümmern, und vertraute offensichtlich auf eine immerwährende Vormachtstellung.

Man trifft auch in der Geschichte vieler Unternehmen immer wieder auf die gleichen Symptome, daß nämlich ein vormals erreichter Vorsprung und Erfolg zur Stagnation und nicht zur stetigen Neuorientierung und damit verbundenen permanenten Transformation führt. Daß diese Aussage Gewicht hat, untermauert die Kondratieff-Theorie in ihrer Weiterführung eindrucksvoll:

2.1.2 Weitere Lehren aus den Kondratieffs #2 – #5

Mit der rapiden Entwicklung in der Grundlagenforschung, mit den neuen Kenntnissen in der Physik und in der Chemie und mit deren Umsetzung in der Elektrotechnik (Basistechnologie #2) wurde die Vormachtstellung der Dampfmaschine schnell abgelöst, und neue Produkte gewannen die Oberhand – der Kondratieff #2 begann. Er wurde nach Jahren abgelöst durch den Kondratieff #3

mit der Basistechnologie Maschinenbau; dieser Zyklus wurde Jahre später abgelöst durch den Kondratieff #4 mit der Basistechnologie Kraftfahrzeuge.
An diesen drei Zyklen ist folgendes auffällig:
- Die Zyklen werden von Mal zu Mal kürzer, was bedeutet, daß vorhandene Technologien schneller an Dominanz in Wirtschaft und Gesellschaft einbüßen – sicherlich keine revolutionär neue Erkenntnis.
- Die Basistechnologien und damit die Zyklen können sehr lange überleben, allerdings nicht mehr in der dominanten Auswirkung für ihre „Besitzer". Dies wird besonders deutlich am Beispiel der Automobilindustrie. Wir werden in absehbarer Zeit das Automobil weiterhin nutzen, und es wird seinen wichtigen Stellenwert in der internationalen Ökonomie behalten. Allerdings ist unbestritten, daß sich die Kompetenz des Automobilbaus mittlerweile auf viele Nationen verteilt und daß sich für eine einzelne Nation kein „Vorsprung" mehr erarbeiten läßt. Auch hier sollte man sich nicht zu sehr auf bestehende Kompetenzen verlassen, wie zum Beispiel die Werftenkrisen in Deutschland und anderen mitteleuropäischen Staaten aufzeigen.
- Die Länder USA und Deutschland haben es, im Gegensatz zum Vorgänger England, verstanden, sich nicht auf dem Erfolg bestehender Basistechnologien auszuruhen, sondern haben über Jahrzehnte hinweg neue Basistechnologien entscheidend geprägt und haben damit sowohl wirtschaftlich als auch politisch ihre Vormachtstellung zementiert.

2.1.3 Der lehrreiche Kondratieff #5

Seit ca. 30 Jahren kennen wir nun schon den Kondratieff #5, welcher dominiert wird von der Mikroelektronik als Basistechnologie. Da wir zur Zeit, wo immer wir hinschauen, die Auswirkungen der Informationstechnologie und der Mikroelektronik erleben, ist die Plausibilität der Theorie von Kondratieff hoch. Mit Ausnahme der Finanzmärkte wird und wurde in der jüngsten Vergangenheit nur noch im Rahmen der Mikroelektronik und Software-Branche überproportionales Wachstum erzielt.
Was den fünften Kondratieff aber noch viel interessanter macht, ist,
- daß die USA es weiterhin verstehen, in führender Position zu bleiben,
- daß Japan als neues wirtschaftlich und politisch einflußreiches Land hinzugekommen ist,
- daß Deutschland nach Jahrzehnten der Dominanz nicht mehr zu den führenden Nationen im Kondratieff-Zyklus gehört!

Was ist mit Deutschland passiert? Die Voraussetzung für eine Teilnahme als führende Kondratieff-Nation war eigentlich gegeben. Schließlich gilt Konrad Zeus als einer der Erfinder der Computertechnologie, aber offensichtlich hat es niemand verstanden, die Potentiale abzusehen und für eine rasche Umsetzung dieser Technologie in Produkte zu sorgen. Daraus ist ersichtlich, daß für die erfolgreiche Umsetzung einer Basistechnologie die gesellschaftliche Akzeptanz eine große Rolle spielt. Ohne Zweifel ist der deutschsprachige Raum geprägt vom Ingenieurswesen

„anfaßbarer" Technologien. Offenbar lieben Deutsche Technologie, wenn sie vorzeigbar oder angreifbar ist. Es ist unbestritten, daß Deutschland die Automobiltechnik hochschätzt, aber gegenüber der Informationstechnologie ein sehr ambivalentes Verhältnis hat. Ich kann mich lebhaft an meine ersten Berührungen mit der neuen Technologie erinnern. Mein Interesse daran war schon zu Zeiten der ersten CPM-PC sehr groß, und ich hatte mir ein solches Gerät während meiner Schulzeit gewünscht. Mein Vater hatte hierfür keinerlei Verständnis und tat die Technologie als Spielerei ab, wodurch sich meine Beschäftigung mit der Informationstechnologie um Jahre verzögerte. Interessant ist dabei, daß er als Maschinenbauingenieur äußersten Technik- und Innovationsbezug hatte und damit auch zu Wohlstand gekommen ist.

Warum aber diese völlig ablehnende Haltung gegenüber der Informationstechnologie? Ein „Einzelschicksal" ist natürlich nicht repräsentativ, aber ich glaube, daß in diesem Beispiel die Grundproblematik trotzdem sichtbar wird: Man erreicht über einen definierten Zeitraum hinweg einen Erfolg und einen damit verbundenen Wohlstand. Es tritt Zufriedenheit ein, bei der man sich fragt: Muß das jetzt alles in diesem Tempo weitergehen? Warum brauche ich ständig etwas Neues, uns geht es doch gut! Warum weiter unkalkulierbare Risiken bei der Entwicklung neuer Technologien eingehen, die Umweltzerstörung, die nukleare Bedrohung etc. haben uns doch schon genug Probleme bereitet! Wie gesagt, diese Fragen stellen sich immer nur aus einer Position der Sicherheit und Zufriedenheit heraus, und damit erlahmt der Antrieb zur immerwährenden Transformation und Neuorientierung.

2.1.4 Was passiert mit dem Kondratieff #6?

Wenn nicht schon heute, so wird sich mit Sicherheit in den kommenden Jahren der nächste Kondratieff-Zyklus ausbilden; die große Frage stellt sich schon heute: Welche Basistechnologie wird hier dominieren, und wer wird sie beherrschen? Bei den Technologien wird es sich voraussichtlich um folgende Alternativen handeln:
– Medizintechnik,
– Umwelttechnik,
– Gentechnologie.
Sowohl die Medizintechnik als auch die Umwelttechnik sind eher eine Synthese aus schon bestehenden Technologien und damit eigentlich nichts Neues. Zudem wird die Umwelttechnik leider kurzsichtig als Luxus betrachtet, wodurch eine Lobby bzw. eine gesellschaftliche Akzeptanz nur schwer zu erreichen ist. Viele Anzeichen deuten auf die Gentechnologie hin, da sie revolutionär ist und ein ungemein großes Innovations-, aber auch Risikopotential besitzt.

Wer wird diese Technologie dominieren? Hier stehen aus meiner Sicht nur zwei Dinge mehr oder minder fest: Die USA werden es zum fünften Mal hintereinander schaffen, einen Kondratieff-Zyklus entscheidend mitzutragen und werden damit ihre führende Rolle in der Welt weiter ausbauen. Deutschland und verwandte Länder werden zum zweiten Mal hintereinander nicht partizipieren, da die gesellschaftliche Akzeptanz für diese Technologie praktisch nicht vorhanden ist.

2.1.5 Schlußfolgerung

Die Theorie von Kondratieff zeigt sehr schlüssig auf, warum es zu weltweiten Verlagerungen von Entwicklungspotentialen, Aufstieg, Niedergang, Wohlstand, „Verarmung" kommt und warum althergebrachte Zustände nicht so bleiben, wie sie sind.

Es tritt über den hier beschriebenen Zusammenhang hinaus eine Globalisierung ein, die wir in unserer Gesellschaft sehr wohl aufhalten könnten, wären wir in der Lage, uns kontinuierlich zu transformieren. Da dies aber nicht der Fall ist, müssen wir uns plötzlich an anderen Nationen und Märkten orientieren, unser Wohlstandsvorsprung schrumpft, die Gelehrten wandern ab, und wir begegnen sozialen und psychologischen Problemen wie Arbeitslosigkeit, Zukunftsangst und Depression. Dies wird wahrscheinlich nicht zu einer Revolution oder zur Anarchie führen, doch es wird für uns in Mitteleuropa ein schmerzvoller Anpassungsprozeß werden. Außerdem wird man sich die Frage stellen müssen, ob wir zukünftig wieder Kondratieffs dominieren wollen und was man hierzu zu tun hat.

Die bisherige Historie der Kondratieff-Zyklen hält es mit einer alten Boxer-Weisheit: They never come back! Muhammad Ali hat gezeigt, daß auch diese Regel Ausnahmen besitzt, und ich hoffe, daß unsere mitteleuropäischen Gesellschaften sich an seinem Beispiel orientieren und tatsächlich „zurückkommen".

2.2 Suche nach Wertschöpfung

Ähnlich wie die Kondratieff-Zyklen spielt noch ein zweites Element für die Globalisierung der Wirtschaft eine wichtige Rolle. Ich möchte es die „Suche nach der Wertschöpfung" bezeichnen, welche ebenfalls erhebliche soziologische Auswirkungen auf unsere Gesellschaft mit sich bringt.

Abb. 2 veranschaulicht den Zusammenhang von drei zentralen wertschöpfenden Prozessen einer Industriegesellschaft wie der unsrigen seit Beginn der Industrialisierung.

Um dieses Bild zu verstehen, braucht man sich eigentlich nur die Frage zu stellen: Wenn ich heute ein Unternehmen in unseren Breiten gründen will oder wenn ich mein bestehendes lokales Unternehmen für die Zukunft strategisch absichern will, in welchen Prozeß sollte ich lokal investieren?

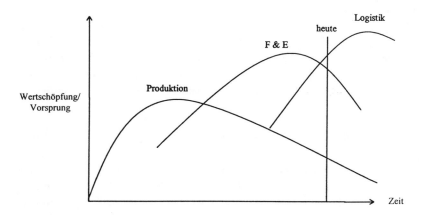

Abbildung 2. Qualitativer Lebenszyklus der wertschöpfenden Prozesse für europäische Industrienationen

Nach diesem Bild wird die Entscheidung wahrscheinlich gegen eine eigene Produktion ausfallen, und der Fragesteller wird sich entweder für den Auf- oder Ausbau seiner Forschungs- und Entwicklungsabteilung kümmern oder gar in „Logistik"-Know-how investieren, was ich im folgenden noch erläutern werde. Denn die Entwicklung zeigt ihm, daß heutzutage mit der Produktion eine vergleichsweise geringe Wertschöpfung oder ein vergleichsweise geringer Vorsprung zum Mitbewerber erzielt werden kann. Analog zu Kondratieff sprechen wir auch hier von Wertschöpfungszyklen. Ein solcher läßt sich anhand der Produktion am leichtesten veranschaulichen.

2.2.1 Der Wertschöpfungszyklus am Beispiel der Produktion

Zu Beginn der Industrialisierung waren Forschung und Entwicklung (F&E) noch nicht sehr ausgeprägt. Die Macht der Industrieländer lag in ihren Produktionskapazitäten und dem dazugehörigen gut ausgebildeten Facharbeiter-Personal. Hier konnten über Jahrzehnte hinweg Zweite- und Dritte-Welt-Länder nicht konkurrieren. Mercedes-Benz war sehr lange davon überzeugt, daß die Stahlqualität für exzellente Karosserieoberflächen nur in Deutschland hergestellt werden könne, lehnte lange internationale Produktionsstandorte ab und sicherte damit in der Zulieferindustrie deutsche Standorte.

Das Bild wandelte sich, und andere Länder holten entweder auf oder wurden zu Produktionsstandorten gemacht, damit man die dort herrschenden niedrigen Lohnkosten nutzen und von ihnen profitieren konnte. Geht man von einer konstanten Produktionsmenge für die weltweit benötigten Konsumgüter aus, so verteilen sich die verfügbaren Produktionskapazitäten und das Produktions-Know-how mittlerweile über den gesamten Globus. Die Monopolstellung der alten Industrieländer nimmt dramatisch ab.

Diese Entwicklung geht einher mit gesellschaftlichen und sozialen Auswirkungen, denn der Wegfall von nationalen Produktionsstätten fördert in den betroffenen Ländern über einen langen Zeitraum hinweg die Arbeitslosigkeit, und die Steuereinnahmen für die Absicherung der sozialen Netze fallen aus, sofern keine Umorientierung der Gesellschaft auf andere wertschöpfende Prozesse stattfindet.

2.2.2 Welche alternativen wertschöpfenden Prozesse gibt es?

Glücklicherweise haben sich neben den Produktionskapazitäten auch die F&E-Kapazitäten der Industrienationen sehr schnell entwickelt. F&E aufzubauen erfordert ein viel stärkeres Investment in die Ausbildung der beschäftigten Menschen, es liefert aber gleichwohl eine höhere Wertigkeit des Endproduktes und somit einen größeren relativen Anteil an der Wertschöpfung eines Industrieunternehmens. Doch auch F&E sind einem Entwicklungszyklus unterworfen, welcher den heute dominierenden Industrienationen nicht auf alle Ewigkeit Vorsprung und Wertschöpfung garantiert. Auch hier schläft die Konkurrenz in anderen Ländern nicht. Das Beispiel Japan zeigt eindrucksvoll, wie schnell F&E-Defizite durch cleveres „Kopieren" und Weiterentwickeln wettgemacht werden können.

Damit ergibt sich auch für den F&E-Zyklus einer Nation oder eines Unternehmens ein natürlicher Peak, der in weiterer Zukunft schwer zu halten sein wird und wahrscheinlich eher abschwingen wird. Wenn auch dieses Know-how nicht zur Absicherung der Vormachtstellung einer Nation oder eines Unternehmens führt, was kann man dann noch tun?

Die Entwicklung bringt es mit sich, daß die aus den vielen F&E-Zyklen der Nationen und Unternehmen entstehenden Produkte und Lösungen immer feinmaschiger, komplexer, verzahnter und integrierter werden. Diese Integration führt zu Intransparenz. Intransparente Systeme und Funktionen sind fehleranfällig und garantieren kein Optimum des gewünschten Outputs. Diese Problematik zu lösen ist Aufgabe der oben erwähnten „Logistik". Es muß Personen und Firmen geben, welche das Zusammenspiel aller Technologien und Prozesse übersehen und sinnvoll designen und steuern können. Hierin besteht eine extrem wertschöpfende Funktion und eine sehr starke Zukunftsperspektive für alle, die sich mit dieser Thematik erfolgreich auseinandersetzen können. Dies zu können bedeutet Vorsprung, und zwar wieder solange, bis auch dieser Prozeß von vielen anderen beherrscht wird.

2.2.3 Schlußfolgerung

Unternehmen sind stets auf der Suche nach optimierten Erträgen und nach wertschöpfenden Prozessen. Dies führt bei sinnvoll geführten Unternehmen zur ständigen Neuorientierung der eingesetzten Prozesse. Wenn ein Unternehmen für seine Wertschöpfung weiter auf Produktion setzt, dann meist nicht mehr auf heimische Produktion, sofern die gleiche Qualität mittlerweile in Niedriglohnländern ebenfalls erzeugt werden kann (was allerdings nicht immer der Fall ist). Also konzentriert man sich mit heimischen Ressourcen auf wertschöpfende Prozesse wie F&E und „Logistik".

Gesellschaftliche Auswirkungen? Auch diese liegen nun klar auf der Hand: Der Trend geht eindeutig in Richtung Dienstleistung und Höchstqualifizierungen. Nur hier können heimische „Ressourcen" noch wertschöpfend und profitabel von Unternehmen eingesetzt werden.

Das bedeutet zum einen, daß eine Vielzahl von bereits freigesetzten Arbeitnehmern aus den Produktionsbereichen entsprechend umschulen müssen (was in den meisten Fällen wohl nicht zu realisieren ist, weil a) Serviceverhalten nicht einfach antrainiert werden kann und b) Hochqualifizierungen für viele ältere Personen aus Produktionsbereichen und Wissenschaft vom Staat nicht finanziert werden und weil c) Unternehmen in jüngere Generationen investieren). Man wird sich mit langfristiger Arbeitslosigkeit auseinanderzusetzen haben.

Zum anderen muß sich das Ausbildungswesen an diesen Realitäten orientieren, und es müssen Altindustrien wie Bergbau, Schiffbau u. ä. vollständig zugunsten moderner Technologien abrüsten. Man muß jetzt erkennen, daß eine Transformation auch in der Ausbildung kommender Generationen eine der sinnvollen Lösungen für die stattfindenden globalen Transformationen und die damit einhergehenden negativen gesellschaftlichen Auswirkungen ist. Selbst unter der Voraussetzung, daß Staat und Gesellschaft diese Aufgabe erkennen würden, dauerte es trotzdem noch einige Jahre, bis die eingesetzten Gegenmaßnahmen zu greifen begännen und wir uns aus unserer Agonie befreit hätten. In der Zwischenzeit sind wir weiter konfrontiert mit dem Zwang zu mehr Mobilität und persönlicher Flexibilität sowie starken Einschnitten ins vorhandene soziale Netz, verbunden mit der Aufgabe vieler liebgewonnener Privilegien.

3. Globalisierung mit Hilfe moderner Kommunikationstechniken

Ich habe im vorangegangenen Kapitel versucht, zwei zentrale Ursachen für die stattfindende Globalisierung der Wirtschaft sowie deren offensichtliche Auswirkungen auf Staat und Gesellschaft aufzuzeigen. Einen Einfluß der modernen Informationstechnologie auf diesen Prozeß haben wir im Rahmen des Kondratieff #5 schon kennengelernt. Doch inwieweit spielen Informationstechnologie und moderne Kommunikationstechniken eine unterstützende Rolle in diesem Prozeß; oder sind sie sogar der eigentliche Schlüssel, ohne den eine Globalisierung überhaupt nicht möglich wäre?

Ich glaube nicht, daß man so weit gehen kann, diese Behauptung aufzustellen. Eines ist sicher: Die modernen Kommunikations- und Datenverarbeitungs-Werkzeuge vereinfachen den Globalisierungsprozeß, da sie über das Telefon hinaus elektronisch verarbeitbare Informationen wie Konstruktionszeichnungen, Maschinenbefehle, Software-Programme etc. problemlos austauschbar machen und damit eine sinnvolle Dezentralisierung von Unternehmensprozessen über Ländergrenzen hinweg ermöglichen.

Dennoch würde der Trend der Globalisierung und der Dezentralisierung auch ohne Informationstechnologie stattfinden, da die beiden zentralen Auslöser hierfür, nämlich
- Entwicklung von Basistechnologien und
- Suche nach Wertschöpfung,

davon nicht direkt beeinflußt werden. Nochmals: Diese Prozesse werden durch den Einsatz von Informationstechnologie lediglich vereinfacht und begünstigt.

Es ist dennoch lohnenswert, sich den verschiedenen Kommunikationsmedien einmal aus dem Blickwinkel der Globalisierung zuzuwenden. Ich konzentriere mich auf die für heutige Verhältnisse wichtigsten Medien, wie E-Mail, Internet und Intranet. Außerdem möchte ich in diesem Zusammenhang auf bestehende Probleme bei der Verwendung elektronischer Kommunikationsmedien eingehen.

3.1 E-Mail

Das E-Mail – auch elektronisches Mail – ist dabei, den herkömmlichen Briefverkehr vollständig zu revolutionieren. Wer einmal mit diesem Medium gearbeitet hat, möchte es nicht mehr missen. Dies gilt zumindest für alle Anwender, die auf den persönlichen und privaten Touch eines handgeschriebenen Briefes verzichten können. Für diese Zwecke wird die herkömmliche Postzustellung von Schriftstücken weiterhin unverzichtbar sein. Allerdings wird das E-Mail das Gros der heutigen Briefe ablösen.

Warum ist das so?
- Wenn man jemandem eine schriftliche Nachricht überbringen möchte, so gibt es bis auf wenige Ausnahmen keine Begründung, warum der Adressat ein bis drei Tage auf diese Information warten muß; bei E-Mail ist es eine Sache von Sekunden oder Minuten (vorausgesetzt, die Adresse stimmt).
- Kosten bestehen, aber sie sind weniger offensichtlich als jene für Briefmarken, welche in der Regel nicht immer zur Verfügung stehen (zumindest ist die Netzverfügbarkeit heute schon höher als die Verfügbarkeit von Briefmarken).
- Es taugt als vereinfachtes Filetransfer-System, da elektronische Anlagen, also Textverarbeitungs- oder Tabellenkalkulationsdateien, mit diesem Medium einfach verschickt werden können; von anderen Effekten wie SW-Distribution etc. einmal ganz abgesehen.
- Es funktioniert global.

Das E-Mail vereinfacht den Informationsaustausch via Schriftstücke, welcher in der Vergangenheit – v. a. auf internationaler Ebene – längst nicht die Leistungsfähigkeit hatte wie heute mit Hilfe des Mediums E-Mail. Geschäftsführer können nun einfacher lokale Betriebe aufbauen, ohne den Informationsfluß des Tagesgeschäfts unterbrechen zu müssen; oder sie können sich lokale Besuche sparen, indem lokale Informationen kurzfristig übermittelt werden und zentral getroffene Entscheidungen ohne Verzögerung an Außenstellen weitergegeben werden. Vertriebsleute sind schon und werden zukünftig verstärkt in der Lage sein, ihre Angebote kurzfristig professionell den Kundenbedürfnissen anzupassen, wo immer sie sich weltweit befinden, indem sie via E-Mail und Intranet (s. u.) die notwendigen Informationen vorab zusammentragen. E-Mail stellt somit einen unverzichtbaren Baustein bei der Globalisierung von Unternehmen und damit der Wirtschaft dar.

3.2 Internet

Ich möchte in diesen Ausführungen darauf verzichten, auf die Hintergründe und die Geschichte des Internets einzugehen. Nur soviel: Das Internet ist heute von folgenden Parametern geprägt:
– fast vollständige Kommerzialisierung per World Wide Web,
– freies und billiges globales Trägersystem für datentechnisch ungeschützte Kommunikation per Filetransfer und E-Mail mit nicht garantierten Übertragungsraten,
– noch nie dagewesener Pool von frei oder über Gebühren zugänglichen elektronisch verwertbaren Informationen aller Art.

Das Internet hilft bei der Globalisierung der Wirtschaft mit, die Erde zu einem „Dorf" werden zu lassen, weil man von einem lokalen Terminal aus freien Zugang zu weltweiten Informationen, Ressourcen und Personen hat, von deren Existenz man entweder gar nichts wußte oder deren Beschaffung/Kontaktaufnahme eines unökonomischen Ressourceneinsatzes bedurfte.

Beides fällt nun weg, man kann z. B. über ein Thema publizieren, das man nicht nur mit seiner nächsten lokalen Umgebung diskutiert, sondern man kann theoretisch alle weltweit an diesem Thema Interessierten in diese Diskussion mit einbeziehen. Damit werden Meinungsvielfalt und Innovation gefördert. Des weiteren wird eine akzeptable, kostengünstige Kommunikation für E-Mails mit unsensiblem Inhalt ermöglicht. Der Weg der Übermittlung ist jedoch nicht festgelegt und kann frei „abgehört" werden. Darüber hinaus wird das E-Mail ein unverzichtbarer Bestandteil für die vielschichtige Informationsgewinnung, was ebenfalls die Innovationskraft eines Unternehmens erhöhen kann – vorausgesetzt, man beherrscht die Kunst der selektiven Informationsgewinnung und läßt sich nicht vom Umfang der Informationen dieser Medien schlicht überfordern. Eigentlich unterstützt das Internet die Globalisierung im Kopf, was sicher auch ein Baustein für unternehmerische Entscheidungen pro internationaler Präsenz darstellt.

3.3 Intranet

Resultierend aus der Entwicklung des World Wide Web und des Internets, entstand die Nutzung desselben Mediums für unternehmensinterne Zwecke. Der einzige Unterschied ist, daß die Informationen interner Natur sind und über unternehmenseigene Verbindungen abgerufen werden. Die Informationen werden nicht der Allgemeinheit zur Verfügung gestellt. Diese Anwendung hat für global operierende Unternehmen eine sehr wichtige Bedeutung, da sie unternehmensinterne Informationen ohne großen Aufwand in alle Ecken der Welt verteilen kann.

In Kombination mit E-Mail entsteht dadurch eine Informations-Infrastruktur, welche einen effizienten Betrieb einer weltweiten Organisation erst ermöglicht. Angefangen von Formularen, über aktuelle Organigramme bis zu zentral verfügbaren Wissensdatenbanken, alles kann man über das Intranet intern, global und redundanzfrei den lokalen und internationalen Mitarbeitern zur Verfügung stellen.

Organisationshandbücher, Prozeßabläufe auf Papier, Schwarze Bretter – alles läßt sich in diesem Medium benutzerfreundlich abbilden, und einmal erstellte Präsentationen werden thematisch zentral verwaltet sowie möglichen anderen Anwendern für die Wiederverwendung angeboten (um nur einige wenige Beispiele zu nennen).

Auch hier gilt: Intranets sind keine Voraussetzung für eine Globalisierung der Wirtschaft, aber sie fördern den globalen Betrieb eines Unternehmens enorm, was sicher einen wichtigen Entscheidungsparameter für Geschäftsführer und Vorstände darstellt.

3.4 Werden damit alle Kommunikationsprobleme gelöst?

Eines darf man bei der Betrachtung der neuen Kommunikationsmedien aber nicht außer acht lassen: Es handelt sich lediglich um neue Medien und Umgangsformen in der gegenseitigen Informationsweitergabe und Verständigung, die nicht unbedingt zu einer Verbesserung der Kommunikationsqualität hinsichtlich tatsächlicher Verständigung oder Mißverständnisse etc. führen müssen. Im Gegenteil: Nach wie vor ist das Wirtschaftsleben geprägt von Mißverständnissen und Kommunikationsschwierigkeiten, deren Ursachen vielschichtig sind und deren Auswirkungen die Unternehmen jährlich Unsummen kosten, ohne daß diese Zahlen erfaßt werden.
- Es ist an der Tagesordnung, daß Arbeitsaufträge ungenau oder ohne klare Zielvorgabe erteilt werden.
- Wenn Zielvorgaben tatsächlich sauber formuliert werden, so werden nicht immer alle Betroffenen darüber ausreichend informiert.
- Gerade global operierende Unternehmen sind mit dem Sprachproblem konfrontiert.
- Die Verständigung zwischen Männern und Frauen birgt bekanntermaßen ebenfalls genügend Potential für Mißverständnisse.
- Verschiedene Generationen haben teilweise unterschiedliche Begriffsdefinitionen und Wertevorstellungen, die eine einwandfreie, aus Sicht von Unternehmen effiziente Kommunikation ebenfalls erschweren können.

All diese Problemfelder in der Unternehmens- oder gesellschaftlichen Kommunikation können selbst durch die neuen Medien nicht oder nur ansatzweise überwunden werden. Trotz des Einsatzes dieser Technologien ist häufig der Wunsch der Vater des Gedankens, daß ein Werkzeug wie E-Mail oder Intranet die Verständigung aktiv fördere und verbessere. Doch häufig ist dieses Vertrauen in die Technik auch hier nicht ganz gerechtfertigt. Diese kann den an sie gestellten Anspruch nie erfüllen.

Man kann über die Verwendung dieser Medien froh sein, denn sie helfen sowohl dem Unternehmen als auch der Gesellschaft tatsächlich beim Aufbau einer effizienteren Kommunikations- und Informationslandschaft. Die wahren Potentiale für Effizienzsteigerungen, insbesondere für Unternehmen, liegen aber – wie dargestellt – auf ganz anderen Gebieten.

4. Ausblick auf weitere technische Entwicklungen

Wie werden sich die angesprochenen Technologien und die Informationstechnologie allgemein entwickeln, und welche Konsequenzen wird das möglicherweise für unser Alltagsleben haben?

Gehen wir von folgender kleiner Ist-Analyse aus: Fakt ist, daß die alphanumerische Informationsverarbeitung praktisch alle Anforderungen heutiger Anwendungen abdeckt. Gleiches gilt für die graphische Bildverarbeitung, welche nur noch in Spezialbereichen Wünsche offen läßt. Schaut man sich gängige PC-Software mit Zeichen-, Bildverarbeitungs- und Foto-Editierprogrammen an, so bleiben für den allgemeinen Anwender kaum noch Wünsche offen.

Anders sieht es noch in den Bereichen Audio und Video aus. Diese Anwendungen haben entweder rein professionellen Charakter, oder sie kranken noch an zu großem Speicherbedarf, komplizierter Bedienung, nicht genormten Datenformaten und ungenügenden Auflösungen.

Doch auch diese Lücken werden in absehbarer Zeit für den allgemeinen User, der ja neben den Unternehmen der zweite Absatzmarkt der Hersteller ist, geschlossen werden. Der PC mutiert tatsächlich zur multifunktionalen Maschine mit Bildtelefon, TV-Anschluß, Internet-Anschluß, umfangreicher Audioausstattung und herkömmlichen PC-Anwendungen. Auch wenn sich noch so viele Puristen über diese Entwicklung aufregen.

Die Betrachtung der Entwicklung des allgemeinen privaten Users ist auch für Unternehmen interessant, da der Druck auf die Betriebe für die Einführung neuer Technologien und „Features" gerade aus dem Privatbereich herrührt. Ich bin nicht unbedingt ein Freund und ein Verfechter dieser Entwicklung, man muß jedoch der Realität ins Auge blicken und darf den menschlichen Spieltrieb nicht außer acht lassen, welcher nach einer Komplettierung aller medialen Größen verlangt.

Hier wird wohl die Vernunft eine Zeitlang keine Rolle spielen, denn erst wenn alle vier oben beschriebenen medialen Größen – Charakter, Grafik, Audio, Video – in ihrem Zusammenspiel per PC keine Innovation mehr darstellen, wird eine Differenzierung eintreten. Die sinnhafte Selektion von Anwendungen und ihre funktionale Trennung in einfacher zu handhabende Werkzeuge werden eine Renaissance erfahren.

Bis dahin werden wir alle möglichen Blüten der Innovationskraft miterleben:
- Wir werden ausprobieren, wie es ist, wenn man die Tageszeitung morgens am Frühstückstisch über PC liest und per Mausklick auf ein Szenenphoto den Entscheidungstreffer von Andi Herzog gegen Schweden per Videoeinblendung inkl. Originalkommentar nacherlebt.
- Wir werden über Videokonferenz bzw. Bildtelefon telefonieren und irgendwann zum Schluß kommen, daß das Bild doch nicht die menschliche Begegnung ersetzt und man in den meisten Fällen auch ohne das Konterfei des Gegenübers Dinge gut und zudem billiger bereden kann.
- Wir werden keine Ansichtskarten von Freunden mehr bekommen, sondern einen Anruf, der eine Videoapplikation automatisch startet und miterleben läßt, wie unsere Bekannte sich im Karibiksand räkelt, live übermittelt vom Gatten per Videokamera und Satellitenverbindung.
- Wir werden den geliebten Schallplattenkauf für eine Weile auf Eis legen und die Neuerscheinungen per Internet abhören, downloaden und per E-Cash gleich bezahlen.

Ich möchte nicht behaupten, daß solche Anwendungen sinnlos und unnötig sind. Ich möchte nur verdeutlichen, daß wir vor keiner Anwendung sicher sind und daß die Sinnhaftigkeit sehr unterschiedlich interpretiert werden wird. Für Unternehmen bedeutet dies, beim weltweiten Einsatz dieser neuen Technologien stets einen kühlen Kopf zu bewahren, denn eine billige Einzelplatzlösung kann sich im Zusammenspiel aller Kräfte einer Firma zu einem unkalkulierbaren finanziellen Risiko auswirken.

5. Globalisierung und Multimedia – ein endlicher Prozeß

Können diese von uns als Prozeß empfundene Globalisierung der Wirtschaft und die Innovation auf dem Gebiet der Informationstechnologie eigentlich immer so weitergehen? Ich denke nicht, denn auch dieser Entwicklung sind Grenzen gesetzt. Nehmen wir als Vergleich die Entwicklung des Automobils. Die Welt hat bis dato vom 1–18-rädrigen Fahrzeug mit 1–x Sitzen, Oben-Unten-Seiten-Vorne-Airbag und elektrischem Rasierapparat so gut wie alle Varianten von Automobilen erlebt. Dennoch kristallisiert sich in dieser Technologie eine stabile Variante heraus, die nur noch optimiert wird und die nur noch gedämpfte Euphorie in der Gesellschaft auslöst. Der heutige Personenkraftwagen setzt sich z. B. weltweit aus den wesentlichen Komponenten einer selbsttragenden Karosserie mit vier Rädern und einem Verbrennungsmotor, meist vorne eingebaut, zusammen. Dieses Grundprinzip läßt noch Varianten zu, welche aber immer weniger Aufregung hervorrufen. Oder wer will schon behaupten, daß ein seitlicher Kopfairbag wirklich noch eine Sensation darstellt, welche zum unmittelbaren Autokauf verleitet? Eine Optimierungsphase bedeutet nicht, daß sie das Ende einer Technologie bedeutet, aber der Grundinnovationsprozeß ist abgeschlossen.

Ähnlich wird es sich mit der Informationstechnologie verhalten. Spätestens dann, wenn alle vier eben beschriebenen medialen Parameter eingeführt und in einem Ideeninnovationsprozeß bis zur Langeweile ausgelotet wurden, tritt eine Konsolidierung und eine Optimierung der Technologie ein. Sie wird eventuell durch Virtual Reality nochmals einen Schub bekommen, doch auch dieser Innovationsschub hat ein Ende.

Das gleiche gilt für die Globalisierung der Wirtschaft und die wirtschaftliche Entwicklung der Länder dieser Erde. Auch dieser Prozeß ist theoretisch endlich, wenn man davon ausgeht, daß irgendwann einmal das letzte Armenland in Afrika als Ressource für Billigarbeitskräfte genutzt wird, was auch diesem letzten Land der Erde zu einer gewissen Prosperität verhilft. Theoretisch muß nach dem Quelle-Senke-Prinzip irgendwann ein Ausgleich der Potentiale eintreten, und es tritt auch hier nur noch ein Optimierungsprozeß bzw. ein reiner Verdrängungswettbewerb der Länder untereinander ein. Jedenfalls wird die Liste der wirtschaftlich potenten Länder immer länger, da die alten Industrienationen nie völlig in der Bedeutungslosigkeit verschwinden, aber immer mehr Nationen hinzukommen, wie die vielen Beispiele (Korea, Malaysia, Brasilien und sogar Vietnam) zeigen.

Es wird im internationalen Vergleich immer ein Gefälle von Wohlstand und politischer Macht geben, jedoch wird dieses wohl nie mehr so groß sein wie heute. Für uns ist es immer noch fremd, sich mit südostasiatischen Märkten auseinanderzusetzen, aber auch hier wird eine Gewöhnung eintreten. Künftige Generationen werden mit solcher Internationalität aufwachsen. Sie werden es als normal empfinden, heute hier und morgen dort ein Geschäft abzuschließen, und werden den „Globalisierungsprozeß", wie wir ihn heute spüren, nicht mehr wahrnehmen. Als Herausforderung bleibt nur noch die „Weltallisierung" übrig.

6. Soziologischer Ausblick

Im letzten Kapitel möchte ich noch einige soziale Auswirkungen der dargestellten Prozesse aufzeigen. Es gibt keine Änderung von Umwelteinflüssen, Arbeitsprozessen, Neuordnungen, Transformationen ohne Auswirkungen auf das Individuum mit seiner Erziehung, seinen Gewohnheiten und seiner Lebensplanung!

Wenn heute in einem Unternehmen Geschäftsprozesse von außen her verändert werden und die Umstrukturierung nicht zum gewünschten Erfolg führt, so hängt das meist mit der Trägheit des Individuums gegenüber Veränderungen zusammen. Denn eigentlich arbeitet man immer so, wie es in der Vergangenheit „erfolgreich" war (persönliches Empfinden: sonst hätte man schon längst selbst etwas geändert).

Der Mensch läßt sich in seiner Verhaltensweise nicht einfach umprogrammieren wie ein Computer. Die natürliche Trägheit läßt sich nur mit Hilfe von Erfolgserlebnissen im neuen Prozeß und über einen längeren Zeitraum hinweg überwinden. Dies bedarf des ständigen Coachings, ansonsten endet die gewünschte Transformation in Ablehnung, Absonderung und Passivität.

Treten solche Effekte bei den vorab beschriebenen Prozessen auch auf? Ich denke schon. Das möchte ich an drei Beispielen verdeutlichen:

6.1 Ist das Individuum weiter auf dem Weg in die Isolation?

Um zu provozieren, müßte man diese Frage mit einem eindeutigen „Ja!" beantworten, aber so leicht sollte man es sich doch nicht machen. Die Gefahr besteht, keine Frage. Die Informationstechnologie fördert, im Gegensatz z. B. zur Musik, die Individualität, da man sich meist alleine mit dem PC, seinen Programmen und dem Surfen im Internet beschäftigt. Der User kapselt sich bei dieser Beschäftigung von seiner unmittelbaren Umwelt extrem ab, was aus deren Blickwinkel als Isolation zu werten ist, öffnet sich aber einer neuen virtuellen Umwelt mit wechselnden Einflüssen und Personen, was für den Anwender nicht uninteressant ist.

Wenn man sehr aktive User, insbesondere die Internet-User, auf dieses Thema anspricht, so wird man Ungläubigkeit als Antwort bekommen, da diese User sich als kommunikativ und alles andere als isoliert betrachten. Alles eine Frage des Standpunkts also. Dennoch: aus gesellschaftlicher, familiärer Sicht gesehen, ist es ein kritischer Punkt. Ist es für die persönliche Entwicklung nicht zunächst wichtig, die reale Welt kennenzulernen, bevor man sich der virtuellen Welt öffnet?

6.2 Gefahr der Passivität

Ein weiteres Problem dieser gesamten Entwicklung ist es, daß die ausgefeilten Methoden des Marketings und die Innovationskraft einiger weniger einflußreicher Personen oder Organisationen zu einem verstärkten Konsumverhalten der Gesellschaften führen. Man wird mit Informationen versorgt, das Angebot an unterschiedlichen Programmen (Beispiel Privatfernsehen) ist enorm groß. Die Versuchung, sich diesen Einflüssen hinzugeben, ist für die meisten von uns täglich spürbar.

Ich sehe darin ein noch nicht ganz entschiedenes Spiel, ob sich nämlich die künftigen Generationen mehrheitlich distanzieren oder ob sie die Möglichkeiten neuer Technologien nutzen und selbst aktiv und kreativ werden. Denn noch nie war es so einfach wie heute, ohne großen Aufwand durch gute Ideen Erfolg und Weltgeltung zu erlangen. Eigentlich müßte es ein Ansporn für Kreativität und Aktivität sein, jedoch hat man heute den Eindruck, daß wir in großer Mehrheit ein williges Volk von Anwendern für einige sehr erfolgreiche Produkte und deren clevere Hersteller sind.

6.3 Die Abhängigkeit von der Informationstechnologie

Jeder Stromausfall im Haushalt hält uns vor Augen, wie abhängig wir mittlerweile von der Stromversorgung geworden sind. Jedoch glaube ich, daß diese Abhängigkeit in keiner Relation zu der schon existierenden, aber noch erweiterbaren Abhängigkeit von der Informationstechnologie steht. Wenn es im Haus dunkel ist, kann man zur Not noch eine Kerze anzünden, wenn man aber vor verschlossener Haustür steht, weil einen das Sicherheitssystem nicht als „valid" erkennt, hat man ein größeres Problem. Oder: Ein halbtägiger Ausfall des unternehmensweiten E-Mail-Systems führt zu höchster Aufregung in der Informationstechnologie-Zentrale und erweckt den spontanen Eindruck, daß gleich der gesamte Unternehmensprozeß zum Erliegen kommt – so groß ist die Aufregung bei den Mitarbeitern. Früher konnte man drei Tage auf eine Unterlage warten, mit der Einführung des Expreß-Versands hat sich diese Wartezeit auf max. 24 Stunden reduziert, mit der Einführung von E-Mail muß alles sofort vorhanden sein. Das Problem dabei ist, daß die Anwender ihre Arbeitsweisen entsprechend darauf ausrichten. Schriftliche Ausarbeitungen werden nicht mehr drei Tage früher fertiggestellt, sondern kurz vor dem spätesten Ablieferdatum, da E-Mail ein sofortiges Überbringen ermöglicht.

Zum einen steigt damit der Druck auf die Verfügbarkeit der Systeme, was zu erhöhten Support- und Ausfallsicherheitskonzeptkosten führt, und zum anderen begibt man sich in der Geschäftstätigkeit durch die organisatorische Anpassung an die theoretischen Möglichkeiten der neuen Technologien in große Abhängigkeiten und in damit verbundene Gefahren.

Es lassen sich noch genug Beispiele aus praktisch allen Lebensbereichen aufzählen (beliebt ist beispielsweise das Szenario mit persönlichen ID-Cards inkl. aller persönlicher, auch medizinischer Daten wie Krankheitsbilder und Behandlungen: Was passiert, wenn diese falsch gelesen oder verwechselt werden?).

Das Grundproblem wird darin liegen, daß wir ein Urvertrauen
– in das Funktionieren der Technologie,
– in die Richtigkeit der angezeigten Informationen
haben, woraus sich ein enormes Gefahrenpotential für den flächendeckenden Umgang mit diesen modernen Technologien ergibt.

7. Schlußbemerkung

In allen Transformationsprozessen stehen positive und negative Potentiale einträchtig nebeneinander. Die Aufgabe aller ist es, sich sachlich damit auseinanderzusetzen und keine Feindbilder zu entwickeln. Wie man den Negativauswirkungen durch die wirtschaftliche Globalisierung begegnen kann, habe ich versucht zu beschreiben. Die sozialen Gefahrenpotentiale für die Gesellschaft, z. B. beim Einsatz der neuen Technologien, sind vorhanden, wie im 6. Kapitel von mir nur grob skizziert. Ich meine jedoch, daß jeder einzelne für sich und jedes Unternehmen einen sinnvollen Weg bei der Anwendung dieser Technologien finden kann, vorausgesetzt er/es beschäftigt sich mit dieser Thematik. Da einer der menschlichen Grundzüge die Unvernunft ist, bleibt nur das Prinzip Hoffnung.

Viel interessanter sind jedoch die möglichen positiven Auswirkungen dieser Transformationen, wie die Entwicklung einer globalen Multikultur und die riesigen Innovationspotentiale mit den damit verbundenen Arbeitsmöglichkeiten für folgende Generationen. Daran glaube ich.

Anmerkung

[1] Kondratieff N. D., Die langen Wellen der Konjunktur, in: Archiv für Sozialwissenschaft und Sozialpolitik 56 (1926) 573–609.

Gunter Bauer

Das Internet – Vergangenheit, Gegenwart und Zukunft

1. Die Entstehungsgeschichte des Internets

Die 50er Jahre

1957 gelingt es der UdSSR, den Satelliten Sputnik in die Erdumlaufbahn zu schießen. In der Folge startet die US-Regierung eine Reihe von Forschungsprogrammen, um die Vorherrschaft auf den Gebieten Rüstung, Wissenschaft und Technologie wiederzuerlangen. Unter anderem wird innerhalb des Verteidigungsministeriums die „Advanced Research Projects Agency" (ARPA) gegründet, und zwar mit der Aufgabe, neue, innovative Technologien zu entwickeln.

Die 60er Jahre

Von ARPA werden Untersuchungen über Netzwerke angestellt – mit dem Ziel einer gemeinsamen Nutzung von verteilten Computerressourcen, des Aufbaus einer verteilten Kommunikationsinfrastruktur sowie einer zuverlässigen Datenübertragung. Es gibt Pläne zum Aufbau eines Computer-Netzwerks, bei dem die Nachrichtenübertragung nicht mittels fest vorgegebener Leitung, sondern durch „packet-switching"-Technologie geschieht, welche unempfindlicher gegenüber Störungen ist. Dabei werden die zu versendenden Daten in einzelne, kleine Datenpakete aufgeteilt und einzeln über das Computer-Netzwerk verschickt. Die Wegstrecken, die diese Datenpakete durchlaufen, werden von eigenen Vermittlungsstellen ausgewählt, je nach Belastung der vorhandenen Leitungen. Die Einzelpakete eines Datensatzes können also durchaus auf verschiedenen Wegen durch das Netzwerk laufen und auch zu unterschiedlichen Zeiten beim Empfänger ankommen. Mit dieser in den Vermittlungsstellen implementierten „Netzwerks-Logik" ist die Übertragung wesentlich fehlertoleranter als eine permanent aufrechtzuerhaltende Verbindungsstrecke. Erste Umsetzungen dieser Ideen werden gegen Ende der 60er Jahre präsentiert und vom US-Verteidigungsministerium unter dem Namen „ARPANET" realisiert. 1969 besteht dieses erste Netzwerk aus vier, mittels Telefonleitungen verbundenen Computern kalifornischer Universitäten.

Die 70er Jahre

1970 schließen sich auch die Universitäten Harvard und das Massachusets Institute of Technology an das ARPANET an. Im Jahr 1971 sind bereits mehr als 30 Computer Teilnehmer, ab 1972 gibt es auch eine Verbindung zur Universität von Hawaii. Ab 1973 erlangt das ARPANET durch Verbindungen zu Universitäten in England und Norwegen auch eine internationale Dimension.

Erste einfache Programme zum Verschicken von Botschaften über dieses Netzwerk werden geschrieben, „Electronic Mail" oder kurz „E-Mail" genannt. Weitere Programme werden entwickelt, mit denen man von einem Computer aus Kommandos auf anderen, entfernten Computern ausführen oder ihnen Dateien übermitteln kann. (Diese Programme nennt man „Telnet-" bzw. „File-Transfer-Programme", siehe Kapitel 4).

Die Paketübertragung in Netzwerken wird verbessert, und es werden die Voraussetzungen geschaffen, um unterschiedliche paketorientierte Netzwerke (darunter auch Satelliten- und Funknetze) zusammenzuschließen. Diesen Zeitpunkt der Verbindung von Netzwerken mit dem Datenübertragungsprotokoll „TCP/IP" könnte man als die eigentliche „Geburtsstunde" des Internets bezeichnen. Außerdem integriert man Netzwerksoftware in das auf vielen Großrechnern von Forschungseinrichtungen eingesetzte Betriebssystem UNIX und vergrößert dadurch den Einsatzbereich des Internets.

Die 80er Jahre

Nach und nach entstehen immer mehr kleinere Netzwerke in Universitäten und Firmen, die ihrerseits über das Internet miteinander verbunden werden. Manche Telefongesellschaften bauen eigene, durch Telefonleitungen verbundene Netzwerke auf (etwa „Minitel" in Frankreich oder „BTX" in Österrreich). Mitte der 80er Jahre wird ein Hochgeschwindigkeitsnetz (NSFNET), das die größten Supercomputer-Zentren der USA verbindet, aufgebaut. Österreich ist ab 1990 mit dem NSFNET verbunden. In Europa entstehen „EUnet", ein eigenes kommerzielles Netzwerk, und auch ein europäisches, akademisches Forschungsnetzwerk (EARN). Gleichzeitig werden auch Organisationen gegründet, die sich um die administrative und technische Koordination des Netzwerks kümmern (siehe Kapitel 3).

Gegen Ende der 80er Jahre sind bereits einige 100.000 Computer mit dem Internet verbunden.

Die 90er Jahre

Zu Beginn der 90er Jahre werden verschiedene Software-Produkte kostenlos herausgegeben, die eine sehr einfache Nutzung der im Internet verfügbaren Informationen ermöglichen. Die bedeutendste dieser Entwicklungen ist die Entstehung des

World Wide Web (WWW), das eine neue Art von Dokumenten, sogenannte Hypertexte, verwendet.

Hypertexte sind Texte, bei denen gewisse Wörter (oder auch Bilder) die Funktion einer Verbindungsstelle (eines sogenannten „link") zu anderen Dokumenten bilden. Durch Anklicken mit der Maus können diese Verzweigungen aktiviert werden. Dabei ist es völlig belanglos, wo dieses neue Dokument liegt – am gleichen Computer oder auf irgendeinem anderen Computer im Internet. Zwischen einzelnen Dokumenten können auch Kontinente liegen! Für den Benutzer macht das kaum einen Unterschied – höchstens in der unterschiedlichen Ladezeit der Dokumente. Der Benutzer wird so selbst „Steuermann" durch die riesige Anzahl an vorhandenen Hypertext-Dokumenten (derzeit dürften im Internet etwa 100 bis 200 Millionen [!] solcher Hypertext-Dokumente vorhanden sein).

Abbildung 1. Schema für einen Hypertext-Link

Am europäischen Labor für Elementarteilchenforschung CERN in Genf wird 1991 eine Software entwickelt, die es auch einem Computer-Laien ermöglicht, in einer großen Menge von Forschungs-Dokumenten mittels einer einfachen Benutzeroberfläche zu suchen. Dazu benötigt man einen sogenannten Web-Browser, eine Software, die Hypertextseiten am Bildschirm darstellen sowie Bilder, Animationen und Töne wiedergeben kann. Damit wurde die Bedienung von WWW-Browsern auch für Anfänger so einfach, daß technische Vorkenntnisse bei der Erkundung des Netzes erstmals entbehrlich werden.

Die Gegenwart und die Zukunft

Diese Welle an neuen Software-Produkten führt zu einem sehr rasanten Anstieg der Benutzerzahlen des neuen Mediums Internet, und Mitte der 90er Jahre wird das „Surfen im Internet" zum Diskussionsthema Nr. 1. Gesellschaft, Wirtschaft und Politik beginnen, das neue Medium Internet zu nutzen. Firmen und Organisationen fangen an, das Internet als Präsentations-, Werbe- und Verkaufsmedium einzusetzen. Verkauf und Kundenservice via Internet werden sich in Zukunft als bedeutender Kanal zum Kunden erweisen.

Virtuelle Einkaufszentren im Internet entstehen, Zeitungen und Zeitschriften sind online verfügbar, Radio- und TV-Stationen senden weltweit über das Internet, Pizza- und Blumenbestellungen können via Internet aufgegeben werden. Systeme von elektronischem Geld werden entwickelt, um einen einfachen und gesicherten Zahlungsverkehr über das Internet zu ermöglichen. Das Telefonieren über Internet sowie der Einsatz von Videokonferenzen werden auch einen großen Markt finden. Der Zugang zum Internet über Telefon- oder ISDN-Leitungen wird für jedermann erschwinglich.

2. Einige Zahlen zum Wachstum des Internets

Exakte Zahlen zur Größe des Internets anzugeben ist recht schwierig, weil einerseits die Anzahl der mit dem Internet verbundenen Computer nicht genau bekannt ist und weil bei Zählungen unterschiedlich gewertet wird. Andererseits unterliegen alle diese Zahlen einem stürmischen Anstieg, und Statistiken, die erst ein halbes Jahr alt sind, gelten teilweise bereits als veraltet.

Recht grob geschätzt, ist die derzeitige (Herbst 1997) Anzahl der mit dem Internet verbundenen Computer etwa 15–25 Millionen, und die Anzahl der Menschen, die das Internet nutzen, beläuft sich auf 50–100 Millionen. Die Anzahl der Dokumente, die im World Wide Web zu finden sind, wird meist mit 100–200 Millionen angegeben. Hochrechnungen schätzen die Zahl der Netzteilnehmer im Jahr 2000 auf etwa 300–500 Millionen. Oft wird von einer Verdoppelung der Informationsmenge im Internet innerhalb von drei Monaten (!) gesprochen.

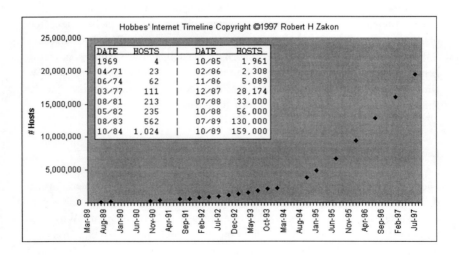

Abbildung 2. Zunahme der Host-Computer im Internet

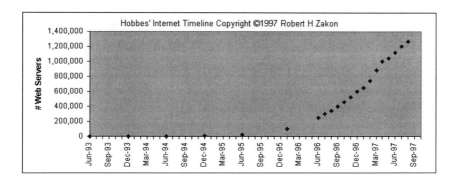

Abbildung 3. Zunahme der Web-Server im Internet

3. Organisationen im Zusammenhang mit dem Internet

Das Internet ist weder im „Besitz" einer Person noch einer Organisation. Jedoch gibt es auf lokaler Ebene verantwortliche Stellen, die für die Wartung des Netzes zuständig sind. Das sind in vielen Fällen Telekom-Gesellschaften oder Betreiber von Computerzentren.

Auf internationaler Ebene bildeten sich schon vor einigen Jahren Organisationen, die für die zwischenstaatliche Koordination zuständig sind. Einige davon werden in diesem Abschnitt kurz beschrieben:

ISOC (Internet Society, http://www.isoc.org)
ISOC wurde 1991 gegründet und koordiniert die internationale Weiterentwicklung des Internets, verbessert und erweitert bestehende Internet-Dienstprogramme.

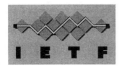

IAB (Internet Architecture Board, http://www.iab.org/iab/)
IETF (Internet Engineering Task Force, http://www.ietf.org)
IRTF (Internet Research Task Force, http://www.irtf.org)

Die Organisationen IAB, IETF und IRTF sind für den Bereich Nordamerika zuständig. Ihre Aufgaben sind die Entwicklung von Internet-Standards, das Ausführen einer Beratungsfunktion gegenüber ISOC und die Herausgabe offizieller Internet-Dokumente.

RARE (Réseaux Associés pour la Recherche Européenne, http://www.rare.nl)
RIPE (Réseaux IP Européens, http://www.ripe.net)
RARE und RIPE wurden 1986 bzw. 1989 gegründet und kümmern sich um den Aufbau einer Hochgeschwindigkeitsinfrastruktur für Datenübertragung zwischen Forschungs- und Entwicklungseinrichtungen in Europa. Weitere Aufgaben von RARE und RIPE sind die technische und organisatorische Koordinierung von Datennetzen in Europa. RIPE sieht sich auch als Dokumentationsstelle und als Sammelpunkt für Internet-Software.

ACOnet (Österreichisches Akademisches Computernetz, http://www.aco.net)
Seit 1986 gibt es das „Österreichische Akademische Computernetz", dem alle österreichischen Universitäten und etliche andere Forschungs- und Bildungsinstitutionen angehören. Es besteht aus einer ringförmigen Verbindung der Universitäten mit einer Anbindungsstelle am EDV-Zentrum der Universität Wien, an die andere europäische und amerikanische Computernetze angekoppelt sind.

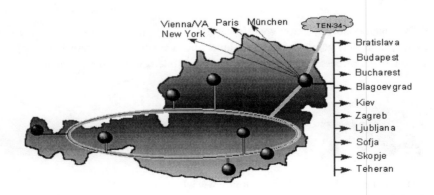

Abbildung 4. Struktur des ACOnet

TEN-34 (Trans European Network at 34 Mbit/s, http://www.dante.net/ten-34)
Das Ziel von TEN-34 ist es, mit finanzieller Unterstützung der EU eine breitbandige europäische Net-Infrastruktur für die Wissenschaft bereitzustellen. An diesem Projekt beteiligt sich auch ACOnet.

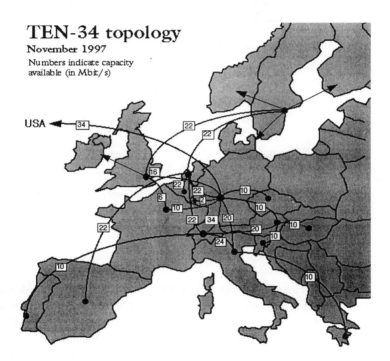

Abbildung 5. Das europäische Forschungsnetzwerk TEN-34

4. Vorstellung einzelner Internet-Dienstprogramme

Die meisten der Dienst-Programme, die im Internet eingesetzt werden, funktionieren nach dem Client-Server-Prinzip. Eine anschauliche Analogie des Client-Server-Prinzips ist die Situation von Gast und Kellner in einem Gasthaus. Der Gast ist derjenige, der Bedürfnisse hat, die vom Kellner befriedigt werden. Der Gast verwendet eine Speisekarte zur Bestellung und wählt davon einige Speisen und Getränke aus, die der Kellner (nach einer gewissen Zeit) dem Gast an den Tisch serviert. Im Fall des Internets ist der Gast der User an einem Computerterminal, auf dem ein spezielles Client-Programm läuft, das Verbindung mit einem Computer im Internet aufnimmt, auf dem ein Server-Programm Daten auf Anfrage des Client-Programms zur Verfügung stellt und sie dem Client auch in gewünschter Form schickt. Die Kommunikation und der Datenaustausch zwischen Client- und Server-Programm erfolgen nach einem genau festgelegten Ablauf („Protokoll").

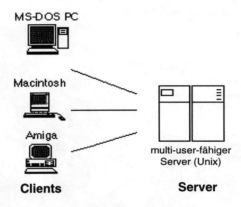

Abbildung 6. Ein Client-Server-Netzwerk

Electronic Mail (E-Mail)

Electronic Mail ist einer der ältesten Internet-Dienste und wird wahrscheinlich am häufigsten eingesetzt. Elektronische Nachrichten können weltweit, zwischen verschiedenen Netzwerken und innerhalb weniger Sekunden verschickt werden. Generell ist nur das Verschicken von Textnachrichten möglich, jedoch auch Grafiken, Dokumente mit formatierten Texten oder Programm-Dateien können als „attachment" verschickt werden, wobei diese Dokumente intern wieder in reinen Text umgewandelt werden. E-Mail-Programme ermöglichen außerdem die Archivierung und Weiterleitung von Briefen sowie die Verwaltung von Adreßbüchern mit E-Mail-Adressen.

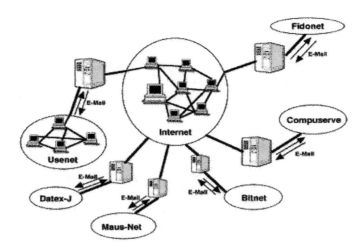

Abbildung 7. E-Mails können vom Internet aus auch in andere Computernetze verschickt werden und umgekehrt.

Newsgroups

Bei Newsgroups handelt es sich um weltweite elektronische Diskussionsforen. Es ist eine organisierte Form von E-Mail, vergleichbar mit den Leserbriefseiten einer Zeitung, jedoch unterteilt in unterschiedliche Diskussionsthemen. Derzeit gibt es etwa 20.000 verschiedene Themen, bei denen jeder Besitzer einer E-Mail-Adresse mitdiskutieren kann. Prinzipiell kann er auch die Schaffung eines neuen Diskussionsthemas beantragen. Das Diskussionsthema ist aus der strukturierten Bezeichnung der Gruppe ersichtlich. Die Geschwindigkeit der Datenübertragung im Internet zeigt sich auch hier: Beiträge stehen nach Abschicken innerhalb kürzester Zeit weltweit zur Verfügung.

File Transfer Protocol (FTP)

Die Aufgabe von FTP ist es, das Kopieren von Dateien zwischen zwei Computern zu ermöglichen. Dazu stellt FTP eigene Kommandos zum Übertragen von Text- und Binärdateien zur Verfügung. Hauptsächlich wird FTP genutzt, um kostenlose Software (Public-Domain-, Shareware- und Freeware-Programme oder Demos kommerzieller Software) anzubieten. Der Zugang zu vielen FTP-Servern ist für anonyme User möglich.

Telnet

Telnet ermöglicht die Verbindung mit entfernten Computern und erlaubt die Ausführung von Befehlen am entfernten Computer, z. B. können dort Programme gestartet werden. Meist ist dazu jedoch eine Benutzerberechtigung am fremden Computer nötig. Dieser Internet-Dienst wird großteils zur Fernwartung von Großrechnern oder zum Zugriff auf Bibliothekskataloge und Datenbanken verwendet.

World Wide Web (WWW)

Das World Wide Web ermöglicht ein schnelles und bequemes Navigieren zwischen Dateien, die aus Hypertexten bestehen. Diese Seiten sind in einer eigenen Seitenbeschreibsprache, der Hyper Text Markup Language (HTML), verfaßt und enthalten Hyperlinks, Bilder und andere Multimedia-Objekte.

Das Client-Programm nennt man auch „Browser" (vom englischen Wort „to browse", was etwa „grasen", „weiden", „schmökern" bedeutet). Die meisten WWW-Browser erlauben die Nutzung mehrerer Dienste (meist E-Mail, Newsgroups und FTP) unter einer einheitlichen Benutzeroberfläche.

5. Statements bekannter Persönlichkeiten zum Internet

(gefunden in: http://www.multiscan.com/dl/internet.html#statements)

Andy Grove, Intel-Chef:
„Ich könnte diese Firma notfalls ohne Licht, Klimaanlage oder Heizung führen, aber nicht ohne E-Mail!"

David Berlow, Screenfont-Spezialist:
„In 50 Jahren wird es in den USA keinerlei Zeitungen mehr geben. Schon im Jahr 2000 werden wir ein System haben, das Fernseher, Radio, Zeitung und Videospiel in einem ist, also immer gerade das, was man will. Ich glaube, daß die Leute aus Flugzeugen und der Eisenbahn online kommunizieren werden."

Matthew Butterick, Web-Designer:
„Ein Web-Site ist eine tolle Sache, wenn man ein Magazin machen will und kein Geld dafür hat!"

Erik Spiekermann, Designer:
„Das Internet ist ein zeitbasiertes Medium, was das Buch und die Zeitung nicht sind. Interaktion und die Möglichkeit, in eine verborgene Tiefe vorzudringen, schaffen eine neue Dimension. Wenn man sich ein Buch oder eine Zeitschrift kauft, kennt man deren Umfang. Bei elektronischen Medien weiß man nie, was sich dahinter verbirgt."

So mancher lag auch schon einmal daneben:

Ken Olsen, DEC-Gründervater, 1977:
„Es gibt keinen Grund dafür, daß jemals irgend jemand einen Computer wird zu Hause haben wollen."

Bill Gates, Microsoft-Boß, 1981:
„Niemand wird je mehr als 640 KBytes brauchen!"

Tja, so kann man sich täuschen ...

Nachweis der Abbildungen

Die Diagramme zum Wachstum des Internets (Abb. 2, Abb. 3) wurden dankenswerterweise von Robert H. Zakon zur Verfügung gestellt und sind seiner Übersicht zur Geschichte des Internets (http://www.isoc.org/guest/zakon/Internet/History/HIT.html) entnommen.

Das Diagramm zum ACOnet (Abb. 4) stammt von: http://www.aco.net.

Das Bild des Forschungsnetzes TEN-34 (Abb. 5) ist zu finden unter: http://www.dante.net/ten-34/ten34net.gif.

Hermann Maurer

Große WWW-Systeme

Neue Phänomene, Probleme und Lösungen

Zusammenfassung

Diese Arbeit ist in drei Teile gegliedert. Im ersten wird versucht aufzuzeigen, daß das World Wide Web (WWW) beginnt, in alle Bereiche des Lebens einzudringen, und daß sich dabei neue Phänomene und Probleme ergeben. Im zweiten wird erläutert, wie moderne WWW-Systeme wie „Hyperwave" viele der auftretenden Probleme mildern können. Im dritten und letzten Abschnitt werden einige häufig gehörte Aussagen über WWW analysiert, und es wird belegt, daß es sich dabei manchmal um sehr oberflächliche und nicht stichhaltige Überlegungen handelt. Auf eine längere Literaturliste wird verzichtet, aber es wird auf viele WWW-Angebote hingewiesen.

1. WWW überschwemmt die Welt

Weltweit sind mit März 1997 ca. 500.000 WWW-Server im Einsatz (siehe http://www.altavista.digital.com). (Hier und im Folgenden verweise ich auf WWW-Angebote, indem ich den „Uniform Resource Locator" – den URL – angebe, wie man ihn in allen WWW-Browsern zum Auffinden von Informationen verwendet. Das vorangestellte http:// – das angibt, daß es sich um ein WWW-Angebot handelt – unterdrücke ich aber im weiteren, d. h.: Anstelle von http://www.altavista.digital.com werde ich im folgenden nur www.altavista. digital. com schreiben). Auf den 500.000 WWW-Servern befinden sich unglaubliche Mengen von Informationen und Diensten aller Art, von Literatur bis hin zu Werbung, von Musik bis zu Filmen, von touristischen Bildern bis zu „virtuellen" Museen, von Fahrplänen bis zu Wetternachrichten, von elektronischen Kaufhäusern bis zu Diskussionsforen, von Bestellsystemen bis zum Telebanking, von Telefonbüchern bis zu Produktangeboten, von touristischen und geographischen Informationen bis zu wissenschaftlichen Arbeiten; und die Liste ist beliebig fortsetzbar. Einige konkrete Beispiele mögen das enorme Spektrum nur beispielhaft beleuchten: Das vielfältige Angebot reicht von der Weltkarte, in die man überall über viele Stufen bis auf das Straßenniveau hineinzoomen kann (www.mapquest.com), über die Zugauskunft der Deutschen Bahn (www.hacon. de), über die Flugauskunft zu allen Flüge überall in der Welt (www.lufthansa.de) oder über die riesige Multimedia-Präsentation Österreichs (www.aeiou.at) bis hin zur größten Online-Buchhandlung im WWW (www.amazon.com), bis zur elektronischen Nationalbibliothek Neuseelands (timeframes.natlib. govt.nz) oder bis zu elektronischen Zeitschriften (www.iicm.edu/jucs) oder Zeitungen und Magazinen (www.spiegel.de). Erstaunlich an diesen und anderen Angeboten ist nicht, *daß* es sie gibt, sondern *wie viele* es davon gibt und wie umfangreich die Datenbestände sind! Auch ungewöhnlichere Angebote wie aktueller Sport (www.sportsline.com), Filminformationen (hollywood.com), interaktive Cartoons (www.narrative.com), virtuelle Friedhöfe (virtual29.com/garden/cemetery.html), Kontaktanzeigen (www.webpersonals.com), elektronische Multimedia Postkarten (www.kodak.com), Fahrschulen (www.stimmt.at) oder Erinnerungseinrichtungen (www.neverforget.com) usw. zeigen andeutungsweise das große Spektrum von WWW. Mit Recht kann man sagen: Man findet so ziemlich alles im WWW, wenn man Zeit hat und wenn man durch das totale Chaos nicht frustriert wird.

Das „Zeithaben" hängt nicht zuletzt mit den oft sehr bescheidenen Übertragungsgeschwindigkeiten zusammen, so daß von Zynikern WWW schon oft als „Welt Weites Warten" interpretiert wurde. Das neue Transatlantikkabel TAT 12/13 belegt, daß die nötigen Leitungskapazitäten zur Verfügung stehen, aber auf Grund einer falschen Preispolitik nicht zum Tragen kommen: Die Investitionskosten für diese Glasfaserstrecke lagen bei ca. 1,5 Milliarden DM. Die Leitung erlaubt die gleichzeitige Übertragung von ca. 300.000 Telefongesprächen, und sie würde sich bei voller Auslastung innerhalb einer einzigen Woche amortisieren! D. h., daß die Transatlantik-Telefonpreise um einen Faktor von mehr als 100 fallen könnten. Die Situation in Europa ist ganz ähnlich.

Aber der Nutzer des WWW leidet ja nicht nur unter der langsamen Informationsübertragung, sondern noch mehr darunter, daß die gesuchte Information im Chaos des WWW oft kaum zu finden ist.

Um sich in diesem Chaos des WWW zurechtzufinden, werden häufig sogenannte Suchmaschinen eingesetzt. Leider führen sie bei vielen Begriffen zu einem Informationsoverkill: unter „Potsdam" findet man z. B. ca. 100.000 Eintragungen, die man natürlich nicht mehr alle ansehen kann. Man fragt sich, wie diese Eintragungen angeordnet sind, wie das „Ranking-Verfahren" abläuft. Grob vereinfacht, wird ein Dokument höher bewertet, wenn das gesuchte Wort im Vergleich zur Länge des Artikels öfter vorkommt.

Allerdings verführt das Anbieter dazu, ein Wort oft zu wiederholen, um ein gutes Ranking zu erhalten. Die ersten, die das erkannten, waren die verschiedenen Erotikanbieter (auf deren Seiten man weit unten, ganz versteckt, oft 500mal das Wort „Sex" fand) und dann gleich gefolgt von verschiedenen religiösen Sekten: Man suche nur z. B. einmal mit der Suchmaschine Altavista „bookstore", um den Effekt zu beobachten.

Eine ganz andere Methode, Information zu finden, besteht darin, die URLs zu erraten: So findet man unter www.toyota.com oder www.quelle.com „Toyota" bzw. „Quelle", auch www.spiegel.de oder www.lufthansa.de funktionieren wie erwartet. Aber www.spiegel.com führt zu einem Schuhhandel, www.sacher.com nicht zum berühmten Hotel in Wien, www.aua.com nicht zur AUA, der österreichischen Fluglinie, und www.louvre.com zu einer Künstlerin in den USA, nicht zum Louvre. Da von meinem Team an der TU Graz das vernetzte Hypermedia System Hyper-G entwickelt wurde, war für uns auch www.hyper-g.com von Interesse, diese Adresse führt aber zu einer Software-Firma, die mit Hyper-G nichts zu tun hat. Sie wäre allerdings durchaus bereit, den URL www.hyper-g.com zu verkaufen: Mit anderen Worten, hier hat sich der neue Beruf „URL-Pirat" entwickelt, dessen Ausübung erst allmählich durch internationale Regelungen eingebremst werden muß!

2. Wie wird das chaotische WWW verwaltbar?

Zu den Problemen, die man bei großen WWW-Servern immer wieder findet, gehört die „Datenverwilderung". Während es einfach ist, einen kleinen WWW-Server in Betrieb zu nehmen und einige nette Informationen (Text und Bildchen) einzuspielen, ist es alles andere als einfach, ein immer weiter wachsendes WWW-Angebot im Griff zu behalten: Man vergißt zu leicht auf das Löschen veralteter Informationen, entfernt andererseits oft Daten, auf die von anderer Stelle hingewiesen wird, und erzeugt damit „gebrochene Links", die den Benutzer durch die Meldung „Object not found. Error 404" bis zur Weißglut ärgern können, und im übrigen wird die Struktur eines großen Angebotes durch Einfügungen und Löschungen immer unübersichtlicher: Benutzer „verirren sich" im Durcheinander der Verweise, finden oft Eintragungen nicht, von denen sie wissen, daß sie eigentlich existieren müßten. Das Sprichwort „Vater werden ist nicht schwer, Vater sein dagegen sehr" gilt eben leider auch, wenn man „Vater" durch „Webmaster" ersetzt.

Um die erwähnten Probleme zu vermeiden, sind WWW-Server-Systeme mit umfangreichen Daten- und Linkverwaltungsmechanismen notwendig. Ein solches System wurde von einem Team unter der Leitung des Autors dieses Beitrages zwischen 1991-1996 mit einem Aufwand von über 100 Menschenjahren entwickelt und wird nun als kommerzielles Produkt von einer Firma mit Hauptsitz in München unter dem Namen „Hyperwave" (www.hyperwave.de) vertrieben.

Einige der wichtigsten Aspekte von „Hyperwave" sind die folgenden Punkte: Alle Dokumente und Gruppen von Dokumenten (Collections) können beliebige Attribute haben; Links sind nicht uni-direktional, fixverdrahtet und typenlos, sondern bi-direktional, extern verwaltet und typisiert (d. h. haben Attribute wie alle anderen Objekte); die Daten sind auf verschiedene Weise strukturierbar, wobei verschiedenen Benutzern verschiedene Sichten zugeordnet werden können; es gibt Zugriffskontroll- und Vergebührungsmechanismen, eingebaute Suchverfahren und Suchhilfen; darüber hinaus wird Multimodalität (z. B. Mehrsprachigkeit) vom System unterstützt.

Das Attributkonzept hilft beim Aufsuchen von Dokumenten und erlaubt dem System, automatisch gewisse Aktionen zu setzen, wie z. B. das Löschen abgelaufener Dokumente, die Eröffnung von Dokumenten zu bestimmten Zeiten; ferner wird damit die Verbindung zu relationalen Datenbanken wesentlich vereinfacht, weil sich die Relationen auf die Attribute abbilden lassen. Das verallgemeinerte

Linkkonzept erlaubt die Konsistenzhaltung von Links automatisch durch das System, ein Prozeß, der sonst manuell durchgeführt werden muß. Die Strukturierung der Daten vergrößert die Übersichtlichkeit, erlaubt die Vermeidung überflüssiger Links und gestattet, daß verschiedene Benutzer verschiedene Links sehen, ein ganz wesentlicher Punkt! Die Annahme, daß alle Personen einer Organisation die Informationen gleich sehen wollen (vom Manager zum Vertriebsleiter, vom Verkäufer zum Forscher), ist ja ein offensichtlicher Unsinn. Übrigens entspricht die Vermeidung von Links durch die Einführung von Struktur genau dem, was in den letzten 20 Jahren in der Informatik immer wieder gepredigt wurde: Struktur statt GOTOs beim Programmieren, Struktur statt Zeigern bei Datenstrukturen, daher natürlich auch Struktur statt Links im WWW. Es ist traurig, daß diese einfache Tatsache selbst von manchen Computerfachleuten noch immer nicht verstanden wird!

„Hyperwave" wurde übrigens unter 35.000 Produkten von 6.800 Ausstellern auf der CeBit 97 – der größten Computermesse der Welt – mit dem „Best of the Show Award" von BYTE ausgezeichnet, und zwar genau aus den angeführten Gründen: „Hyperwave" ist zur Zeit die einzige auch serverübergreifende Technologie, die das Management großer WWW-Server massiv unterstützt. Zum CeBit-Preis siehe www.byte.com/special/cebit97.htm oder www.iicm.edu/hyperwave. cebit. Mehr zu „Hyperwave" findet man unter www.hyperwave.de und www. iicm.edu/hyperg. Das „klassische" Buch über „Hyperwave" ist (Maurer 1996), während in (Maurer 1997) ausführlich erläutert wird, warum bei großen Datenmengen in WWW-Servern auf Datenbanken nicht verzichtet werden kann und diese Datenbanken vorzugsweise wie in „Hyperwave" in das System integriert werden sollten.

3. Einige Behauptungen über WWW – und warum sie nicht stimmen

In diesem Abschnitt soll kurz auf fünf Aussagen eingegangen werden, die man immer wieder hört und die trotzdem zweifelhaft bis falsch sind.

3.1 „WWW wird das größte Informationssystem der Welt."

Diese Behauptung ist nicht falsch, bloß ist sie nur die halbe Wahrheit: WWW als reines Informationssystem würde nie die Bedeutung erlangen, die es schon hat bzw. haben wird. Die kommunikativen Komponenten (E-Mails, Chats, Formulare, Bestellungen, Diskussionsecken, ...) sind langfristig noch wichtiger!

3.2 „WWW wird dazu führen, daß man – ‚unterstützt von intelligenten Agenten' – für jedes Produkt und jede Dienstleistung die jeweils besten Angebote aussuchen kann."

Wer immer so etwas sagt, träumt einen schönen Traum, mehr nicht. Der Markt hat sich immer sehr erfolgreich gegen „comparison shopping" gewehrt, er wird es auch weiter tun. Wie es zuerst gebundene und später broschierte Bücher gibt (um zunächst höhere Preise verlangen zu können, bevor man den Massenmarkt angeht) oder ein und dasselbe Produkt mit minimalen Unterschieden (die aber einen direkten Vergleich verhindern), so wird es von Sonderangeboten, frequent-buyer-benefits etc. nur so wimmeln: Das Kaufen und Aussuchen wird weiter eine zeitraubende Beschäftigung bleiben, von einigen geliebt, von anderen gehaßt. Übrigens ist das „differential pricing" nicht immer konsumentenfeindlich. Die berühmteste Geschichte ist jene von einem superschnellen, sehr guten Laserprinter, der in zwei Varianten ausgeliefert wurde: eine sehr schnelle und teure, die zweite durch Einbau eines zusätzlichen Chips künstlich verlangsamt und viel billiger. Das mag verrückt klingen, war aber für die Firma und die Konsumenten (!) vorteilhaft: Die Firma erreichte im Verkauf viel höhere Stückzahlen und entsprechende Mehrverdienste; die Kunden, die einen schnellen Drucker benötigten, konnten einen solchen – wegen der hohen Stückzahl – billiger kaufen; die Kunden, die einen guten, aber nicht so schnellen Drucker haben wollten, waren auch zufrieden. Auch die Wirtschaft ist nicht immer ein Kampf gegeneinander: Es gibt auch Win-Win-Situationen!

3.3 „Man muß sich als Verleger entscheiden, ob man auf CD-ROM oder auf WWW veröffentlicht."

Dies halte ich für einen fundamentalen Irrtum. Man muß beides parallel tun und zwar so, daß dabei kaum ein Mehraufwand entsteht. Und das geht: Man erarbeitet ein schönes WWW-Angebot auf einem „Hyperwave"-Server aus und preßt dieses dann – mit Suchmaschinen und allem, was dazugehört – auf CD-ROM, mit minimalem Aufwand.

3.4 „Durch WWW wird jeder zum Verleger."

Die Kopiermaschinen haben nicht jeden zum Verleger gemacht. Das WWW wird das auch nicht tun. Die homogenisierenden und administrativen Funktionen bleiben auch in Zukunft unverzichtbar: Findet man heute Informationen in einem WWW-Angebot, so ist deren Authentizität in den wenigsten Fällen feststellbar; wie weiß man, wenn in den WWW-Angeboten zweier Städte je ein Restaurant als „toll" beschrieben wird, wie man diese vergleichen kann, wenn es keine Instanz gibt, die diesen Vergleich durchführt und auf die man sich verlassen kann? Informationen als solche, ohne daß die Quellen bekannt sind, sind wertlos: Wenn man einen kleinen Beitrag über irgendein Thema liest, ist es zur Einschätzung des Wahrheitsgehaltes doch offenbar notwendig zu wissen, ob er der „Bild-Zeitung", im „Spiegel", im „Wachturm", in der „Frankfurter Allgemeinen" oder im „Penthouse" erschienen ist!

3.5 „Durch WWW wird man in Zukunft (z. B. in Tageszeitungen) nur mehr selektiv lesen und selektiv bezahlen."

Alle Wirtschaftswissenschaftler wissen, daß diese Aussage falsch sein muß: Produkte mit geringen variablen (von der Anzahl der Kunden abhängigen) Kosten führen immer zum „Bundling", nicht zum „Unbundling". Anders formuliert, es mag schon sein, daß man in Zukunft selektiver lesen wird – zahlen wird man aber nicht für das Gelesene, sondern für ein Bündel von Angeboten, die man nur teilweise ausnutzt.

Ein naives Rechenexempel zeigt, warum das so ist. Nehmen wir an, eine Zeitung bietet drei Hauptsparten: Sport, Politik und Unterhaltung. Nehmen wir weiter an, wir haben drei Personen A, B und C, die sich verschieden stark für diese drei Sparten interessieren: A wäre bereit, 50 Pfennig pro Tag für Sport, und B und C wären bereit, dieselbe Summe für Politik bzw. Unterhaltung auszugeben. Aber die jeweils anderen Gebiete interessieren A, B und C weniger, so daß sie nur bereit wären, je 20 Pfennig dafür zu zahlen.

Bietet der Verlag die Zeitung elektronisch an, hat er drei Möglichkeiten:

a) Jede Sparte kostet 50 Pfennig. In diesem Fall werden A, B und C nur jeweils ihr Lieblingsthema kaufen, d.h. der Verlag lukriert 150 Pfennig.

b) Jede Sparte kostet 20 Pfennig. Nun werden A, B und C alle Themen erwerben, d. h. der Verlag lukriert 180 Pfennig. (Die Billigpreispolitik ist also günstiger!)

c) Der Verlag bietet nicht die Sparten getrennt an, sondern als Bündel um 90 Pfennig. Damit haben A, B und C akzeptierbare Konditionen, der Verlag nimmt aber 270 Pfennig ein: Da die variablen Kosten fast Null sind, ist Bündeln die sinnvolle Lösung!

WWW wird viele neue Phänomene bringen: Einige davon wurden oben kurz skizziert!

Literatur

Maurer H. (Hg.), Hyper-G now HyperWave: The Next Generation Web Solution, London 1996.

Maurer H., Datenbanken, Interaktivität und Benutzerprofile im WWW, in: Boden K.-P. / Barabas M. (Hg.), Internet – von der Technologie zum Wirtschaftsfaktor, Heidelberg 1997, 25–34.

Verzeichnis der Mitarbeiter

Gunter Bauer
Technischer Assistent am Institut für Informationswissenschaft der Karl-Franzens-Universität Graz
Universitätsstraße 15/F3
A-8010 Graz
E-Mail: gunter.bauer@kfunigraz.ac.at

Prof. Dr. Rafael Capurro
Professor für Informationswissenschaft an der Hochschule für Bibliotheks- und Informationswesen (HBI) Stuttgart und Privatdozent für Praktische Philosophie an der Universität Stuttgart
Relenbergstraße 57
D-70147 Stuttgart
E-Mail: capurro@hbi-stuttgart.de

DDr. Reinhold Esterbauer
Universitätsassistent am Philosophischen Institut der Kath.-Theol. Fakultät der Karl-Franzens-Universität Graz
Universitätsplatz 3
A-8010 Graz
E-Mail: reinhold.esterbauer@kfunigraz.ac.at

O. Univ.-Prof. Dr. Anton Kolb
Vorstand des Philosophischen Instituts der Kath.-Theol. Fakultät der Karl-Franzens-Universität Graz
Universitätsplatz 3
A-8010 Graz
E-Mail: reinhold.esterbauer@kfunigraz.ac.at

Dipl.-Ing. Andreas Maron
Leiter Organisationsentwicklung und IT der Fa. AVL List GmbH
Hans-List-Platz 1
A-8020 Graz
E-Mail: maron@avl.com

O. Univ.-Prof. Dr. Hermann Maurer
Vorstand des Instituts für Informationsverarbeitung und Computergestützte neue
Medien (IICM) der Technischen Universität Graz sowie Vorstand des Instituts für
Hypermedia Systeme des Joanneum Research Graz
Schießstattgasse 4a
A-8010 Graz
E-Mail: hmaurer@iicm.tu-graz.ac.at

O. Univ.-Prof. Dr. Wolf Rauch
Rektor der Karl-Franzens-Universität Graz sowie Vorstand des Instituts für
Informationswissenschaft der Karl-Franzens-Universität Graz
Universitätsstraße 15/F3
A-8010 Graz
E-Mail: wolf.rauch@kfunigraz.ac.at

MMag. Dr. Gerhard Reichmann
Universitätsassistent am Institut für Informationswissenschaft der Karl-Franzens-
Universität Graz
Universitätsstraße 15/F3
A-8010 Graz
E-Mail:gerhard.reichmann@kfunigraz.ac.at

Mag. Hans-Walter Ruckenbauer
Universitätsassistent am Philosophischen Institut der Kath.-Theol. Fakultät der
Karl-Franzens-Universität Graz
Universitätsplatz 3
A-8010 Graz
E-Mail: hans.ruckenbauer@kfunigraz.ac.at

Ao. Univ.-Prof. Univ.-Doz. Dr. Michael Trimmel
Institut für Umwelthygiene der Medizinischen Fakultät der Universität Wien
Kinderspitalgasse 15
A-1095 Wien
E-Mail: Michael.Trimmel@univie.ac.at

VERLAG FÜR GEISTES-, SOZIAL- UND
WIRTSCHAFTSWISSENSCHAFTEN

Johannes Müller

Entwicklungspolitik als globale Herausforderung

Methodische und ethische Grundlegung
1997. 208 Seiten. Kart.
DM 38,-/öS 277,-/sFr 35,-
ISBN 3-17-013548-1
KON-TEXTE. Wissenschaften in
philosophischer Perspektive, Band 5

Die Kluft zwischen reichen und armen Ländern hat sich in den letzten Jahrzehnten vertieft, was nicht nur für zahllose Menschen extreme Armut bedeutet, sondern auch das Ökosystem der Erde und den Weltfrieden bedroht. Diese Lage erfordert eine "nachhaltige" Entwicklungspolitik in globaler Zusammenarbeit und Solidarität.

Die Defizite bisheriger Entwicklungspolitik werden analysiert und Grundlinien einer sozial- und umweltverträglichen Politik entfaltet, die gesellschaftlichen wie individuellen Wandel in den Entwicklungs- wie in den Industrieländern erfordert. Im Mittelpunkt steht dabei eine methodische und sozialethische Grundlegung einer solchen Politik, eine unerläßliche Voraussetzung für den interkulturellen Dialog.

Kohlhammer

W. Kohlhammer GmbH · 70549 Stuttgart · Tel. 0711/78 63 - 280

VERLAG FÜR GEISTES-, SOZIAL- UND
WIRTSCHAFTSWISSENSCHAFTEN

Birger P. Priddat u.a.

Homo oeconomicus: Der Mensch der Zukunft?

Herausgegeben von Norbert Brieskorn
und Johannes Wallacher
1998. 192 Seiten. Kart.
DM 49,80/öS 364,-/sFr 46,-
ISBN 3-17-015408-7
Globale Solidarität - Schritte zu einer
neuen Weltkultur, Band 2

Die moderne ökonomische Theorie hat das Modell des "Homo oeconomicus" geprägt, des seine Ziele eigeninteressiert auswählenden und stets seinen Nutzen maximierenden Menschen. Dieses Modell ist in der westlichen Kultur inzwischen zum vorherrschenden Menschenbild geworden, nicht nur in der ökonomischen Theorie und Praxis, sondern auch in vielen anderen Lebensbereichen. Ist dieser "Homo oeconomicus" aber das geeignete Menschenbild für ein Zivilisationsmodell, das persönliche Freiheit und globale Solidarität in Einklang zu bringen vermag? Muß das Modell des "Homo oeconomicus" modifiziert werden, damit es für die Zukunft tauglich ist?

Kohlhammer

W. Kohlhammer GmbH · 70549 Stuttgart · Tel. 0711/78 63 - 280